河合隼雄著作集

児童文学の世界

4

岩波書店

序説　児童文学とたましい

子ども時代

子どものころ、私はなかなかの本好きであった。「丹波篠山《ささやま》」と田舎の代名詞にされるようなところに育ったので、一般に子どもは本などあまり読まなかった。『少年倶楽部』をわが家は毎月購入していたが、そんな家は非常に少なかったのではなかろうか。父親が歯科医で篠山のなかでは「インテリ」に属していたのだろう。これも珍しいことと思うが、アルスの「日本児童文庫」が全巻そろえてあった。それでも父親は「子どもは元気に外で遊ぶべし」と考えていて、小学生は土曜日以外は教科書以外の本を読んではならない、というわが家のルールがあった(中学生は相当な自主性が認められていた)。

四年生のころ、母親の口添えで、宿題をした後は日曜日も本を読んでよい、という許可が出た。そんなわけで私は寸暇を惜しんで読書していたが、土、日以外に本が読めるよい機会があった。それは病気になって学校を休むが、大分よくなっても大事をとって休まされるとき、実のところは元気にもなっているし手持無沙汰になるわけで、もともと私が本を読むのをよしとしていた母親が特例で読書を許してくれる。病気になると兄弟は皆登校してしまって、母親を一人占めにできる上に、母親も平素よりは優しく感じられる。その上、好きな本が読めるので、あの病気のときの何とも言えぬ嬉しさは今もよく覚えている。当時「腺病質」という言葉があって、私はまさにその類であった。弱虫で恥かしいという気と、何だか特権階級になったような嬉しさの両方を味わっていた。

兄たちが自分の読んだ『少年倶楽部』の連載ものを切りとって「本」を作っておいてくれたおかげで、私も山中峯太郎、高垣眸、佐々木邦などの傑作を読むことができた。そんなためもあるし、兄たちも批判するので、自分が読んでいる『少年倶楽部』の連載があまり面白くなく残念だった。それでも佐々木邦の「お隣の英雄」は愛読していた。そんなときに「ドリトル先生」の連載がはじまったのだ。それまで感激して読んでいたのとは、まったく違う香りをもった作品に接して、私は大感激をした。

それは私の記憶では「ドリトル先生船の旅」という題だと思うのだが(『ドリトル先生航海記』として出版されているので、はじめからそうだったのかも知れぬ)、黄色のページに掲載されていて見やすいので、『少年倶楽部』を手にするとまずそこを開いて読んだものである。兄たちも「ドリトル先生」は好きであった。ドリトル先生が「スタビンス君」と少年に呼びかけ、対等の人間として扱うところが何とも言えず嬉しかった。上質なユーモアにも大いに心を惹かれた。

「ドリトル先生」と共に、子ども時代の読書で忘れ難いのは、ケストナーの「点子ちゃんとアントン」である。「世界少年少女文学全集」とかのなかの一冊だけがわが家にあり、その最初にキップリングの「リッキ　ティクティク　ティク物語」とかいうのがあって、それに続いてトルストイの寓話など、その最後に「点子ちゃんとアントン」がある。ケストナーのユーモアにはまったく心を奪われた。「血湧き肉躍る」少年倶楽部とは異なる、何とも言えぬハイカラさがたまらなかった。

トルストイの寓話、「人はなんのために生きるか」、「愛のあるところに神います」などの話も、心に深く働きかけてくるものがあった。子ども心にも、どうして日本のものより西洋のものの方が深く感じられるのだろうか、と不思議に思ったものである。作品の働きかけてくる層が異なるように感じられた。このようなところからも、私の西洋に対する憧れは強くなっていったと思われる。

小学校五年生くらいになると、『巌窟王』、『三銃士』などを図書館で借りてきたりして読んだ。『鉄仮面』を夜に読んでいて、墓を掘る場面でやたらに怖くなって、眠られずに困ったことを覚えている。『巌窟王』が『モンテ・クリスト伯』という大部の二冊の本の要約と知り、中学生になってから、がむしゃらになって読んで、まったく我を忘れるほどであった。兄弟に「モンクリ党」と冷やかされるほどで、一時はすべてのことはモンクリと関係してくると言いたいくらいの熱の入れ方であった。

中学一年のときにアメリカとの戦争がはじまった。日本の戦勝に大いに喜びながら、一方では「ドリトル先生」や「モンクリ」を書いた人たちの国と戦っているのを残念に思う気もあった。当時は「鬼畜米英」というような表現もあったが、敵国のすべての人が「鬼」であるとは考えられなかった。ヨーロッパにいつか行ければと思ったりしたが、そんなことは自分には不可能のことと思っていた。

児童文学者との交流

私と子どもの本とのつき合いは、中学生くらいのときから絶えてしまう。それが復活するのは、自分の子どもたちが本を読むようになってからである。「ドリトル先生」もケストナーも順番に買って全集をそろえ、その間に私も子どもと共に読んで、ますます児童文学愛好者となり、新しい作家もつぎつぎと知るようになった。

『影の現象学』〔本著作集第二巻所収〕という書物を出版した後で、ル＝グウィン『影との戦い　ゲド戦記Ｉ』のあるのを知り読んでみると、滅法に面白い。これは大傑作と思い『ゲド戦記』の続きの発刊を待ちかねるようにして読んだ。これはまさに自己実現の書そのものと感じたので、岩波の市民講座で取りあげ、それが縁となって児童文学者の今江祥智、上野瞭の両氏と知り合うことになったことは、既に他に述べた〔本著作集第六巻「序説」〕。

わが国は一般に縄張り意識が強く、他領域の者が自分のところに侵入してくるのを好まないので、私も児童文学について発言するのには遠慮があった。ところが児童文学の世界の人たちはまったくそんなところがなく、私はつぎつぎとわが国の児童文学の評論家や作家と知合いになり、多くを教えられた。このようなことがうまく生じたのは、今から考えると、今江祥智さんの周到な配慮によるところが大きかったわけで、今江さんには心から感謝している。何しろ、私の児童文学の知識は古いので、もっと新しいものを読まなくてはと言われたが、当時、今江さんが教授をしていた聖母女学院短大の児童文化研究室発行『児童文学』という研究誌には、今江祥智、上野瞭、灰谷健次郎推薦という図書のリストがあり、適当な解説もある。これを頼りに少しずつ読んでいった。

子ども時代と違って、今は私は「本の虫」ではないし、読書する時間も少ない。ともかく読みたいと思う本は買っておいて、手当り次第に乗物のなかで読む。困るのはもともと涙もろいのに、児童文学のなかには泣けてくるものが多いので、電車の中で涙がとまらなくて往生することだった。今江さんの『ぼんぼん』を読んだときには、私が子どもだったころの『快傑黒頭巾』と違って、子どもの文学が日本にも存在しているのだと認識させられた。児童文学として私が関心をもっているのは「子どものための読みもの」ではない。それはそれでそれなりの有用性があろうが、私の関心がある児童文学は大人にとっても子どもにとっても大切なものなのである。

一九八一年に季刊誌『飛ぶ教室』が発刊されることになり、編集人の石森延男、今江祥智、尾崎秀樹、栗原一登、阪田寛夫の皆さんに混って、児童文学の門外漢にもかかわらず今江さんの推薦で加えていただくことになった。これまではいわゆる学者とのつき合いは多くあったが、このようにして創作する人たちとつき合うことができるようになったのは、私にとってまことに楽しいことであった。いぬいとみこさんとも知合い、いぬいさん主催のムーシュカ文庫にも招かれて話をしに行った。現在は多忙なのと、講演をすることの害を意識することもあって、あまり出かけていかないようにしているが、一九八〇年代の初期は、児童文学関係の人たちとつき合うのが楽しく、講演会や研修会のようなのによくノコノコと出かけて行った。

あちこち出ていったおかげで、灰谷健次郎、長新太、佐野洋子、神沢利子、工藤直子、清水真砂子、それに児童文学者とは言えないが、谷川俊太郎、鶴見俊輔、森毅などの愉快な人たちと知合うことができて有難かった。私が心理療法を行なってゆく上で、もっとも大切と考えている「たましい」ということは、心理学者の仲間にはよほど慎重にしないと語れないが、児童文学の世界の人たちとは、ストレートに気兼ねなく話せるのが、非常に嬉しかったし、これらの人たちは、たましいについての知をさりげなく日常のことのように語るので、お喋りを十分に楽しませていただいた。

一九八〇年代のはじめのころと思うが、福音館書店の社長、松居直さんに依頼されてＪＢＢＹ（日本国際児童図書評議会）で話をした。このとき、まだ一般に知られていなかった瀕死体験《ニヤデス・エクスピアリアンス》について語り、それによって宮沢賢治「銀河鉄道」を読みとく試みをした。少し冒険だと思ったが、結果的には非常によく理解していただいて嬉しかった。そのときの聴衆のひとりが話を聞いていて「体が震えてきて困った」と言われたのが印象的だった。ほんとうにわかっていただいたと感じた。宮沢賢治などの名作は、どこか体に作用してくるようなところがある。一般に言う「心」の領域を超えたはたらきがあるのだ。だからこそ、わざわざ「たましい」などという言葉を用いるわけである。ともかく、これらの児童文学の名作に触れ、児童文学者の人たちとつき合うことによって、後にも述べるように、私の心理療法家としての成長が随分とうながされたように思い、感謝している。

作品を「読む」こと

『飛ぶ教室』の発刊にあたり、「子どもの本を読む」と題して毎号一冊ずつ児童文学の名作を取りあげ、それについて論じるという連載をはじめた。このシリーズにはファンタジー作品を取りあげず、それらについては「ファンタジーを読む」というシリーズとして、続いて『飛ぶ教室』に連載した。この両者が本巻に収録されている(紙数の関係で割愛せざるを得ないものもあったが)。

そんなわけで、私はそれまでに読んで感激したことのある本をもう一度読んでみたり、人にすすめられた本を手にしたりして、一冊ずつ選んで論じたのだが、本を選ぶ規準というものはなく、まったく主観的に自分の好きなのを取りあげることにした。何と言っても「好きだ」と感じることが大切で、そうなると自然に筆が動くようなところがあり、いずれの場合も一気呵成に書いた。書いていても自分の方がわくわくしてくるようなのもあった。

こんなわけだから、一般的な書評や作品論とは異なっている。要するに、私は作品を外から読まずに内から読んで、自分の心のなかに動くことをそのまま書いているのである。作品を外から読むためには、作品のみならず作者のことを知らねばならないし、児童文学の歴史を知らねばならないし、いろいろな準備が必要である。内から読むためには、何の準備もいらず、その作品のなかにはいりこんで、作品の人物とできる限り体験を共有しつつ、そのような体験をしている自分を、外から見ている自分を必要とする。ただ、この二人の自分の間のバランスが極めて微妙で、どちらかが強すぎるとうまくゆかなくなる。といって、はじめからバランスのことなど気にしていたら、作品のなかにはいり込むことなどはできない。
何も準備をしないと言うと楽なようだが、結局のところは、外的準備に費すのに匹敵するだけのエネルギーを、内にはいり込むことによって消費すると言っていいだろう。考えてみると、これは私が心理療法をするときと同じことだと言えるようだ。ともかく、私が一対一で向きあっている人(作品)をひたすら大切にすることである。ただ、このような態度で接するときは、「つまらない人」というのは存在しないが、作品の方にはつまらないのがあるように感じられるところだけが難点である。

児童文学の名作を読むと、心を洗われたように感じたり、癒しを感じたりする。あるいは生きてゆくための勇気を与えられたように感じるときもある。ここに取りあげたどの作品もそのようなものばかり、おせっかいと言われるのを覚悟の上で、誰にでも「こんな本読まないと損だよ」とすすめたくなってくる。私の児童文学に関する本を読んで、おかげで原作を読みましたと言われると本当に嬉しく思う。

取りあげるべき本を探しているとき、日本の作品が少ないことが気になった。私の「好きな」本となってくると、どうしても外国の本が多くなる。だからと言って、それほど好きでもないのに日本のものを取りあげるということはできなかった。本当に好きでなかったら筆が鈍ってしまうのだ。長新太さんの『つみつみニャー』を読んだときは、ほんとうに嬉しかった。長さんの絵本も合せて取りあげたが、もし絵本にまで手をのばせば、外国に出しても恥かしくないのが大分あるように思われた。日本の絵本の水準は相当に高いのではなかろうか。

ファンタジー作品は残念ながら全部外国のものになってしまった。しかし、「なぜファンタジーか」という序論には、日本人の作品を多く取りあげている。これは、日本人の短篇のファンタジーには、なかなかキラリと光るものがあるのに、本格的ファンタジーとしての長篇に傑作がないことを示している。この点については私は次のように考えている。

人間の意識と無意識の境界を明確にし、その明確な意識の自律性を強調するようになったのは西洋近代の特徴である。それ以前は、意識と無意識の区別があいまいなように、外的現実とファンタジーの区別もあいまいで、たとえば、日本の中世の説話集などを読むと、どこまでが、われわれが現在言っているような意味での現実なのか、ファンタジーなのかわからなくなる。つまり、それらすべてをこみにして「現実」だったのだろうと思われる。これに対して、意識が明確化され、外的現実もそれ相応に把握されるとなると、ファンタジーもそれに見合うだけの形態を整えてくるのではなかろうか。

このことを正面から論じると長くなるのでこのあたりで止めておくが、自分自身のことを考えても、なかなか西洋人と同様の自我意識をもっているとは言い難く――と言って西洋人のようになるべきだとは思っていないが――やはり西洋人のつくり出す壮大なファンタジーは持てそうにないなと思う。しかし、世の中は急速に変りつつあるから、これからは日本にも面白いファンタジーが生まれてくるかも知れない。今後に期待している。

心理療法家として

私の本職は心理療法家である。そこで、このように子どもの本を読むのは、極端な場合、暇つぶしと取られたり、もう少し理解のある場合は、子どもの心を理解するための手段として読んでいるように思われたりする。しかし、私にとっては実のところ、子どもの本を読むことと自分の心理療法家としての職業とは切っても切れぬ関係があるものなのである。

心理療法家とはいったい何をする職業なのか。一般には人間の悩みや苦しみを軽減したり解決したりする人のように思われている。このことをよく認識している必要はあるが、いざ実際にやりはじめると、ものごとはそれほど簡単ではない。心と体とを分けて、それぞれの仕組を考えるなら、心の仕組も大分わかる気がするし、それに関する知識によって他人を援助することも可能である。しかし、そんなのはあまり大したことではない。

仕組とかシステムとか考える必要はあるが、人間は機械ではないのだから、それによって全部がわかるはずがない。心と体の仕組がどんなにわかっても、「いのち」ある者としての人間存在に迫ることは難しい。そこで、心と体とを全体としていのちある存在たらしめている「たましい」という存在をそこに仮定してみる。何だかもって廻った言い方だが、端的に言えば、人間などというのはわかるためしがないぞと腹をくくることなのである。それを「たましいがある」と表現しているのだ。そして、その「たましい」について出来るだけ知ろうと努力する。

「わかるためしがない」と言った後で、すぐに「知ろうと努力する」というのは矛盾しているが、そのようなたくさんの矛盾を許容しつつ、体験として少しは「知っている」ということが言えそうになったと思う。そのためには、わけのわからない「たましい」を目に見えたり、耳に聞こえたりするものとして顕現させる必要がある。そんなのあるかと思う人は、子どもの本を読んでいただきたい。それはある少年にとって「まぼろしの小さい犬」として、あるいは、ある少女にとっては「思い出のマーニー」として顕現しているのだ。そして、そのような犬や少女の姿が、本人たちの成長や癒しにどれほど重要な役割を占めたかを、われわれは作品をとおして具体的に知ることができる。

心理療法家というのは、結局は来談した人と自分自身のたましいのはたらきを最大限にするような場を提供する者ではないか、と考えている。しかし、そうするのは困難で危険に満ちている。本巻に取りあげた作品のなかの主人公のなかには文字どおり命がけの経験をした者もある。そのような危険な仕事をすることになるので、たましいのことについて知っていることは、心理療法家として絶対に必要なのである。

それではなぜ児童文学がたましいのことを述べるのに適しているのか。大人はどうしても、この世のシステムや仕組や、いわゆる常識というものにとらわれるので、たましいのことが見えにくい。その点、子どもの目は端的に「たましいの現実」を見る。子どもの目で見た現実がそのまま語られるので、児童文学はたましいのことに深く関係しているのだ。大人の文学では、たましいのことを書くにしても、大人どもの間の約束ごとにいろいろと気を使わねばならぬので、どうしても複雑になったり、あいまいになったりしてしまう。

このように考えるので、私は心理療法家の必読の書として、児童文学を読んでいる。それは暇つぶしとか余技などというものではない。たましいのことについて知るのは、知的ないとなみではなく、自分の存在全体にかかわることである。私は来談したクライエントに向かうように、これらの作品に向かい、自分の存在を揺がされるような体験を味わう。そのような体験を通じてこそ、たましいについて少しずつ「知る」ことが可能となる。そして、それは極めて個別的特殊的でありながら、普遍へとつながってゆく不思議さがある。一作一作がすべて異なっていて、その個別性につながってゆくと普遍へと導かれるのである。そのような作業は、何か心理学の一般的ルールがあって、それを作品に「当てはめ」て作品を「解釈」するなどというのとは、まったく異なるものである。

最近、今江祥智さんの『牧歌』を読み直す機会があり、これまで非常に大切なポイントに気づかずにいたことを発見して愕然とした。本巻に取りあげた作品も、まだまだ新しい読みが可能に違いない。今後も自分の体験を深めることに努力を続けてゆきたい。

河合隼雄著作集第４巻　児童文学の世界　目次

序説　児童文学とたましい

I

子どもの本を読む …… 3
なぜ子どもの本か …… 4
一　エーリヒ・ケストナー　『飛ぶ教室』 …… 20
二　フィリパ・ピアス　『まぼろしの小さい犬』 …… 35
三　J・ロビンソン　『思い出のマーニー』 …… 50
四　今江祥智　『ぼんぼん』『兄貴』『おれたちのおふくろ』 …… 65
五　ペーター・ヘルトリング　『ヒルベルという子がいた』 …… 80
六　A・リンドグレーン
『長くつ下のピッピ』『ピッピ船にのる』『ピッピ南の島へ』 …… 96

七　ルーマー・ゴッデン　『ねずみ女房』……113
八　長　新太　『つみつみニャー』他……129
九　佐野洋子　『わたしが妹だったとき』……145

Ⅱ

ファンタジーを読む……167
なぜファンタジーか……168
一　キャサリン・ストー　『マリアンヌの夢』……185
二　ルーマー・ゴッデン　『人形の家』……201
三　A・リンドグレーン　『はるかな国の兄弟』……217
四　ポール・ギャリコ　『七つの人形の恋物語』……233
五　フィリパ・ピアス　『トムは真夜中の庭で』……249

六　メアリー・ノートン『床下の小人たち』……265
七　M・マーヒー『足音がやってくる』……281
八　ル＝グウィン『影との戦い　ゲド戦記Ⅰ』……297
九　ル＝グウィン『こわれた腕環　ゲド戦記Ⅱ』……313
十　ル＝グウィン『さいはての島へ　ゲド戦記Ⅲ』……329

解　題……345
初出一覧……347

I

子どもの本を読む

なぜ子どもの本か

最近は、児童文学に関心をもつ大人の人が大分増えてきたが、それでも、子どもの本を読んでいると言うと、けげんそうな顔をされることが多い。なかには、「子どもの気持を理解するためですか」などと言う人もある。私が心理療法という仕事をしているので、子どもの治療をすることがあるため、子どもの気持の理解が必要だし、子どもの本を読んで参考にしている、ということであろう。確かに、私の仕事である心理療法と子どもの本を読むことは密接に関連しているが、それは、「子どもの気持を理解するため」などというよりは、もっと直接的な関連をもっていると考えている。心理療法も、子どもの本も、われわれがこの世に生きるということの本質にかかわってくるのであり、その点において不可分に結びついていると思うのである。

生きることの本質などと言えば、文学も哲学もあるのに、何を好んでわざわざ子どもの本を読むのか、と言われそうだし、何よりも、そんなに子どもっぽいことが、大人の生きることと関係したりするのか、と言われることだろう。しかし、この「子どもっぽい」ということそのものが、そもそも問題なのだ。大人は、子どもは「子どもっぽい」と考える。そして、大人のなかでも「子どもっぽい」人は、あまり信頼がおけないとか、大したことはない、と思うだろう。果して、大人と子どもということを、それほど単純にとらえていいのだろうか。いったい子どもとは何か、ということをもっと深く考える必要があるだろう。このようなことを考えてみながら、子どもの本を読む意味について考えてゆくことにしよう。

現代と子ども

現代においては、子どもの問題がジャーナリズムをよく賑わしている。子どもの自殺はひと頃ほど騒がれなくなったが、不登校や家庭内暴力はなかなか減少しそうにない。それと、現代における子どもの問題の特徴は、一般のどのような家庭においても、問題の発生する可能性をもっている、ということであろう。事実、われわれ治療家のもとに子どものことで相談に来る両親にお会いすると、一般的な意味において、その親のどこが「悪い」などと簡単には言えないことが多い。もちろん、反省し出すなら、誰だって反省すべきことはあるだろうが、他の家庭や親子関係と比較して、特別に変なところがあるわけではないのである。しかし、家庭内暴力をふるう子どもに言わせると「親が悪い」のであって、そのために子どもは散々に暴力をふるうのである。それが時に両親を死に至らしめるほどのものであることは、新聞の報道などによって、よく知られているとおりである。両親にすると自分たちは特別に他と比べて悪いところがあると思えないのに、子どもが荒れ狂うので、ついには自分の子が精神病ではないか、と思う人も多いのである。しかし、子どもたちは精神病ではない。それでは彼らは何に対して怒り狂っているのだろうか。

これは端的に核心をつく例なので、これまでも述べたことがあるが、次のようなことがあった。両親が暴力をふるってくる子どもに向かって、自分たちがこれまで何でもお前の欲しいものを与えてやってきたのに、何が不足で暴れるのかと尋ねた。それに対して子どもは、「うちに宗教がない」と答えたのである。このように子どもが発言してくれたのは、この子が随分とよくなってきているからであり、普通はなかなかこのような表現もできず、本人でさえ何が不足であるのかはっきりとは解っていないことが多い。しかし、この子のように明確に言われた場合、多くの日本の家庭においては、答に窮するのではなかろうか。ここで、子どもが「宗教」と言っていることは、単に葬式を仏教でするかどうかなどというのではなく、もっと本質的な問いかけであることはもちろんである。

考えてみると、この親子の問答は日本の現在の状況を極めて端的に表わしているものと言える。「欲しいものはすべて与えた」ということは、本当にひるがえって考えると、神のみが言えることではなかろうか。他人の欲するものをすべて知り、そのすべてを与えることなど人間にできるはずがない。しかし、多くの親はそれを子どもにしてやってきたと思う。いったいこれはどうしてなのだろう。これは物質的な豊かさをすべてと思うところに基礎があると思われる。特に、現在、親となっている人たちは物質的な窮乏を体験した人が多いので、自分の子どもにはこの苦労をさせたくない、というよりはむしろ、多くの物を与えてさえやれば、すなわちそれで満足であると思っている。しかし、それは「豊かな」ことであろうか。その点を、子どもたちは真直に突いてくるのである。

物の豊かさがすべてであるならば、確かに、現代人は大分「神」に近づいていると言えるかも知れない。「欲しいものはすべて与えた」という親には、無意識に神に近づいたものとしての傲慢さがある。しかし、それは実のところ神に近いわけでも、豊かなわけでもない。絶対に不足しているものを指して、子どもは「宗教がない」と言ったのである。このように考えると、家庭内暴力の子がよく親に対して、「なぜ僕を生んだのか」と喰ってかかる事実が思い起こされる。これはむちゃくちゃなことを言っているようだが、少し考え直してみると、「なぜ生まれてきたのか」、「どこから来たのか」という人間存在にとって、もっとも根源的な問いにつながっているように思われる。これらの、もっとも根源的なことを不問にして、ただ物ばかり与えられ、しかも、それで何の不足もないだろうなどと断定されては、子どもとしてはたまったものではない。こんなことを考えると、子どもたちが暴力をふるうのも無理はないとさえ感じられるのである。

どうして、現代の子どもたちはこのような根源的な問いかけを、しかも極めてラディカルな形で、親に対して投げかけてくるのであろうか。それは多くの親たちがあまりにもそのことを忘れているからである。大人は忙しいのだ。家が必要だし、車も欲しい。それに、家にも車にもいろいろ種類がある。親類の誰それが、友人の誰かがどんなのを持っているかも気になることである。そして、何をするにもお金がいるのだ。こうしてあまりにも忙しくしていると、お金がすべてのような錯覚が起こってくる。

もっとも、あこぎにお金をためこんだ後で、「皆さん心が大切です」とか説教したり、お金のもうけ方が解らぬのであきらめたあげく――と言っても簡単にはあきらめられぬものだが――「愛情が大切」などと強調してまわる人たちもいる。しかし、後述するように、子どもたちの問いかけはそんなものを一挙に破ってしまう強さをもっている。家庭内暴力の子に、どれほど立派な「説教」をしても、おさまることはないであろう。

大人たちの現実認識があまりにも単層的で、きまりきったものとなるとき、子どもたちの目は、大人の見るのとは異なった真実を見ているのである。われわれ大人の目は、常識というものによって曇らされている。子どもたちの透徹した目は、異なった真実を見る。しかし、残念ながら多くの場合、彼らは言葉をもたない。従って、彼らは言語表現の道を断たれ、いわゆる「問題行動」を通じてしか表現の手段をもたなくなるのである。ここに、児童文学の存在意義が生じてくる。子どもの目をもって、ものを見つつ、言語表現によってそれを表現することが、その課題なのだ。それは大人にも通じる言語表現を用いることと、子どもの目によってものを見ることと、その葛藤を克服してゆくことによって達成される。本書に取りあげた作品を読んでいただくと、このことの意味がよく解っていただけるであろう。

「子どもの本」という場合、そこにはいろいろな本が含まれるであろう。なかには、「子どものために」大人が書いたものもあるだろう。そのような本の存在を否定する気はさらにないが、私として興味のあるのは既に述べたような意味における「子どもの本」なのである。それは「子どもの目」の輝きを失うことのない大人の書いた本であり、大人にとっても、子どもにとっても意味のある本なのである。そして、現代という時代の特性を考えるとき、その本の存在意義は非常に高いものがあると言うべきであろう。

現実の多層性

現代において、子どもは大人の見失っている真実を見ると述べた。しかし、それは子どもの見ているものが真実であり、大人の見ているものが偽であるというのではない。現実というものは極めて多層的であり、それはさまざまの真実を包含していると考えられる。たとえば、第二章に取りあげる少年ベンと小犬の関係を見てみよう。小犬は少年にとって、まさにかけがえのないものであり、それが無かったら生きてゆくのも難しいものである。これも真実である。しかし、小犬というものは、ある地域に住む人にとっては飼ってはならぬものであり、何も犬など居なくても人間は生きてゆくことができる。これもひとつの真実だ。主人公の少年ベンにしても、幻の犬を追って命を失いかけるような体験をする一方では、ついに犬を手に入れたときには、その犬を棄ててしまいたいくらいの気持をさえ体験させられるのである。多層な現実のなかにあって、単純に見つからぬ解答を求めて苦悩するとき、そこに個性的な道が拓けてくる。世界を単層的に見ると、統一理論が見つかり、一般的な答が見出される。そこに文学がはいりこんでくる余地はない。それにしても、現実の多層性に目を向けて、それを避けずにいることは苦しいことだ。さりとて、苦しみのない楽しみなんてものはないし、苦しみに支えられない個性的な生き方など考えられないのである。

現代の世界があまりにも単層的な様相を示す理由として、自然科学の急激な発展と、それに見合う経済の発展とがあげられるであろう。現実を見る目は実のところいろいろとあるのだが、そのなかで自然科学の目は一番大きい飛躍を人間にもたらしたと言える。矛盾を内部に含まない整合的な理論によって、自然科学の体系は成り立ち、それによって人類は多くの恩恵を受けている。しかし、そのような科学の知識を実際に応用し、人間の生活に結びつけるためには大きい経済機構が必要である。そして、何のかのと言っても現代人であるかぎり、科学や経済の力と無縁に生きてゆくことなど不可能なのである。大人になるためには、それに必要な知識を身につけ、その機構に適合する存在となってゆかねばならない。その過程を無自覚に生きてゆくかぎり、大人の目は現実を単層的にしか見なくなってゆくのである。そのような努力を続けてゆく一方、大人たちは言い難い窮屈さや不安を感じはじめている。これはむしろ当然のことであり、人間というものはそんなに単層的な存在ではないからである。このために、単層な世界観を裏がえしにして、それを武器に発言しようとする人も、現在では相当に出てきたように思う。自然にかえれ、と言ってみたり、経済の発展を罪悪視したり。しかし、単層の裏がえしも所詮は単層であって、本質的にはあまり変りがない。裏がえしの主張に支えられている作品は、強力な主張と干涸びた個性を特徴としているようである。

現実の多層性は、単純にひとつの真実を告げてくれない。対立する見方が存在するなかで、そのどちらか一方を善とか悪とか断定することなく、第三の道をまさぐってゆく過程が大切となる。対立するもののどちらかを正しいと考えたり、善と考えたりすることなく、その対立のなかに身を置くことは大変なことである。もちろん、これは善悪の判断を避けて、状況から逃避することとは、まったく異なるものであるのは言うまでもない。実のところ、避けるどころか、状況の真只中にはいりこんでゆくのである。このような苦しい状態に耐え、個性的な道を見出すための基盤として、すべての場合に、何かを愛すること、好きになることが存在していることは、注目に値することである。

ここに取りあげたほとんどの作品において、愛することが、表になり裏になる相違はあるとしても、大切なテーマとして存在していることに読者は気づかれるであろう。考えてみると、何かを好きになるということは不思議なことだ。どうして、ベンは犬を好きにならなければならないのだろう。犬以外のもの、たとえば小鳥だったらいけないのだろうか。傍から見ていると、それは馬鹿げて見えたり滑稽に見えたりすることさえある。ここに現実の多層性が大いにかかわってくる。犬と言っても、その犬に何を見ているかによって、価値はまったく変ってしまうのである。愛することという不可解な力によって、人間は現実と個性的にかかわるための苦しみを乗り越えてゆけるようだ。

愛することは、愛されないこと、愛さなくなること、愛するものを失うことなどの対極をもち、その対極の存在によって、その行為は、ますます深められることになる。愛するが故に、愛するものを自ら失うことによってこそ、愛が完成することもある。このような困難なパラドックスを『ねずみ女房』(第七章)という作品は、われわれに告げてくれる。そんなパラドックスが果して子どもに解るのだろうか、などと心配する必要はない。パラドックスなどというのは大人の言葉であって、子どもたちは、この事実をそのまますっと受けとるのである。われわれ大人は子どもたちを、もっともっと信頼していいのだ。

愛することは、それぞれの性や年齢に応じてその様相を変えてくる。愛することの終りや、その喪失は新しい段階への変化を告げるものであったり、現実が今までとは異なる姿をとって現れることを告げることであったりする。『ぼんぼん』(第四章)や『思い出のマーニー』(第三章)のなかで、愛の対象が消えてゆくところが特徴的に捉えられている。『ぼんぼん』の主人公の洋は、最後のところで、好きだった「女の子」との接触が断たれていくことを経験する。それは誰かによって無理に断たれたものではないが、洋は敢えてこの回復をはかるよりは、今までと次元の異なる現実へと向かってゆくことを選ぶのである。洋はちょうどこのような年齢に達していた。そのような「とき」が来ていたのである。『思い出のマーニー』のアンナが愛の対象であるマーニーを失うところは、もっと危険に満ちている。しかし、それもやはり必然であった。読者はアンナの体験する現実の層が、マーニーの消え去った後で、がらりと変るのを知ることだろう。アンナがマーニーと体験したことも、マーニーの消失以後に体験したことも、どちらも現実なのだ。ただ、その属している層がまったく異なっているのである。

現実の多層性などということを、こんなに面倒くさく言わなくても、それこそ当り前のことだと、悠然と、そして、端的に示してくれるものとして、第八章に取りあげた長新太の作品がある。詳細は本文で見ていただくとして、ここでは、このことだけを指摘しておくことにする。

「たましい」ということ

現実の多層性は、心の多層性と対応している。実のところ、いったい現実と人間の心とどちらの多層性が原因で結果なのか、考え出すと解らなくなるが、それはこの際不問にしておこう。ともかく、人間の心にも層がある。そのような認識は古来から存在したが、自然科学との関連において、現代人にもある程度受け容れられる形で主張したのが、深層心理学であろう。フロイトの精神分析以来、現在では多くの派に分れているが、そのいずれにおいても、人間の心に層構造を認め、無意識の存在を仮定するところに、それは共通点をもっている。人間の意識が拡大され、意識の力によって多くの現象がコントロールされること――自然科学の発展――に人間が酔いはじめたとき、人間は自分の心をさえコントロールできるものではなく、そこには自分の意識していない心のはたらきがあることが明らかにされたのである。

ところで、精神分析という名が示すとおり、それは人間の無意識的な心の在り方を「分析」することを目的としている。このことは、またもや人間を傲慢に陥らせることになり、人間の心は努力によって「分析しつくす」ことができるという錯覚を起こす人さえ生じてきた。

ここで、われわれが取りあげている作品を例にとってみよう。『思い出のマーニー』について、われわれはマーニーという存在を、アンナとの関連において、何かれと言うことができる。しかしながら、このような素晴しいマーニーを、アンナの眼前に立ち現わせ、そして、適切な「とき」に消え失せるように取りはからったのは誰であろう。それに、アンナが死の危険に陥ったとき、そこにワンタメニーをそっと送りこんできたのは誰であろう。そのいずれもが少しのズレをもっていても、すべては破局へとつながったのではなかろうか。「何かが足りない」と、満足すべき環境のなかで思い続けていた「ねずみ女房」のところへ、鳩を送りこんできたのは誰であろうか。ここにわれわれは、ともかくわれわれの能力を超えた存在を仮定せざるを得なくなってくるのである。

ここで絶対者の存在を仮定し、それについて語り続けるならば、それは宗教ということになる。しかし、体系づけられた宗派として存在している宗教へと飛躍する前に、人間の心のこととしてもう少し考え続けてみよう。人間の心のこととして言うならば、われわれは人間の心のなかにというよりは、それを超えた領域の存在すること、人間の分析を超えた領域が存在することを認めねばならない。

人間を心と体に分けて考えることは、現代人の承認しているところである。ここで思い切って、人間存在を考える上において、心と体と、それを超えその両者にかかわる第三領域の存在を仮定し、それによってこそ人間の本質が成立すると考えてみてはどうであろうか。私はここに自分の心理療法の体験を語ることはしないが、悩みをもった多くの現代人に会い続けながら、その経験を踏まえて、私はここに述べたような第三領域の存在を仮定する方が、はるかにすべてのことを理解しやすいと思っている。最初にあげた家庭内暴力の子どもが「うちに宗教がない」と言ったのは、両親のいずれもが長い間、この第三領域の存在を忘れ去っていたことを端的に突いているのである。そして、その第三領域は、古来から「魂」とか「霊」とか言われてきたものと極めて近接しており、私はそれを一応「たましい」と呼ぶことにした。

何だかえらくもって回った言い方をすると思われるかもしれないが、現代において「たましい」のことを語るには、これほどの慎重さを必要とすると思われる。本書では取りあげなかったが、ミヒャエル・エンデ『モモ』のなかで、ひとつの「真実」に触れたペッポが、うっかりそれを口外したために精神病院に送り込まれるところがある。われわれは真実を語るときは慎重にしなくてはならない。長新太の漫画流に言うと、警官が「タイホする」と踏みこんでくるかも知れない。私が「たましい」と呼ぶものと、古来から言われる――それも文化によって時代によって少しずつ異なっている――「魂」や「霊」とどう関連するかについて、いずれはもっと研究し発表してゆくべきと思うが、ここでは、この程度のあいまいなことで勘弁していただくことにしよう。いずれにしろ「たましい」の話をするときは、かなりのあいまいさが入りこんでくることは覚悟しなくてはならない。

「たましい」のことは危険であったり、あいまいであったりする。確かに現代に生きる大人にとって、「たましい」のことにうっかり関心をもつと、金もうけができなくなったり、仕事が手につかなくなったり、人に馬鹿にされたり、せっかくの自然科学の体系がぐらついてきたり、ともかくろくなことはないのである。従って、大人たちはできるだけ「たましい」のことを見ないようにしている。ここに、子どもの本の大きい存在意義がある。「子どもの目」は確実に大人の見落している「たましい」の現象を捉える。心理療法家として、人間の「たましい」の問題にぶつかっている私が、子どもの本に深い関心をもつのはこのためである。「たましい」ということによって、私の仕事と子どもの本は密接にかかわりあっているのである。

現実が多層であることを反映して、子どもの本もいろいろあって当然である。私はここで、子どもの本はすべて「たましい」と関係しているとか、関係すべきだなどと主張しているのではない。私が深い関心をもつ子どもの本は、ここに述べたようなものである、と言っているのである。そして、それを読むことが、大人にも子どもにも共に深い意味をもつと言いたいのである。従って、本書に取りあげた本は、私の以上のような関心に基づいて選んだものであり、子どもの本のすべてについて論じるものではないことも、ここにお断りしておきたい。

「たましい」ということは、心にも体にも関係をもっている。従って、ひとつの作品が「たましい」と関連しているとき、それを読んだときの感動は、何らかの意味で身体的な反応に表われるように思う。子どもに本を読んでやって、その反応を見ると、この様子がよく解るであろう。手をふりまわしたり、こぶしを握りしめたり、目が充血したり、いろいろな反応が認められることであろう。われわれ大人も、ここに取りあげたような作品に接すると、時には、とびはねたり、走りまわりたくなったり、汗がにじんできたりするのを感じるのである。また、このような身体に及ぶ感動の存在の有無によって、その作品が「たましい」に関連している度合を知ることもできるのである。

人間は「たましい」そのものを知ることはできない。ただ「たましい」のはたらきや、その顕現について知ることができるのみである。ここに取りあげた作品は何らかの意味において「たましい」と関連しているが、「たましい」のあらわれは、時にわれわれの前から消え去ってゆくときがある。換言すると、「たましい」の国の住人は、われわれの前に立ち顕われながら、いつか「たましい」の国へと帰ってゆくのである。この別れは深いかなしみをさそう。たびたび述べてきたような、アンナとマーニーの別れにそれが見られるし、間接的表現ながら『わたしが妹だったとき』にも、その深いかなしみが描かれている。かなしみを味わうことなく、「たましい」のことを知るのは、不可能なことなのであろう。

「たましい」との接触を保つこと、それは困難であり、危険なことであり、子どもが「たましい」の現象に触れるとき、そこに「たましいの導者」が存在することが望ましい。そのような点で、本文に詳述しているが、『ぼんぼん』の佐脇さんは、「たましいの導者」の典型と言っていいだろう。実に生き生きとその姿が描かれている。それと、『飛ぶ教室』に登場する二人の先生、正義先生と禁煙先生の対比も、「たましいの導者」を考える上で興味深いものである。「たましい」のはたらきは常識を簡単に超えるところがある。一人の少女ピッピの動きに、先生や警官が翻弄されてしまうように、生半可の教育者や警官は、「導者」となるどころか、「たましい」のもつ強烈な破壊性の餌食となるだけなのである。

「読む」ということ

本書は「子どもの本を読む」と題されている。子どもの本をどのような立場で考え、どのような態度でそれに接してゆくかについては既に述べてきた。ここでは、私がそれをどのように「読む」のか、というよりは、どのような読み方によって得たことを、ここに書き記しているのかについて、少し述べておきたい。というのも、本書はいわゆる「書評」というものではないからである。

一冊の本は実にいろいろな読み方ができるものである。それは「批評」の対象にもなるだろう。しかし、私は子どもの本を批評するほどの広い知識や経験を持ち合わせていない。私の読む本の量は極めて微々たるものである。あるいは、「読む」という場合、それを書いたときの作者の状況に照らしたり、似たような内容の本と比較したり、同一作者の他の作品との関連を見たりして、「読む」ことを深めることもあるだろう。というよりは、むしろ、これが一般的な方法であろう。私の「読む」ことは、それらと違って、ひたすら、今読んでいる「この一冊」に全力をいれて読み、そこで私の心に生じたことを書いているのである。読者は、私の書いていることが、その作品の「外に」あまり出ていないことに気づかれるだろう。つまり、それを書いた作者のこととか、他の作品などについてほとんど言及せず、ただ、作品の内容に即して語っていることが多い。

そんな点で、私の書くことは極めて「主観的」である。つまり、勝手なことを言っているという批判を招くことであろう。しかし、私は開き直っていて、主観的で結構と思っているし、これだけ勝手なことを言わしていただいて有難いことだと思っているのである。こんなことを言うと、ますます勝手者め、と叱られそうなので、少しいいわけを書かしていただくことにする。

私が心理療法家として、ある一人の人にお会いするとき、実はこれとまったく同じことをしている。ある高校生が来て、「うちのお母さんは鬼みたいな人です」と言うとき、それではお母さんに会ってどんな人か確かめようとはしないのである。私は、その人が「お母さんは鬼」と思っている主観の世界をできるかぎり共有しようとする。もっとも、これは危険極まりない仕事である。だから、われわれは相手の主観の世界にできるかぎり入りこもうとしつつ、それに溺れてしまわないように訓練されているのだ。
なぜそのようなことをするのだろう。ここで、私がその母親に会い、彼女が鬼でもなんでもなく、普通の女の人であると判断して、それをその高校生に伝えたとき、彼はどうするだろう。彼が私の意見に同意してくれることは、めったにないだろう。ものわかりの悪い先生だと思うくらいで、彼はおそらく私のところに来るのを止めてしまうだろう。

私が彼と主観を共有しようとしていることを知って、彼は来談を続けるだろう。そして、敢えて主観の共有に踏み切った私と彼とが、話合い、見直し、考え直ししているうちに、主観の世界に見えていたものの様相が変ってくるから不思議なのである。それは、既に述べた用語を使うなら、「たましい」への接近の道なのである。これは危険に満ちた道で、うっかりすると両者共倒れになる可能性が高い。そこで、われわれはその器量に応じて、ちょっと客観の世界に目を走らせたり、片足を外の世界にかけたりしながら歩いてゆくのである。しかし、何よりもそれがうまくいっているときには、他人によっては動かし難い。「そうだ」という肯定を心の深みから感じとる。このことが、私の仕事なのである。

その点でいうと、本を「読む」ときに、私は自分が心理療法をするのと、ほとんど同じことをしていることがわかる。その作品の「世界」に入りこんで、そこで感じとったことを言葉にしているのである。もちろん、このように言っても、心理療法のときと同じで、あまりにも危険度が高まらない程度の配慮は、ある程度行なっている。つまり、ある作品を取りあげたとき、その周囲のことについて、ある程度の情報は得ることにしている。つまり、他の作品を読んだり、それについて他の人が述べていることを読んだり。ともかく、あまり失礼なことをしないようには配慮したつもりである。しかし、中核は何と言っても、私自身の主観を大切にしている。

心理療法というのは前記のように大変なことなので、あだやおろそかにはやれない仕事である。この点について、私の師事した人が、「どこか好きなところがなかったら、するものではない」と端的に表現したことがある。「どこか好きなところがなかったら」というのは、なかなかの名言である。好きでもないのに、こんなに危険に満ちて、ひょっとして無意味かも知れぬことに、誰が全力をあげることができるだろうか。従って、私が本書に取りあげた作品は、何らかの意味で私の好きな作品ばかりである。もちろん、「好き」にも、少しずつ色合があって、その色合の差は、私の文章表現に微妙に影響していると思われる。ともかく、「好き」と感じた対象に対して、ひたすらその世界のなかに沈潜してゆき、他との関連についての配慮をできるかぎり少なくしてゆく。このことこそ「たましい」に触れる方法ではないだろうか。実際、このような方法によって、われわれは心理療法を行なっているのである。

ここで少し手前味噌を述べさせていただくと、私の試みたような本の読み方は、考えてみると誰でもすぐにできそうだが、あんがい簡単ではなく、これも私が心理療法によって長年の間、鍛えられてきたからできることなのである。何も心理療法に限ることはないが、このような読み方も、それなりに修練のいるものであることを明らかにしておきたい。さもなければ、一冊の本を「読む」のに、作者について、あるいは他の作品について調べることなく、ただその一冊のみを読むだけだから、……などと安易に考えていただくと困るからである。それにしても、それほど主観の世界に入りこんでいって、その評価の基準はあるのだろうか、ということになるが、この点は、読者の方々の「たましい」の反応に頼るのみである。自分の「たましい」から「そうだ」という反応がなければ、読むのを止めて下さるといいのである。

以上のような次第で、極めて勝手な、「子どもの本を読む」ことをしてきたのであるが、これが、「子どもの本」の発展につながってゆく一助となれば、こんな嬉しいことはない。ともかく私は、できるだけ多くの大人の人に――子どもはもちろんだが――ここに取りあげたような子どもの本を読んでいただきたいのである。

一　エーリヒ・ケストナー『飛ぶ教室』

1　はじめに

「これから学校の教師となる人たちのために、是非読んで欲しいと思う本を五冊推薦していただきたい。」ある教育雑誌から、このような依頼を受けた。私の専門である心理学、あるいは教育学などの分野で、新任教師として心得ておくべき有用な知識を与えてくれる本があれば……という意図であったのだろう。ところで、私は推薦書の第一に、ケストナー作『飛ぶ教室』をあげたのである。私はともかく第一冊目に児童文学書をあげようと心にきめた。五冊全部を児童文学にしようかとさえ思った。心理学も教育学も大切であることは事実であるが、「学」と名前のつくものは、えてして立派ではあるが実態と離れたものとなり、「現場」では役に立たなかったり、害になったりさえするものである。その点、同じく「学」がついていても、児童文学は大分違っていて——児童文学学なんてものもあるだろうけれど——人間の姿を生き生きと伝えてくれ、教育ということの根っ子にあるものを、ぶっつけてくれる。それに、児童文学は教師も生徒も、大人も子どもも、共に読むことができ、共に味わうことができるものだから、まったく新任教師に読んでいただくには、うってつけなのである。しかし、五冊ともすべて児童文学では、少し他の「学」にも申し訳なく思ったので、一冊だけを代表としてあげることにした。ただ、この一冊となると選択に迷い、息子たちに相談したところ、全員一致で『飛ぶ教室』を推薦したので、私もそれに従うことにした。確かにこれは素晴らしい選択だ。

最近は、中学校や高等学校で校内暴力というのが盛んである。教育的な配慮からあまり公にされていなかったが、それが限度を超えた状態となってきて、ジャーナリズムでも取りあげられ出したので、御存知の人も多いことであろう。生徒の暴力の恐ろしさのために、多くの教師が欠勤したり、ついには退職する人さえ生じている有様である。中学にせっかく就職が決まっていたのに、校内暴力の様子を聞かされて、教師になるのを断念した人もある。私は臨床心理学ということを専門にしているので、現場の先生方から、このような悩みや苦しみについて聞かされることが多い。そんな点もあったので、『飛ぶ教室』を先生方に推薦したいと思ったのである。同書が出版されたのは一九三三年だから、今(一九八三年)から五十年ほど以前のことである。しかし、五十年を経た今になっても、これはわれわれに多くのことを教えてくれるのである。

『飛ぶ教室』を読んで、これは古きよき時代の学校のことであって、「この頃の中学生は、こんなのとまるっきり違う」と言う先生もあるかも知れない。とかく、大人どもは、昔はよかったが今は悪い、と思いたがる。このような人には、私は次の二点を指摘しておきたい。まず第一は、ケストナーがこの本の「第二のまえがき」のなかで述べているように、「どうしておとなはそんなにじぶんの子どものころをすっかり忘れることができるのでしょう?」ということである(以下、引用はすべて、高橋健二訳『飛ぶ教室』岩波書店、による)。第二には、この本が書かれた一九三三年とは、どんな時だったか御存知ですかと言いたい。この年にドイツではヒットラーが政権を取り、「焚書」を実行し、ケストナーはその著作を焼かれ、出版禁止の処分を受けたのである。高橋健二『ケストナーの生涯』には、次のように簡潔に出版の事情が述べられている。「事態はドイツ国民にとってもケストナーにとっても最悪になる。しかしその前にケストナーはも一つよい仕事をした。それは子どもの小説『飛ぶ教室』(Das fliegende Klassenzimmer, 1933)である。これを最後にケストナーは著作の発表を禁止された。『飛ぶ教室』は小説として最もよくまとまっており、もりあがりと迫力があり、感動的である。」ケストナーは、人間の行う測り知れぬ「暴力」を予感しつつ、この書物を書いたのである。

まえがきが少し長すぎたかもしれないが、まえがきを二つも持っている本について書くのだから、これくらいのところでちょうどいいだろう。それでは、『飛ぶ教室』の内容について考えてみることにしよう。

2 思春期

この小説の舞台はキルヒベルクの高等中学ということになっており、活躍するのは、生徒たちとそれを取り巻く人々、それも徹頭徹尾、男たちの物語であるところが特徴的である。これは思春期前期の男の子たちを描いた作品として、白眉と言っていいものだろう。思春期前期、それは人生のなかで最もわけのわからない時代である。ともかく、生きていることは事実だが、本人たちもわけがわからないままに行動しているのだから大変である。ケストナーは大人たちが自分の子どもだった頃をよく忘れると嘆くが、実のところ、思春期の頃のことは忘れて当り前、あるいは、記憶できないものなのである。それをよく覚えていて、しかもひとつの作品にして見せるところに、ケストナーの天才がはたらいている。この年齢の子どもたちは、よく行動する(あるいは、反転してまったくの無為になる子もあるが)。跳び、走り、なぐり、蹴る。怒り、笑い、泣き、どなり合う。しかし、そのような行為の背後で、彼らを動かしているものの存在には気づくことがないのである。それにうっかり気づかされる運命にある子は、大変な精神的危機に見舞われることになるだろう。だから、この子たちはともかく動いていないといけないのだ。

『飛ぶ教室』の冒頭は、まるで芝居か歌劇の幕開けのシーンを見るように見事である。ケストナーは映画や演劇のシナリオをたくさん書いた人だから、その才能が『飛ぶ教室』の描写の随所にあらわれている。未だ個性の定まっていない子どもたちを描くには、個々人としてよりは、群として描かねばならぬところがたくさんあるから、映画的な手法を必要としてくるのである。

『飛ぶ教室』で活躍する愉快な少年たちをまず紹介しておこう。高等科一年生たちで、拳闘選手をめざす腕力の強いマチアス、それとまったく対照的な友人、貴族出身でひ弱いちびのウリー、貧しい給費生で秀才で正義漢のマルチン、それと、薄幸な孤児のヨーニーである。話の始まりには、この年齢の子どもたちの発散する活気に満ちている校庭の様子が生き生きと描かれている。雪合戦をするもの、木をゆすぶって雪を他人の頭の上に落とすもの、「タバコをすいながら、がいとうのえりを高くたてて、もったいぶった足どりで」歩いてゆく上級生。それに「四階のせまい窓のふちの上で、危うくからだの平均をとりながら壁にそって部屋から部屋へと、移って」拍手をされるヒーローさえいる。少年たちは活力に満ち、しかも意外と死に近接した世界を生きているのである。

さて、既述の高等科一年生の同級生たちが、クリスマスのお祝いに演じるために、ヨーニー作「飛ぶ教室」という五幕物の演劇の練習をしているとき、同級生のフリドリンが、「顔と手からは血がたれ、服は破れ」た姿で、とびこんできた。フリドリンによれば、同級生のクロイツカムは町で実業学校の生徒に襲われ、クロイツカムはとりこになり、彼の持っていた同級生全員の書き取り帳もとられてしまったという。もう劇の練習どころではない。リーダー格のマルチンは主要なものに「禁煙先生のところに集まるんだ」と命令し、一同あわただしく立ち去るところで第一章が終る。これはまったく、素晴らしい演劇の第一幕の終りのようなものだ。われわれは緊迫した気持のままで第二章を待ち受ける。それに禁煙先生というのは、一体誰なのか。

少年たちにとっての重大事件の発生に際して、彼らがまず第一に禁煙先生に相談しようとしたところが興味深い。禁煙先生については後でも考察するが、彼は本名不詳の「世すて人」で、廃車になって菜園の中に持ちこまれた禁煙専用の客車に住んでいる。それが禁煙先生の名の由来であるが、彼自身は大変よく煙草を吸う――ケストナーも煙草好きである――のだから、なかなかユーモラスな命名なのである。少年たちは禁煙先生が大好きである。彼らは舎監のベク先生を深く尊敬している。ベク先生は正義先生というあだながあるほど正しい人なのだが、それだからこそ、こんなときには相談の相手にはなりにくいのである。「正と不正とを区別することが困難なような場合、彼らはちえを借りる必要がありました。そういう時、彼らは正義先生のところにはいかないで、大いそぎでかきねを越えて禁煙先生をたずねていくのでした。」思春期の子どもたちは「正義先生」も必要だが、それ以外の指導者も必要としているのである。

さて、これから少年たちのなぐり合いの大活劇がはじまるのだが、その詳細は本文に譲ることとして、この少年たちの戦いについて少し考えてみよう。この少年たちの果し合いのところは、ほとんどの思春期の男の子なら、胸をわくわくさせて読むに違いない。しかし、道学者先生は、「こんな暴力肯定の作品は児童文学にふさわしくない」などと言われるかも知れない。われわれはここで、著者のケストナーがまさに筋金入りの平和主義者であり、ナチスの暴力に対して命がけの抵抗をやり抜いた人であることを想起したい(この点の詳細は、既述の『ケストナーの生涯』を参照されたい)。そのような筋金入りの平和主義者であるからこそ、見よう見まねの平和論者なんかと違って、少年たちの凄まじいなぐり合いを暖かい目をもって書くことができたのであると思う。

われわれは暴力を肯定するものではない。しかし、すべての少年たちから腕力の戦いを取りあげてしまったら、世の中は平和になるだろうか。答は明らかに否である。少年たちの攻撃性を徹底的におさえるようなことは昔はできない相談であった。そうしようにも大人たちは忙しすぎたし、子どもたちもたくさん居た。ところが、最近ではそのような「純粋培養」みたいな子どもたちをつくることが可能となった。ところで、このように育てられた子どもたちが、思春期になってその攻撃性を突発させると、どんな恐ろしいことが起こるかを、われわれ臨床家は毎日のように見せられている。今、わが国に多発している家庭内暴力がどんなに凄まじいものであるかは、周知のことであろう。あるいは、最初にあげた校内暴力もこれと関連してくるだろう。それはジャーナリズムを賑わしているように、時に殺人事件にまで及ぶものなのである。

『飛ぶ教室』の少年たちのけんかも相当なものだ。顔の相が変わるほどの凄まじいなぐり合いをやっている。まったくむちゃくちゃである。しかし、思春期の子たちは、時にむちゃくちゃをやらぬことには生きてゆけないのである。彼らの心の奥底でうごめいているもの、それはそのまま暴発すれば死に直結する類のものである。彼らは命を失わずに、それをある程度生きねばならない。

話はもっと後のことになるのだが、ちびの少年ウリーは戦いのたびに逃げてしまうので、名誉を挽回するために高い所からかさをもって「落下傘降下」をこころみ、他の少年たちの絶対的な尊敬と引きかえに、足の骨折をしたことも、ここで思春期の少年たちの心理をあらわすものとして取りあげておきたい。行為の無謀さに驚いた正義先生は、ウリーが臆病者という汚名をはらすためにやったことと知ったとき、「あのくらいの骨折なら、ちびさんが一生のあいだ、ほかのものから一人まえだと思われないという不安を持ちつづけているよりは、いいんだということを、忘れるな。こんどの落下傘降下は、わたしがはじめ考えたほど、ばかなことじゃないと、わたしはほんとに思っている」と、同級生たちに語りかけている。正義先生は、思春期とはどんなことか、少年が真に生きるためにはどれほどの犠牲を払わねばならぬかを、よくよく知っているのだ。価値のあるものには、危険はつきものである。

暴力は肯定か否定か、このような単純な割り切り方で、いつでも通用する一面的な定理を得ようとするような人は、あまりにも弱い人だ。矛盾する二つの極の間に身をおいて耐えてゆきながら、その時にその場で正しい道を切り拓く強靱さをわれわれは身につけなければならない。ケストナーのこのような強靱さこそ、ナチスドイツに踏みとどまり、亡命することなく抵抗運動を続けるような偉大なことをする原動力となったものであろう。ケストナーは、「第二のまえがき」のなかで、児童文学の「ずるい作者は、子どもというものが、極上のお菓子のこね粉でできてでもいるようにやる」のを鋭く批判している。子どもたちは小さいときから、上述したような人生の矛盾のなかで、悩み、戦っているのである。どうしてそのことを児童文学のなかで取り扱ってはいけないのか、とケストナーは主張する。彼は現実を直視して、それを子どもたちに告げる。しかし、有難いことに彼の鋭い目は愛にも満ちているのである。

3　権威とは何か

思春期はむちゃくちゃな時期であると言った。少年たちから腕力をすべて取りあげるのは問題だと言った。それでは親や教師たちは、このむちゃくちゃ族に対して、どうすればよいのか。暴力や無軌道ぶりに対して「暖かい理解を示す」べきなのであろうか。寄宿舎の規則を破り、無断外出をして名誉ある戦いを勝ちとってきた少年たちに対して、舎監のベク先生、つまり正義先生はどのように対処しただろう。ここは『飛ぶ教室』の圧巻である。五人の少年たちは寄宿舎に帰ってきたところを、意地悪の上級生テオドルに見つけられ、正義先生のところに連れてゆかれる。「脱走者をつれてまいりました」と、テオドルは大喜びである。さて、「ベク先生は机に向かってこしかけたまま、五人の高等科一年生をじろじろ見ました。先生が何を考えているか、顔いろにはいっこう現われていませんでした」。先生は少年たちが簡単に触れることのできぬ壁のように、前面に屹立しているのだ。これが大切なことなのである。

ベク先生は生徒たちが規則に背いたことを明確にし、なぜそんなことをしたかを尋ねる。少年たちは実業学校生に同級生が捕虜となったので救出にゆき、そこで戦ったことを話す。捕虜は救い出したものの、書き取り帳は敵に焼かれてしまったので、灰だけを持ち帰ってきたことを告げ、マチアスが「ぼくはその灰をいれるために骨つぼを寄付します」と冗談を言うと、「ベク先生はかすかに顔をほころばせました。しかし微笑したのはほんの十分の一秒のことで、すぐまたまじめな顔にかえりました」。規則違反の生徒たちだからと言って、その冗談に笑わないというのも余裕がなさすぎる。かと言って、笑ってしまっては緊張感がなくなる。この際十分の一秒は微笑するのに適切な長さだ。

ベク先生は二週間の外出禁止にすべきところだが情状をくみとることはできると言い、それにしても、なぜ少年たちが無断外出する前に自分のところに相談に来なかったのか、「それほどわたしを信頼していないのか？」と真剣に聞く。生徒たちは、先生に事前に相談しても、たとえ外出を禁止されても自分たちはそれを破るだろうし、もし先生が外出を許し、けんかのために事故が生じたら先生の責任になるだろう。だから、先生に迷惑をかけるよりは、自分たちの判断で無断外出し、その責任をとることにしたと言う。ベク先生はそこで、「休暇後最初の午後の外出をきみたちに禁止する」と罰を言い渡した後、「その罰にあたる午後、きみたち五人はわたしのお客としてこの部屋にまねかれる。そしてコーヒーを飲みながらだべろう」とつけ足すのである。なんとも、いきなはからいだが、話はこれで終わらない。ベク先生は自分が高等科一年生のときの思い出話をする。彼は病気の母を見舞うために無断外出して上級生に見つかり、翌日の外出を禁止される。彼はそれでもまた外出して母を見舞い、ついに監禁される。ところが彼の友人が身代りになってくれ、母のところへ行ったのだが、その間に校長先生が身代りを発見して怒る。しかし、校長先生には、その友人がすべてを話して許されたのである。ベク先生は、自分が高校生のとき心から信頼できる先生が居なかったばっかりに、無断外出を繰り返して苦しんだので、「少年たちが心のなやみとすることをなんでもいえるような人」になろうとして舎監になったのである。少年たちは感激して、部屋を出てから、マチアスは「あの先生のためなら、ぼくは必要とあれば、首をくくられてもいい」と言う。

ベク先生の生徒に対する態度は真に立派なものである。大したものだ。思春期の子どもたちの心の奥底で荒れ狂う力は、それに直面して退くことのない壁を必要とする。それにぶち当り、せきとめられることによってこそ、それは分化し、人間に利用できるものへと変容する。さもなければ、それはひたすら破壊的に作用し、その子ども自身がその被害者となってしまう。家庭内暴力や校内暴力をふるう子どもたちは、自分の内なる暴力のほしいままにされている被害者なのである。そして、これがいったん暴発してしまうと、なかなか簡単にはとめ難く、おそまきながらそれに直面しようとした人など、たちどころにぶっとばされてしまう。ベク先生は「何を考えているか、顔いろにはいっこう現わ」さない、不退転の壁として少年たちの前に立っている。しかし、その壁には血が流れていないといけない。少年たちの規則違反は違反として明らかにしてゆく過程のなかで、少年たちは前に存在している壁に血が通っていることを、だんだんと感じてゆく。そして、最後のところで、ベク先生は自分自身も少年たちと何ら変りのない存在であることを明らかにする。病気の母を見舞っての無断外出は、実のところケストナー自身の体験を基にしているだけに、ここのところは読者の胸を打つものがある。

ベク先生は「少年たちが心のなやみとするところをなんでもいえるような人」になろうとして舎監になった。しかし、五人の少年たちは、いかに信頼している先生に対してでも言えないことがあることを、ベク先生に納得させているのだ。少年たちは先生に秘密をもって行動した——もちろん、後で言ってくれはしたが——しかも、それは先生を敬愛しているが故になのである。

いかに愛し合っていても、愛し合っているが故に、秘密をもたねばならぬときがある。教師として生徒になんでも言って貰おうとするのは甘すぎる。この人生のパラドックスを、ベク先生は生徒たちに教えられたのである。先生はそのお礼として、彼らにコーヒーを御馳走することにしたのであろう。教師と生徒の関係が深まっていったとき、逆転が生じて、生徒が教師に何かを教えてくれることは、よく生じることである。しかし、それは教師が最初から姿勢をくずして、生徒たちと同等にふるまうことによって生じるものではない。教師は権威者として、生徒に嫌われようが怒られようが、まず前面に立ちはだからねばならない。その心意気のなかから、価値ある逆転が生じるのだ。自分は権威も何もなく、生徒と同等だとか友人だとか主張する先生が居られる。それはそれで立派かも知れないが、そこまで頑張る先生は、まず給料など貰わずに、授業料を払うことから始めるべきだ、と私は思っている。

思春期の暴風雨と対決するためには、教師は強い権威をもたねばならない。しかし、そうあることは、ベク先生の例でも解るように、生徒たちとは決して同等にはなれぬという孤独も味わわねばならない。孤独に耐えることなく権威をもとうとするのは、働かないで食うのよりなお悪い。後者は少しは罪悪感をもつだろうが、前者は案外、自分のことを同情心が深いなどと錯覚することがある。ところで、こんなことは百も承知で、孤独と権威とをカリカチュアライズされた形で悠然と生きているのが、クロイツカム先生である。彼は例の書き取り帳をとられ、捕虜となったクロイツカムの父親であり、この学校のドイツ語教師なのである。クロイツカム先生は学校で笑ったことがないばかりか、「家でもまったく顔かたちをくずさない」のだから、大した人である。彼は教室で書き取り帳焼失のいきさつを聞くと、クロイツカムが四時間も捕虜になっているのに、両親が気づかないのはいけないと怒ってみせる。生徒たちは笑い出すが、先生はにこりともしない。クロイツカム先生は続けて、息子のクロイツカムに、まるで他人事のように、「きみの父にわしからよろしくと伝えてくれ。以後、どうかきみにもっとよく注意をはらうようにって！」と言う。教室全体は笑いにまきこまれるが、先生は厳然として、厳しい授業をやりとおしてゆく。

子どもたち、特に思春期の子どもたちには権威者が必要である。しかし、権威者が権威者であるためには、どこか一般人と異なる不自由をしのび、孤独に耐えて生きねばならない。皆となじんでしまっては、権威者であることができない。しかし、現在では、クロイツカム先生ほどの大サービスを子どもたちにする教師は、もう居なくなってしまった。おそらく、ベク先生あたりが教師の理想像かも知れないが、それじゃ禁煙先生はどうかという疑問が生じてくるであろう。

4　大人と子ども

禁煙先生のことに触れる前に、物語の最後に語られているマルチンとベク先生との挿話について少し述べておこう。模範生のマルチンは家が貧しくて、せっかく期待していたのに、クリスマスの休暇に帰省できなくなる。けなげな彼はこのことを先生にも級友にも隠して、できるだけ陽気にふるまおうとするが、慧眼なベク先生はマルチンの様子がおかしいと思う。皆が帰省してしまって一人でいるマルチンを探し出し、先生はわけを問う。何とか誇りを保とうと努めるマルチンの口ぶりのなかから、ベク先生ははっと気がついて「きみは旅費でもないのかい？」と尋ねる。

そういわれると、マルチンのけなげな態度ももうまったくくずれてしまいました。彼はうなずきました。それから、雪におおわれた手すりに頭をのせて、さめざめと泣きました。悲しさが少年のうなじをつかまえ、さんざんにゆすぶりました。

正義先生は驚いてそばに立っていました。彼はしばらく待っていました。はやまって慰めをいってはならないことを彼は知っていました。やがて彼はハンケチをとりだし、少年をひきよせて、顔から涙をふきとりました。「もうよし、もうよし。」と、彼はいいました。彼自身すこし気が弱くなっていました。数回つよくせきばらいしてから、やっとたずねました。「いったい、いくらかかるんだね？」

少し長く引用したが、この感動的な話を、ドイツ版佐藤紅緑にさせてしまわない、はりつめた表現力、正義先生の例によってまったく適切な生徒との距離のとり方を知って欲しかったからである。ここでは、けなげなマルチンも「さめざめと泣き」、先生はマルチンに二十マルクの贈物をして助けてやるのだから、救われるものと救うもの、子どもと大人の対比が極めてあざやかである。中学や高校の教師の難しさはここにある。生徒たちは既に示したように、教師を上回る知恵をもって教えてくれるかと思うと、あるときは、絶対的な保護を要求する存在ともなるのである。しかし、このときベク先生のとった態度に示されているように、相手の人格を尊重するところがないといけない。救う側にまわった人間が自ら感激してしまうと、救う側も救われる側も同じ人間であることが忘れられてしまう。児童文学には「泣かされる」場面が多い。さんざん泣かされた後で何だか損をしたような気になるのは、著者が自ら感動に酔って抑制を忘れているときなのであろう。

マルチンが帰らぬことを悲しんでいた両親のもとに、彼が突然に姿を現すところについては、もう省略しておこう。ここでもケストナーの抑制のきいた、張りつめた記述が、われわれの胸を打つ。彼はどんなに醜い、辛いことを冷たく観察していても、その背後に暖かい目をもっていたし、どんなに美しく感動的な場面を描くときでも、背後に冷たい目を光らせていた人であろう。ケストナーが、ドイツ文学は「片目の文学」だと言って批判した気持がよくわかるのである。

ベク先生を一つの目とするならば、禁煙先生はこの物語のなかのもう一つの目である。ヒットラーが台頭し、確信に満ちた指導者像がドイツ国民の理想となろうとしているとき、ケストナーがこのような人生の師の姿を描き出したことは、真に意義が深い。一九三三年のドイツにおいて、このような人物を描くことにさえ相当な勇気がいったのではないかと思う。ナチスにとって、何が正しいか何が正しくないかは、まったく明白であった。彼らの絶対的な指導者ヒットラーがそれを決めてくれた。他人の判断や、イデオロギーに頼ることなく、われわれが何が正しいかを判断しようとするとき、途方もない困難に出会う。しかし、その困難に自らの存在を賭けてぶつかってゆくことこそが人生だと、ケストナーは言いたいのだ。しかし、思春期の子どもたちにとっては、やはり指導者を必要とするものだ。ここで、ケストナーが「正と不正とを区別することが困難な場合」は、正義先生に相談できないことを明らかにしているのは、何とも素晴らしい。彼らが相談できるのは、煙草をぷかぷかと吸いまくる禁煙先生なのである。つまり、禁煙先生は正義先生と違って、正も不正も内包しているのである。

権威者は孤独を必要とすると言った。そうすると、禁煙先生はこんなときでさえ子どもたちに相談され、秘密を打ちあけられ、何らの孤独も経験しなくてすむ人なのであろうか。禁煙先生の孤独は、ある意味ではベク先生よりも深いかも知れない。彼は世すて人なのである。禁煙車のなかにひとり住み、場末のレストランでピアノを弾き、ほそぼそと生きているのだ。彼は子どもたちの世界に入れて貰った分だけ、大人の世界から遠ざからねばならないのである。

大人と子どもと言えば、ここにもパラドックスが存在しているようだ。実は禁煙先生こそ、ベク先生が無断外出したときの身代りとなってくれた友人であることを、少年たちは感づいて、ベク先生と禁煙先生とを引き合わすのだが、そこでベク先生は禁煙先生に「ふつうの市民の生活」に戻ることをすすめる。これには賛成しない禁煙先生に対して、ベク先生は彼が医者であることを知っているので、この学校の校医となることをすすめる。これに対して、禁煙先生は、「生活に野心を失ってはならないなんていう、きまりもんくだけは、もちだださないでくれたまえ。……ほんとにたいせつなことを思いだす時間をもつ人が、もっと多くいてほしい、と思うんだ。金と位と名誉なんて、子どもじみたものじゃないか！　そんなものは、たかがおもちゃにすぎないよ。ほんとにおとなはそんなものをあいてにしやしない」と答えている。さきほど私は、禁煙先生は子どもの世界に近づいた分だけ大人の世界から遠ざからねばならなかった、などと書いたのに、ここで御当人は自分こそが、ほんとの大人であり他の大人たちはまったく「子どもじみている」と主張しているのである。金と位と名誉と、そのような子どもじみたものを欲しがるのが大人なのか、そんなものはまったく棄て去っている人が大人なのか。ここでもわれわれは二者択一的な単純な思考にとらわれないことにしよう。子どもたちは非常によく知っている。彼らはその成長にあたって、正義先生も禁煙先生も両方必要としているのである。

それでは一人の教師が正義先生と禁煙先生とをかねそなえて——それに煙草をぷかぷか吸って——おれば理想的だが、そんなことは可能であろうか。禁煙先生がかつて正義先生の身代りであったり、長い間会ってなかったのに生徒たちの手引で再会したりする筋から見て、ケストナーは両者の統合を象徴的には可能なこととして望んでいただろうと思う。しかし、実際にとなると己の器量と御相談ということになろう。禁煙先生は結局はベク先生や生徒たちへの愛情から校医となることを引き受ける。彼も「ふつうの市民」の世界に半歩踏みこんだのである。これは意義深いことだ。しかし、生徒たちは以前とまったく同じように、この校医先生にすべてを打ち明けて話すだろうか。人間は誰かを愛すると、必ず何がしかのそれに相応する十字架を背負うことになるのであろう。

二　フィリパ・ピアス『まぼろしの小さい犬』

フィリパ・ピアスの『まぼろしの小さい犬』は、人間にとって、まぼろし(ファンタジー)ということがいかに大切であるかを、極めてリアリスティックに描き出した稀有の作品である。動物やそれに植物までもが、それぞれにファンタジーをもつのか、明確には解らない。しかし、それは有りそうなことにも思われる。渡り鳥が、時節がくると一斉に遠い他国へと旅立つとき、その行動を支えるものとして「ファンタジー」が存在していないだろうか。渡り鳥のもっとも渡り鳥らしい行動を背後で支えるものにファンタジーがある、と考えてみることは楽しいことだ。もっとも、鳥についてはⅠ聞いてみるわけにもいかないのだが、人間にとってはそれは明確である。人間を人間として存在せしめる基礎にファンタジーがある。それも、渡り鳥のように集団としてではなく、個人として、人間がその個性の存在を確認しようとするとき、その人固有のファンタジーを持つことが絶対に必要なのである。ロンドンの下町に住む少年ベンは、自分が他ならぬベンであり、他の誰とも異なることを実感するためには、彼固有のファンタジーを持たねばならない。それは何人も侵すことのできぬ彼の世界なのである。

ファンタジーの存在理由を「解釈」するために考え出された「願望充足」という用語は、当初は深い意味と感情を内包していたかも知れない。しかし、今ではそれは色あせて、ファンタジーの本質を歪曲してみせることにのみ役立っているように思う。少年ベンの心に顕現してきた小さい小さい犬(この本の原題は A Dog So Small

である）は、少年の「願望充足」のための道具などという、ちっぽけなものではなく、もっと大きい意味をもっている。このようなことを、ピアスはどのようにわれわれに物語ってくれるのだろうか。話の筋を追って見てゆくことにしよう。

1　誕生日

主人公の少年ベンは、ロンドンの下町に住むブリューイット家の子どもである。メイとディリスという二人の姉、ポールとフランキーという二人の弟にはさまれた、五人きょうだいの真中の子どもである。ブリューイット家の人たちはいい人ばかりだ。適当に家族のことを気づかい、適当に自分自身の生活を持ち、つつましくなごやかに生きている家族の姿を、作者のピアスは的確に描いてみせてくれる。ピアスという人は大ぎょうな身振りがなく、現実をそっとそのままつかんでみせてくれるような筆の冴えをもった人である。われわれはそのおかげで、イギリス人の家族たちがどのように生きているのかを、この作品を通じて知る楽しみも味わうことができるのである。

ベンはある朝、誰よりも早く目が覚めてしまう。彼は興奮して皆が眠っているのに外へ出てみる。というのは、その日は彼の誕生日だったからである。誕生日というものは、子どもにとって大変嬉しいものだ。「年を一つとる」ことは、老人にとってと、子どもにとってとはまったく意味が異なってくる。子どもたちは、早く大人になりたいのだ。何でも自由にできる（と彼らは思っている）大人というものに、少しでも近づく日として、誕生日は大きい意味をもっている。ところが、誕生日は子どもたちの目を未来へと向けさせるだけではなく、過去に向けさせることもある。もっとも、子どもたちは未来のことを考える方が好きであるが、時に、自分は何時生まれてきたか、どんなふうに生まれてきたか、などと聞かされることによって、過去にも目を向けることになるのだ。そして、そこでもう少し考える子は、自分の「誕生」ということを契機に、人間にとってのあの大問題、「私はどこから来てどこへ行くのか」にぶつかるのである。子どもたちはそれほど意識しないかも知れない。しかし誕生日という楽しいお祝いの背後に、「どこからどこへ」という疑問は存在しているのである。

ベンはその日の誕生日を特別に心待ちしていた。それはベンのおじいさんのところに大分以前に遊びに行ったとき、おじいさんが誕生日の祝いに犬をやろうと約束してくれたからである。犬を貰うことが、ベンにとってどれほど素晴らしいことかは、次節に考察することにしよう。ともかく、そのことが嬉しいあまりにベンは早起きし、「きょうはぼくの誕生日なんだぞ」と一人で叫び、屋根のハトに向かって、「まあ、見てろよな」と呼びかけさえしたのである。ところが、犬は来なかった。おじいさんとおばあさんは、犬の代りに一枚の毛糸でクロスステッチした犬の小さな絵を贈ってきたのである。がっかりしたベンは、祖父母の手紙も小包も手で押しのけて、犬の絵のはいっている額を机から落とし、そのガラスを割ってしまう。

「五人きょうだいのまんなかだということは、はたでそう思うほどにぎやかで、気持ちのいいものでもなかった。」(猪熊葉子訳『まぼろしの小さい犬』学習研究社、ただし以下の引用は岩波書店刊によった)二人の姉と二人の弟にはさまれて、ベンは楽しそうに見えるかも知れない。しかし、実状はそうでなかった。メイは婚約者があり、今は結婚式のことやその後の生活について夢中であり、ディリスはそれにまったく参画して楽しんでいた。「どっちみち、ベンは女の子には興味がなかったので、女の子の組にくらべれば、ポールとフランキーの組のほうが、まだつきあいやすかった。」しかし、ベンとは年の離れた二人の弟が喜んでいるもの、ポールのハト、フランキーのハツカネズミ、二人で飼っているカブトムシなどは、それほどベンの心をひきつけるものではなかった。従って、ベンは五人のなかで、なんとなく孤立していた。

ベンの感じている孤独感、それは両親やきょうだいや、ベン自身のせいで生じたものではない。この作品全体を通してうまく描かれているように、ベンの両親はなかなかよい両親である。子どもたちのことをよく考え、心配し過ぎでもなく、し足らぬでもなく生活している。二人の姉、二人の弟も楽しい気持のいいきょうだいである。にもかかわらず、ベンは、いわれのない疎外感を味わっている。ベンの年齢は作中に明確に書かれていない。しかし、全体の流れから、十歳前後と察せられる。人間というものは、どれほど恵まれた環境にあっても、疎外感や孤独感を体験しなくてはならないときがある。ベンはちょうどそのような年齢に達している。それは辛くもあり、危険でもあるが、成長のためには必要なことなのである。

ベンは「誕生日」に、それにふさわしく、孤独感を集約的に味わうことになった。人間は一人で生まれて来て、一人で死ななくてはならない。十歳の少年でもそのことは、しっかりと知らねばならない。

2 犬

既に述べたようにブリューイット家の家族は、なかなかいい家族である。そして、両親は五人の子どもの成長を楽しみにしているし、メイとディリスはメイの結婚式のことに夢中であり、ポールはハトに、フランキーはハツカネズミに心を奪われている。それぞれの人がそれにふさわしいファンタジーをもって生きている。ベンのファンタジー、それは犬であった。

ベンは、ロシアの国の雪に覆われた荒原で狼とたたかうボルゾイ犬を思いえがく。「オオカミはたしかにたけだけしいが、ボルゾイだって勇敢で強いのだ。ボルゾイはオオカミにせまっていく。一匹のオオカミの両がわにそれぞれボルゾイが食いさがり、猟師が短剣をもってとどめをさしにやってくるまで、がんばっている——」なんと勇ましい犬であろう。ベンはファンタジーが実現されることを望んだ。本当のボルゾイを手に入れようなとは思わなかったが、ともかく、犬が一匹飼いたかったのである。ベンにとっては、家族の誰のことよりも、犬を飼うことの方に関心があった、と言っても過言ではないだろう。

犬を飼いたがっている少年、犬を大切にしている少年、そのことを書くなら私は一冊の本でも書けるだろう。われわれが相談室で会う少年たちと犬との交流の物語は、胸を打つものが多い。ある登校拒否症の少年は、犬さえ飼って貰えれば登校すると宣言し、犬嫌いの父親と、そのために徹底的な話し合いを続けたのであった。ある少年は犬を可愛がるだけではなく、時には発作的に犬をいじめるのであった。少年を愛している犬は、不可解な主人の攻撃に遭い、おろおろしてしまう。これはまったく理不尽なことである。しかし、理不尽と言えば、苦悩する子どもをまったく理解せずに叱責を繰り返す両親の態度こそ理不尽ではないだろうか。おろおろし、おどおどとする犬は、両親の無理解によっておろおろしている少年の魂の顕現と見られないだろうか。

もうひとつだけ犬と少年の話をつけ加えておこう。ある登校拒否症の少年は、一匹の犬を飼い、これを溺愛していた。しかし、ある日のこと、この犬は車にひかれて死んでしまう。少年の嘆きは深く、犬のために母親と共に墓をつくり葬ってやる。さて、その後暫くして少年は登校を開始するのである。学校へ行かぬ子は、行かぬだけの理由があるから行かないのだ。学校へ行くよりは母親のもとに居る方が意味があるから、そうしているのである。しかし、人間は成長に伴って自分の生き方を変えねばならぬ。登校しない子が登校するようになるのは嬉しいことだ。しかし、そこには変化に伴う悲しみが伴うものである。変化、それは何かが死に何かが生まれることである。登校への決意の背後において、子どもと母との結びつきがどこかで切断される悲しみが生じている。子どもの心のなかで何かが死なねばならぬとき、犬は身代りとなってそれを引き受けてくれた。子どもも母親も、犬の死ということで成長に伴う悲しみを充分に味わい、ひとつの関門を乗り越えて行ったのである。

ベンにとってファンタジーのなかのボルゾイ犬は、勇敢さの象徴である。ベンは強く大きい大人となるために、勇敢さを自分のものにしたいのだ。しかし、祖父母が送ってきたものは、犬の絵にすぎなかったし、その犬はボルゾイどころか人間の手のひらにはいるほど小さい犬の絵なのであった。ベンが怒ったのも無理はない。祖父母のところへなど「二度といきたかないんだ」とベンは口走ってしまうのである。

ところが、ベンに対する誕生日祝いの手紙の最後に加えられた一行の追伸がベンの心をやわらげる。それには「犬のことほんとにごめよ」とあったのだ。祖父母は手紙を呉れるとき、祖母の言うことを祖父が書き取り、後で文字のまちがいを祖母がチェックして——つまり祖母の方がしっかりとしているのだ——出してくる。従って、最後の追伸の一行は、祖父が祖母の目を盗んであわてて書き足したものだと、ベンには解ったのである。どんなに深い失望や怒りでも、そのことを本当に解ってくれる人があるとなごむものだ。おじいさんは「ふしくれだった手を口にあてて、そっとベンに声でもかけるみたいに、こそこそと、「犬のことほんとにごめよ。」と書いてきたのだ。そんなふうにいわなくてはならないおじいさんは、さぞ心がいたんだことだっただろう」。ベンの心はなごみ、両親のすすめに従って、前言をひるがえして祖父母のところを訪問することにした。

ベンが田舎の祖父母を訪ねてすごした日の描写は本当に素晴らしい。この点は後で少し触れるが、あまり紹介する余裕がないので、是非とも原本を読んでいただきたい。ベンは祖父母の飼っている犬のティリーと存分に遊んで満足する。そして自分に贈られた犬の絵は、祖父母の息子（ベンの叔父）のウィリーがメキシコに航海したときのみやげに祖父母に贈った大切なものだと知らされる。絵の後には「チキチト　チワワ」と書いてあったが、チワワは犬が住んでいたメキシコのあるまちの名であり、チキチトはとてもとても小さいという意味で、この犬の名であったろうということだ。おじいさんはベンの犬好きを知り思わず犬をやるなどと約束したものの、犬を買う金もないし、たくさんの孫のなかでベンにだけ特別にというのもどうかと思うし、現実の壁にぶち当り、さりとて約束を破ることもできず息子から貰った大切な絵をベンに贈ることにしたのだ。ベンはこれらのことをよく了解したし、もう怒ってもいなかった。しかし、腹の底まで納得したわけではなかった。それほどまでにベンは犬が欲しかったのである。

3　事　故

ベンは祖父母の家から帰ってくるとき、あの犬の絵を置き忘れ、あわてて取りに戻らねばならなかった。ベンの心のどこかで、やはり犬の絵を受け容れていなかったのだ。このことはやがて、もっとはっきりとした形で表されることになった。つまり、ベンは汽車がロンドンに着いたとき、母親や弟たちが迎えに来てくれているのをみて興奮したあまり、犬の絵をそこに落としてしまったことに気づかなかったのである。

ベンは犬の絵を失くしてしまった。それは「ひとつのおわり」であったが、「ひとつのはじまり」でもあった。と言うのは、小さい犬のチキチトがベンの心のなかに住むようになったからである。人間は何かを得るためには、何かを失わねばならぬことが多いし、ひとつのおわりは、ひとつのはじまりになることも多いのである。失うことや終ることを嘆いてばかりいてもはじまらない。

ベンが目をつむると、チキチトが見えた。チキチトはベンが主人であることをよく知っているらしく、その命令に従ってよく行動した。ベンは自分の犬のことをよく知るために図書館に通って資料あさりをした。そして、犬のチワワ種は「食用に適す」ことを知って驚いてしまう。その夜、ベンは食人種に追いかけられる夢を見てうなされる。彼はそこまで自分と犬とを同一視していたのだ。ベンはチワワ種の犬が臆病であると知りショックを受けるが、その夜の夢で、小さい犬のチキチトが百匹もの狼をやっつけるのを見て満足する。少年ベンのたましいの奥底で凄まじい戦いが行われ、彼はそれに勝利したのである。

ベンの様子が何となくおかしいのを不安に感じていた母親は、ベンにロンドンでは犬は飼えないのであきらめるように話し合おうとする。ベンは犬なんかほしくないと言い、犬にはあきてしまったとうそをつく。ベンはなぜ、こんなうそをついてしまったのだろう。それは、ベンはもう既にもっているチキチトという自分の犬のことを誰にも言いたくなかったからである。それは母親にさえ絶対秘密にしたいことであった。

既に述べたように、「私はどこから来てどこへ行くのか」、「私とは何か」というような根源的な問いが子どもたちの心をとらえることがある。それははっきりとは意識されないが、すべての子どもの心をとらえるものだと言っていい。そして、それは一般に強く意識される年齢があり、十歳頃がそのひとつの時期だと私は考えている。私が他ならぬ私であって、他の誰とも異なる証として、私は自分の名前や所有物や、私の属する集団などをあげることができる。しかし、よく考えてみるとそれらはすべてやがて消え失せるものである。ベンは祖父母を訪ねていったときに、あの犬の絵の話を聞いた。そしておばあさんは、その絵をくれたウィリーも死んだし、その絵を刺繍した女の子も死んだろうと言い、後に残されたその絵もいつかなくなるだろうと言った後で、恐ろしい言葉を吐く。「それで、あとにはなにがのこる?」私が私であることを、この世の何かと関連づけてみたところで、それは空しいことだ。とすると、残される道は一つ。この世ではなく、私がそこから来てそこに帰ってゆくところ——おそらく永遠に存在し続けるあの国——とのつながりにおいて、私固有の方法を見出し得てこそ、私の存在ははっきりと根づいたものになるのではなかろうか。

ベンにとって、チキチトはベンとたましいの国とを結びつける絆であった。チキチトが存在することはすなわち、ベンがベンとして固有の存在をこの世に主張することであった。これほどのことは、誰にも秘密にしておかねばならない。ベンはそれを誰ともわかち合わないことによって、個としての自分を確立しようとした。しかし、考えてみるとこれは随分と恐ろしく危険なことである。人間はこの世に生きてゆくためには、他とつながり、他とわかち合うことをしなくてはならないのではなかろうか。この世に人間が個として生きようとするかぎり、こちらの世界とのつながりと、あちらの世界とのつながり、という微妙で困難なバランスを生きてゆかねばならない。しかし、人生のある時期にそのバランスがいずれかに少し傾くときがあるのも当然である。

ベンがチキチトによって、あちらの世界との結びつきを深くしたとき、彼のこの世との結びつきが少し薄くなったのは当然のことである。こんなときは、自分の周囲にいる人はどんな善人であれ、うとましく感じられるものだ。家庭も学校もベンにとってはうとましいものとなった。既に述べたようにベンの家族はいい人ばかりだ。家族や学校の先生や善意ある人の心配とはまったくずれてしまって、ベンが孤独になっていく姿を、ピアスは実に巧みに描写している。人々のこの世の愛はベンをなかなかつなぎとめておけない。その現象の頂点として、クリスマスイヴに大変な事故が起こる。クリスマス、それはキリストの誕生を祝う大切な日だ。

クリスマスイヴに家族と共に外出したベンの心は、家族とはまったく孤立していた。目を閉じれば見えるチキチトを追って、ベンは目を閉じたままで道路にでてしまう。「ベン！」とお母さんは必死で叫んだが、ベンは車にぶつかってしまう。ベンは危うくあちらの世界へ行くところだったが、ぴったりといっていなかったとはいえ彼に対する家族の愛が、彼をこちらの世界につなぎとめたのだろうか。ベンは重傷を負いながらも入院し、命をとりとめる。あちらの世界へ行き急ぐ人と、こちらにふみとどまる人と、どちらが幸福なのか不幸なのか、本当のところは私には解らない。ともかく、こちらにとどまった人は精一杯その生を生きねばならないし、このような事故がもつ意味について、事故を受けたものもその周囲の人も真剣に考えねばならないことは確かである。

4　老人と子ども

おじいさんが守ることもできないあんな約束をするから、ベンが犬に夢中になってこんな事故が起こったのだ、と言う人があるかも知れない。しかし、私はそうは思わない。ベンはそもそも危険な年齢にさしかかっていたのだ。ベンの心はこちらの世界よりも、あちらの世界に引き寄せられつつあった。しかし、ベンの両親も兄弟もそれに気づかなかった。彼らの生き方のバランスはすべて、こちらの世界に少し片よりすぎていた。彼らを支えるファンタジーは、こちらの世界とかかわりすぎていた。そんなときに、おじいさんだけがベンの孤独を感じとっていた。何とかしなくてはならない、という老人の直観から、彼は後でおばあさんに文句を言われるように、「犬をあげよう」などという出来もしない約束をしてしまったのだ。おじいさんは確かに現実的にはまちがっているが、たましいの次元では正しい約束をしたのだ。

老人と子どもの深い結びつき、それは児童文学のお得意のテーマのひとつであろう。「児童文学における老人像」などという本が一冊くらいあってもよさそうに思う。老人と子ども、その共通点は、あちらの世界——あるいはたましいの世界——に近いことである。子どもはあちらからやって来たばかりだし、老人はもうすぐそちらに行くのだ。既に述べたように、子どもたちは大体は未来に目を向け、大人になってからのことを夢見ているが、時にたましいの深淵に引きこまれることがある。そんなときに、この世のことに心を奪われている成人たちはほとんど助けにならず、多くの場合、老人が——たましいの世界に近い者として——よき理解者となるのである。

ベンと両親との関係で言えば、ベンの事故を予示することは再々起こっているのだが、両親がそれに気づかなかったと言えるのである。まず、ベンが犬の絵を押しのけて机から落とし、額のガラスを割ってしまったとき、それに、ベンが犬の絵を失ってしまったとき、ベンが食人種に喰われる夢を見てうなされたとき、ブリューイット家の人々は、こちらの世界に傾きすぎている生き方を少し矯正して、ベンを自分たちのなかに取り戻すことができたかも知れない。しかし、それは行きつくところまで行かねばならぬものだったのであろう。クリスマスイヴの事故というところまで行ってしまった。しかし、ベンにとっておじいさんが居てくれたことは嬉しいことであった。おじいさんは、ベンの両親がベンに与えられないものを与えてくれる人なのだ。

おじいさんは直観的にベンの孤独を感じとり、犬をやると言ったもののそれを守れなかった。ベンは怒ったが心の底ではおじいさんの気持が通じていたのだろう。「犬のことほんとにごめんよ」という手紙によって、ベンとおじいさんは仲直りをした。ところで、この本で面白いのは、もう一人の老人、おばあちゃんの性格である。同じ老人でもおばあちゃんはバッチリとした現実主義者である。従って、この老夫婦は、おばあちゃんの方がしっかりしており、気の弱いおじいさんは何となく気がねして生きている。おじいさんがおばあさんの目を盗んで紅茶に砂糖を一杯よけいにいれたりしている姿を、ピアスはうまく描いていていてほほえましい。老人はあちらの国に近いと言ったが、この世のことを長くやり抜いてきたベテランという面もある。おじいさんは前者の面を強く、おばあさんは後者の面を強く感じさせる。老人は両面性をもっている。

おばあさんはベンに対しても、現実の厳しさを知らせる人として存在している。ロンドンでは犬を飼えぬこと、孫が他にも居るのでベンにだけ犬をやることはできないことなどを、おばあさんはずけずけと言う。ベンが何かのことではっきりしないときは、はっきり返事しなさいと迫ったりする。このおじいさんとおばあさんは、夫婦としてなかなかよい取り合わせと言うこともできる。

ところで、ベンは退院後の療養のために再び祖父母を訪れるが、そこでは犬のティリーが九匹の赤ちゃんを生んでいた。犬嫌いのおばあさんも、小犬を可愛がるベンの姿に心を動かされたのであろう。それに現実主義者は現実主義者らしく、「約束はまもらなくちゃ——ちゃんとね。わたしたちはそうしなきゃいけなかったのだよ」ということで、ベンに小犬を一匹呉れることになった。ベンはもちろん大喜びだったが、ロンドンでは犬を飼えないという大きい障害があった。おばあさんはベンに同情しつつも、また厳しいことを言った。「ものごとってのは、いつもそうなのさ。おまえにはきのどくだけどね。」確かに現実は厳しい。それでも面白いことに、現実主義者が主張するほど、それは「いつもそうなの」ではないのである。

5 リアリティ

現実は時に、もつれた糸がほどけるようにはらはらと様相を変えるものだ。ベンの周囲にもそれが起こった。メイが結婚して出てゆき、ディリスもそこに同居させて貰うことになった。娘二人が急に居なくなって淋しくなった母親は、ベンの健康のために空気の良いところに住もうと思い、娘たちの新居近くにブリューイット一家は引越すことになった。引越しの直接の引き金となったのは、ベンの事故である。しかし、このことがブリューイット家の家族全体にとって意味深いものであることを、局外者のわれわれは見てとることができる。前の住居に住み続けていたらどうであろうか。母親は娘二人を失った悲しみのため、以前のようにてきぱきと家事ができないかも知れぬ。父親はそうなると前よりいっそう職場への逃避を決め込むだろう。ベンの孤独はせっかく癒されかかったのに、逆もどりするかも知れない。こんなときに家族の誰かが強烈なノイローゼに襲われたり、非行化したり、家族崩壊の危機が訪れたりして、われわれ心理療法家のところに来談されることは、よくあることである。個々の人間にそれがあるように、家族にも転回点というものがある。そのときの対応を誤ると、大変なことが生じるのである。

ベンの極端な内向と、それに続く事故は、ベンにとってのみならず、ブリューイット家の人々に対しても望ましい転回をアレンジするものであった。ここで治療者の傍白をいれさせていただくと、子どもの事故や非行などのおかげで夫婦や家族の危機を乗り越えさせて貰いながら、この子のために家族がみんな苦労するなどと嘆いている人たちも多いのである。お母さんはベンのために空気のいいところを探すという考えによって、自分のためにも家族全体のためにも良き転回点となる引越しを計画できたのだ。そして嬉しいことに、それはベンにも思いがけぬ幸福をもたらした。新居の近くにあるハムステッド自然公園は犬を放すことが許可されており、ベンは犬を飼うことが可能となったのだ。ベンの事故を転回点として、結ばれていた現実は思いがけなくほどけて来たのである。

ベンは勇躍して祖父母のところへ小犬を貰いに出かけた。しかし、現実はまたもや意外な変化をもたらしていた。ベンの犬ブラウンは、暫くの間に成長していて、ベンがあれほどまでに心に思い描いた愛犬チキチトとは似ても似つかぬ姿になってしまっていた。しぶしぶ犬を連れ帰るベンを見送りながら、おばあさんは「ほしいものを手にいれたら、そのつぎには、どうやってそれといっしょにくらしていくかを、まなばなくちゃね」と言ったが、ベンが学ばねばならないことは、「ほしくないものとどうやって一緒に暮らしていくか」ということであった。

ベンは犬を連れて家に帰る気がせず、公園へ連れていった。この間、彼は常に犬を拒否し続け、冷たくあたった。犬はベンの心を悟り、淋しく立ち去って行こうとした。しかし、そのとたんにベンの心は反転した。ベンは立ち上って「ブラウン!」と呼び、犬は走り寄ってきた。ベンは犬を抱きあげ「さあ家へかえろう」と呼びかけた。ベンはブラウンを受け容れることによって、実に多くのものを受け容れた。あまりにも孤独だった自分自身を、同じく孤独な残り少ない生を生きている祖父母を、何か疎外感を感じさせた家族を、冷たかった現実を、彼は愛することを学んだのだ。

ここまで考えてきて、この物語を一人の少年がファンタジーの世界から抜けでて現実を肯定するように成長する過程を描いたもの、などという浅薄な受けとめ方をする人は居ないであろう。作者のピアスは現実を愛するということが、どれだけ深い体験を必要とするかを述べ、その愛の背後に神の愛が存在するということを述べたかったようだ。老人と子どもの間に取り交された、一見実現不可能な約束をめぐって物語は展開した。約束は二人にとって思いがけぬ形で成就されたが、その背後には神と人間との契約の成就という偉大なことが存在しているという主題が、ピアスの念頭にあったと思われる。私は敢えてキリスト教的なアングルからこの作品を論じなかったが、そうしても、結果的には言いたいことは同じになったと思われる。

この節の見出しにわざわざリアリティと片仮名で書いたのは、私にとっては外的現実も内的現実もともにリアリティであり、それは共に大切なものと思うからである。どちらか一方のみを愛することは、一時的な偏りはあるにしても、結局は不可能である。両者の相互作用により、われわれのリアリティ体験は深められてゆくのである。ベンが最初に心に描いたボルゾイは多分に「願望充足」的であったが、それはひとつの犬の絵という外的現実によって打ち破られた。しかし、犬の絵のガラスが壊れたとき、小さい犬はベンの内界へと飛びこみ、それはボルゾイよりもはるかに深い次元で活躍することになった。小さい小さい犬チキチトをあまりにも愛したベンは、内界へと傾きすぎ、外界との大きい衝突、交通事故を経験しなくてはならなかった。

この時点でチキチトは消え、「見えない犬」がベンの心に住むことになった。そして、ベンは与えられた外的現実ブラウンを危うく拒否しようとするが、内界の「見えない犬」はさらに深化され、それと外的現実とを混合するようなことはなく、彼は一見受け容れ難いものを愛することを学んだのである。まぼろしの犬は少年の心のなかに完全に内在化され、少年が一人の個人として生き抜いてゆくための支えとなったのである。

「それで、あとにはなにがのこる?」と現実主義者のおばあさんは言った。確かにあの犬の絵は消失した。そしてベンがどれほどブラウンを愛しても、ブラウンはいつか死ぬだろう。ベンも永遠には生きていない。あとに残るものは何か。ベンもブラウンも既に死んだかも知れない。しかし、私はあの「見えない犬」が今も生き続け、孤独な少年たちのたましいを癒しているのに出会っているのだ。まぼろしの犬は永遠に生きるだろう。これがリアリティでなくて何であろうか。

三　J・ロビンソン『思い出のマーニー』

教育の現場でよく言われることに、「暴れたり、いたずらをするような子はいいが、目立たずに何もしない子は難しい」というのがある。確かに、教師にすぐ見えるような形で、その問題行動を表してくる子どもは、一見それが大変なように見えても、何とかそれとかかわってゆく道を見出せるものである。初心者の教師はこのような子に目を取られてしまって、むしろ目立たない、一見「大人しい」とさえ見える子の問題に気づかないものだが、このような子どもの方が問題は深いことが多いのである。

ロビンソン『思い出のマーニー』上・下（松野正子訳、岩波少年文庫、以下の引用は同書による）の主人公アンナは、典型的なそのような少女である。アンナを育てているミセス・プレストンは、「あなたには、なにか悪いところがあるわけじゃないのよ。つまりね、ほかの子どもたちとくらべて、どっこにも、ぐあいの悪いところはないの。みんなと同じように頭もいいわ」と言っている。それではアンナの問題は何なのか。それは彼女がどんなことでも「やってみようともしないこと」であった。彼女は何に関してもやる気がなかったのだ。こんな時に、「あの子にやる気を起こさせたい」などと言う教師もあるが、誰か他人の力によって「やる気」が起こるような、そんな甘い話ではないのである。その上、彼女には喘息の発作があった。可哀想なアンナに対して、われわれはいったい何ができるのだろう。このような子はどうして癒されてゆくのだろうか。これは簡単に答えられるものではない。それに対するハウ・ツーなど探そうとする前に、このような「ほかの子どもたちとくらべて、どっこにも、ぐあいの悪いところはない」子の内界を深く理解しようとすることが大切である。それはすなわち癒しの道に通じることになるのだが、本書はわれわれにそのような道を見事に示してくれるのである。

1　ふつうの顔

『思い出のマーニー』の第一章には、前述したような少女の姿が、それを取りまく状況をこめて実に巧みに描かれている。冒頭は旅に出ようとするアンナを、ミセス・プレストンが送るところである。彼女はアンナの帽子をまっすぐになおしながら、「いい子にしてね。ゆかいにくらしていらっしゃい。そして……、そう、日にやけて、元気に帰っていらっしゃい」と言う。ここで、われわれはミセス・プレストンとアンナの関係が、どんな関係かを知らない。しかし、大人というものは、なんと子どもに対して多くを要求することかと感じてしまう。こう言ってる私にしても、子どもに対しては無意識のうちに同じようなことを、しょっちゅう言ったり願ったりしているのではないかと思う。「いい子で、ゆかいで、日にやけて、元気で」こんな「重荷」を子どもに背負わせながら、その影響について考えてみることもなく、それを愛情のあらわれだなどと大人は考えている。

ミセス・プレストンはその上、「片手をアンナの体にまわして、さよならのキス」をする。アンナはこれに対して、「やめといてくれればいいのに」と思い、「〝ふつうの〟顔つき」をしようと努める。アンナのこの顔をミセス・プレストンは「無表情」と呼んでいた。つまり、この顔は他の誰でもがアンナの内面に触れてくるのを拒む、アンナにとっては大切な防壁だったのである。

ミセス・プレストンは旅行の間のことや、目的地に着いてからの注意をこまごまと述べ、列車が動き出すときには、胸がいっぱいという感じで列車について走り出す。このときになって、アンナの心もやっとやわらぎ、「おばちゃん、さよなら」と、めったには言わない「おばちゃん」という呼び方をし、ミセス・プレストンはほっとする。ここでわれわれは彼らが親子でないことを知るが、続く説明によって、アンナのことがもっとよく解る。そこには、最初に述べたような、アンナの何にもしない、その上、「なんにも考えずにいる」という問題が明らかにされ、喘息もちであることも述べられる。

医者のブラウン先生は往診にきて、アンナに対して学校のことが心配かと聞くが、彼女は何にも心配していないと答える。要するに、彼女は喘息による呼吸困難の症状以外は、何も心配ごとはなく、「〝ふつうの〟顔」をしているのだ。「それでは、問題はないわけだ、ね？」とブラウン先生は言った。果してそうなのだろうか。問題はないのではない。それは深すぎて本人にさえ解らないものなのだ。それは実のところ「問題」などという呼び方で呼んでいいのかさえ解らないものなのであった。ブラウン先生はある程度それを感じとっていたのだろう。彼はアンナの「心の問題」を探り出そうともしなかったし、薬もくれなかった。ただ、ミセス・プレストンと話し合って、彼女の古い友人であるペグ夫妻のところにアンナを転地させることにしたのである。ブラウン先生は、アンナの心にも体にも確実な治療法の道を見出せなかった。そこで、彼女を海辺の村であるリトル・オーバートンに送った。彼はペグ夫妻に治療者の役割を期待したのではない。人間が人間を治せないとき、自然が治してくれることがあることを、彼は知っていたのだろうか。

ところで、老人夫婦のペグさんたちは、今日の優秀な心理療法家がアンナに対してするだろうと思えるのと同様のことをしたのである。つまり、彼らはアンナを好きになり、できるかぎりアンナの自由を尊重し、彼女の内面に触れようなどとは全然しなかったのである。ブラウン先生が見抜いたように、アンナの心にも体にも本質的な問題はなかった。それではどこが悪いのか。アンナのような状態を理解するためには、われわれは、人間の心と体とを結び合わせ、人間を一個のトータルな存在たらしめている第三の領域――それをたましいと呼びたいと思うが――の存在を考えざるを得ない。アンナはそのたましいを病んでいたのだ。彼女が生まれてすぐに両親は離婚。間もなく再婚した母親は交通事故で死亡し、彼女を引きとって育てていた祖母も相ついで世を去ってしまう。施設に収容されていたアンナを、プレストン夫妻が引きとり、最初に示したような愛情をもって接したが、アンナのたましいは、そんなことで癒されるはずはなかったのだ。

人間は他人のたましいを直接には癒すことができない。それはいくら手を差しのべてもとどかない領域である。われわれはたましいの方からこちらへ向かって生じてくる自然の動きを待つしかない。しかし、そのためには、その人をまるごと好きになることと、できるかぎりの自由を許すことが必要なのである。ペグ夫妻は知ってか知らずか、それをしたのだ。ペグ夫人の友人ミセス・スタッブズは娘のサンドラがアンナのことを「こちこちの、つーまんない子」と言ってたとペグ夫人に告げる。ペグさんはそれをきっぱりと否定し、「あの子は、わたしらには、金《きん》みたいにいい子だからね」と強く言う。この言葉を偶然に聞きつけたアンナはどう感じたか、ここには書いてない。しかし、そのときに彼女があの「〝ふつうの〟顔」をしていたとは考えられないだろう。われわれは意図的に他人のたましいに手をとどかせることはできないが、自然に発生したことは、時にそれに成功するのだ。

自然にと言えば、まさに自然こそその点については大したものだ。アンナが癒されてゆくために、リトル・オーバートンの海辺の自然がどれほど役立ったかも、この本は見事に伝えてくれる。アンナは最初に海辺に行ったとき、鳥が「ピティー　ミー！」と鳴くのを聞いた。鳥の鳴き声をこんなに聞いたのはアンナだけであろう。考えてみると、かつて人間の発する「ピティ」(かわいそう)などという言葉が彼女の心にさえ達したことがあっただろうか。しかし、海辺の鳥の発するその言葉は、一瞬にしてアンナのたましいに達したのである。

アンナは最初の散歩のときに、入江に面して立っている屋敷を見た。そのとたんアンナは「これこそ、自分がずっとさがしていたものだ」と直覚する。たましいの世界は、ふとあるときある人に対して、この世の存在を借りて顕現してくる。そのときに、人はアンナの感じたような不可思議な既知の感情に襲われる。アンナは屋敷を眺めているうちに、「これはみんな、ずっと前に一度あったことだという、ふしぎな感じにつつまれました」と言う。このことを「父母未生以前」と形容する人もある。アンナは言うなれば、その屋敷を父母未生以前から知っていたのだ。それは、彼女にとって、たましいの国に他ならなかった。

2　たましいの国の住人

アンナはそのうちに「なんにも考えないでいる」かわりに、いつもあの屋敷――しめっ地屋敷と呼ばれている――のことを考えているようになった。アンナは同じ考えるのなら、たましいの国のことを考えたかったのだ。彼女は「ふつうの顔」によって外界へ防壁をたてていたが、内界に対しては「考えない」ことによって、心の問題でわずらわされるのを避け、たましいの国への通路がひらけるのを待っていたのだ。ペグ夫妻が許してくれる「きままなくらし」のせいで、彼女はもっぱらたましいの国との接触に力を注ぐことができた。しめっ地屋敷は空家のはずだった。しかし、ある日アンナは二階の窓のむこうに、女の子が髪にブラシをかけてもらっているのを見た。たましいの国に住人が居たのだ！　アンナはその興奮もさめやらぬまま帰宅する途中、先述したようなペグ夫人とミセス・スタッブズのやりとりを聞いた。

ペグ夫人はその日にスタッブズ家を訪ねる予定だったが、アンナについて言い合ったおかげで訪問を取りやめ、御主人の見ているテレビのボクシングを見たくもないのに、つき合って見ることになった。これを知ったアンナの心の動きが、実に巧みに生き生きと描かれている。「アンナは、自分と、それから、ほかのだれもかれもが、にくたらしくてたまりませんでした。ペグおばさんが今夜でかけないのは、アンナのせいでした。」ペグ夫人はアンナを「金《きん》のようにいい子」と言ってくれた。しかし、そのアンナのせいで訪問を中止しているのは何と馬鹿げたことか。「ペグおばさんはばかです。あんぽんたんです。サムも、ばかであんぽんたんです——、あんなばかばかしいボクシングなんか見て。そして、ミセス・スタッブズときたら！」アンナの怒りはまだまだ続き、壁にかけてある額にまで八ツ当りをする。そして、「あつい涙が顔を流れるにまかせ」るのだ。

アンナのこの八ツ当りは何を意味するのだろう。アンナはペグ夫人に感謝すべきなのに、ペグ夫人に対してさえ腹を立てている。その理由を詮索する前に、われわれはまずアンナの心が今までと違って、感情によって満たされていることを喜ぶべきである。それは怒りというマイナスの感情である。しかし、多くの場合、プラスのことはマイナスの形でまず表現されるのだ。アンナはペグ夫人とスタッブズ夫人の会話を聞いて傷つけられた。しかし、心の傷はしばしばたましいの国への通路となるし、それが開くときの激情はとらえ難い怒りとして体験されることが多い。この怒りの体験の後、アンナは「しめっ地やしきの女の子」のことを空想し、その姿を生き生きと心のなかに描き出すのだ。たましいの国との接触により、空白であったアンナの心も活動をはじめ、そこは考えや感情によって満たされてきたのである。

心がたましいと接触しはじめると、それは外界とも接触しはじめる。アンナはミセス・プレストンへの手紙の末尾に、「おまけとして、キスの印のX《エックス》を二つ書い」たり、あの嫌いなサンドラとけんかになったときは、負けずに、「ふとっちょぶた」と言ったりするようになる。彼女はもう「ふつうの顔」ばかりはしていないのである。

アンナとたましいとの接触は、その後ももっと続けられねばならなかった。それは実に危険極まりないことであったが。アンナは夜に入江に出かけてゆき、ボートで屋敷の方にゆくと、あの女の子がそこに居て、彼女たちは会話を交わすことになる。女の子は長い、うすもののドレスを着て、金髪の美しい子だった。アンナは「あなた、ほんとの人間?」などと言ったりしたが、すぐになれて楽しく話し合った。次にアンナが彼女と会ったときは、彼女の名前が「マーニー」であることが解ったし、マーニーの境遇もいろいろと解ってきた。マーニーは一人っ子で、ロンドンに住む両親のもとを離れて、この別荘にばあやと二人の女中と共にときどきやってくるのだった。彼女たちは仲良しになり、アンナは毎晩のようにマーニーを訪ねた。一度などは屋敷内でパーティが行われているときに、マーニーがアンナに乞食の女の子に扮装させて連れこみ、シー・ラベンダーの花をくばって歩いたりさせたこともあった。

パーティから抜けでたアンナは、屋敷の外に出て眠りこんでしまい、そこを通りがかった人に見つけられ、ペグ夫妻の家まで送ってもらった。アンナは二階で眠っているものとばかり思っていたペグ夫妻は、これにはまったく驚いてしまう。

その後、マーニーは昼間に、ふっとアンナの傍に現れるようになった。彼女たちは一緒に遊び、いろいろと話し合った。アンナはマーニーを今まで自分が会った女の子のなかで一番きれいだと思い、自分の黒い髪と日にやけた肌をいやに思ったりした。マーニーはそれに自分のボートなど持っているし、アンナは羨ましくなり、「あなたは、めぐまれた人。あたし、あなただったらよかった」と言う。

アンナはマーニーに自分の境遇について語るうちに、自分を置去りにして死んでいった祖母や母など、大嫌いだと怒りをぶちまける。マーニーは「わざと死んだんじゃないでしょ?」と筋の通った話をしようとするが、アンナの怒りはつのるばかりである。私はこれを読みつつ、私の前でまったく同じ怒りをぶちまけた人たちのことを思い起こし、胸があつくなるのを感じた。病気だとか運命だとか言うのは他人の言うことだ。母親に先立たれた子どもとしては、それが理不尽と知りつつも、まず母親に怒りたくなるのではなかろうか。しかし、マーニーはアンナに対して思いがけないことを言った。マーニーは時に自分はもらい子だった方がよかったと思うと言うのである。自分が貧乏で孤児であるとしたら、そのときに養女にしてくれた父母こそ、本当に親切と言えるのではないか。こんな発想が湧いてくることは、すなわち、お金持の実の両親に育てられていながら、マーニーが暖かい愛情を経験していないことを意味しているのではなかろうか。マーニーのこの思いがけない言葉に落ち着きを取りもどしたアンナは「すごいひみつ」を話す気になる。それは、プレストン夫妻はアンナを引きとり親切にしてくれたので、アンナも喜んでいたのだが、彼らがそのことによって「お金を貰っている」ことを、アンナはふとした機会に知ってしまったということである。アンナはプレストン夫人に水を向けてそのことを打ち明けさせるようにしたが無駄だった。それ以来、アンナはプレストン夫妻の愛を信じられなくなったのだ。誰かを愛するためにお金を貰う人なんてあるだろうか。その話を聞いてマーニーはアンナに「今までに会ったどの女の子よりも、あなたがすき」と言い、涙をふいてくれた。アンナはこれによって、重い物が取り去られたように感じたのである。こうして、アンナは少しずつ癒されていった。

3 別れ

アンナはマーニーに毎日のように会った。そして、マーニーを取りまくばあやや女中がマーニーに辛くあたったりすることを知れば知るほど、マーニーがそれほど恵まれた子でないことを知るようになった。そして、アンナがそれほど大人に辛くあたられたことがないのを知り、マーニーはアンナに対して、「あなたは、めぐまれているわ。あたし、あなただとよかった」と言う。このことはまさに、かつてアンナがマーニーに言ったことであった。そして同情したアンナはマーニーに対して「今までに知ってる、どの女の子よりも、あなたがすきよ」と言う。アンナはそして、「なんておかしいんでしょう。まるで、あたしたち、いれかわっているみたい」と、面白い事実に気づくのである。

このような反転現象は心理学的に注目すべきことである。このことは、アンナがマーニーという存在を相当自分のなかに取り込んだことを意味している。アンナとマーニーという二人の人物によって表されていたものが、アンナという一人の人間のなかに統合されてきたのだ。ということはすなわち、アンナとマーニーの別れの近いことを意味していた。たましいの国から来たマーニーは、そろそろその役割を終えて、あちらに引き上げねばならない。と言っても、そのためには未だ相当の感情の嵐の体験が、アンナにとって必要であった。

マーニーが風車小屋を怖がっていることを知ったアンナは、マーニーに怖がることはないと言ってやるため、一人で風車小屋に出かけてゆく。風車小屋の上までゆき、アンナはそこにマーニーを見つけて驚いてしまう。そのうち風がきつくなり、二人は怖くなって足がすくみ下に降りられないが、そのうちに疲れはててアンナは眠ってしまう。夢うつつの間にアンナは、マーニーが助けにきた従兄に連れられていったのを感じる。はっきりと目覚めて、一人ぼっちであることに気づいたアンナは、マーニーが自分をほっていったことに限りない怒りを感じる。

風車小屋をやっとの思いで降り、草むらのなかにぶっ倒れていたアンナは、誰かに助けられペグ夫妻のもとにとどけられる。このときもペグさんのしたことは素晴らしい。思いやり深く暖かくアンナに接しつつ、何のかのと詮索することを一切しなかったのである。ペグ夫妻が生半可な心理学や精神医学の知識をもっていなかったのは、本当に幸いなことだ。生半可な知識は、人の心を傷つけることにしか役立たないものなのだ。

それにしても、アンナの怒りはまったく凄まじいものだ。彼女はもう二度とマーニーとは口をきかないと決心する。それでも、彼女は寝かされていた寝台をそっと抜け出して、あの屋敷へ行ってみる。すると、マーニーは部屋にとじこめられていて、窓ガラスをたたきながら、「だいすきなアンナ!」と呼びかけてきた。マーニーはアンナをおいてけぼりにするつもりなどなかったのだ、と許しを乞うた。アンナはそれを聞くと、マーニーに対して抱いていた激しく苦いうらみが消え去るのを感じ、「もちろん、ゆるしてあげる! あなたがすきよ、マーニー。けっして、あなたを忘れないわ。永久に、忘れないわ!」と叫ぶ。しかし、これがアンナとマーニーの別れであった。

アンナの経験した激しい怒り、うらみと、それに続く許しの感情は、彼女が癒されてゆくためにはどうしても必要なことであった。アンナはマーニーに対して怒り、「ゆるしてあげる!」と叫んだとき、彼女の周囲のすべての人、祖母を、母を、プレストン夫妻を、そして、彼女の運命を、すべてを受け容れることができたのである。マーニーは彼女を癒し、彼女はマーニーを癒した。そして、そのときがマーニーの消え去るときであり、アンナにとっても生命の危険が迫ってくるときであった。アンナは実際、疲労と大雨のために、入江のなかに倒れこんで溺死するばかりのところを、運よく助け出されたのであった。

本書の素晴らしさは、アンナとマーニーの美しい交流を生き生きと描き出しつつ、その過程がマーニー抜きで、ひとつの現実として見ることができることを如実に示していることである。マーニー抜きでこの話を見るとき、喘息治療のために転地してきた少女が、きままな生活をしているうちに、少しずつ気がふれてきて夜中に勝手に家を飛び出したり、風車小屋へ行ったりして何度も生命の危険に陥るということになる。ペグ夫妻がせっかく大切にしてやっているのに、彼女はとうとう溺死しそうにさえなる。あのサンドラなどはアンナに対して、「気ちがい」と呼びかけたりしているのだ。このことは何を意味しているのだろう。それは、たましいの次元に至る深い癒しの仕事が行われるとき、その人は、精神病や自殺や事故死などの危険極まりない世界の近くをさまよわねばならぬことを意味している。そのときに、ペグ夫妻のような人や、それを取りまく自然などの守りがあってこそ、仕事は成就されるのである。

溺死を免れたアンナの周囲には心配そうなペグ夫妻の姿があり、急いでかけつけたミセス・プレストンもいた。しかし、今度はアンナはプレストンさんの心配をそのまま感じとることができた。マーニーとの体験によって、彼女は人の親切をそのまま感じとることができるようになっていたのである。

アンナは元気になってから、砂丘を散歩したりしながら、急にマーニーのことを思って泣いたりした。「けれども、泣きながらも、新しい、気持ちのいいさびしさが、アンナにしのびよって来ていました。それは、なにかを楽しんで、そして、それが終わった時に感じるさびしさで、なにかをなくして、もう二度とそれを見つけることができない時のさびしさとは、ちがいました。」

別れることは淋しい、しかし、充分な体験を伴う別れは、新しい出会いをアレンジするものだ。確かに、アンナはマーニーに会うことは、これ以後ないだろう。しかし、アンナが叫んだように、彼女はマーニーを「永久に忘れないし」、その意味ではマーニーはアンナと共に永久に居てくれるのであった。マーニーの存在を知ったアンナは、他人とのつき合い方が自然に変化しているのを感じたはずである。もう「〝ふつうの〟顔」ばかりしている必要はない。彼女はプラスもマイナスも充分な感情を体験したし、それを表現することも可能になったのだ。このようなアンナに対して、マーニーとの別れに続く、思いがけない出会いがアレンジされていたのである。

4　めぐり合わせ

アンナが、あのしめっ地屋敷を買い取って住むことになったリンゼー家の人々と知り合いになってゆくところは、興味深いものだが、省略しておこう。ともかく、アンナは、リンゼー夫妻とその五人の子どもたちと知り合いになり、しめっ地屋敷に招かれて遊びにゆくようになる。この頃は、アンナはマーニーの存在が彼女の「幻想」の世界のことであったことを認識しており、今では新しく近づきになったリンゼー家の人たちとの交流に、より現実的な楽しさを味わうことになる。

ところが、リンゼー家の子どものなかで、特に内向的なプリシラという女の子が、自分の部屋から古びたノートを見つけ出し、そこには、マーニーという女の子が住んでいて、そのノートは彼女の日記であることが解るのである。アンナを特に好きになったプリシラは、マーニーの日記を見せてくれるが、そこに記されているマーニーの体験は、アンナの体験したマーニーのそれと、あまりにもよく符合するのだった。

ここで、詳しいいきさつは省略するが、驚くべきことが明らかになってくる。つまり、アンナはその日記を残したマーニーの孫娘であることが解ったのである。そして、アンナの幻想に生きたマーニーは、いろいろな証言から、実在したマーニーとそっくりであることも、アンナには解ってきたのである。

何とも不思議なめぐり合わせである。しかし、この話をいわゆる因縁話にしてしまわないだけの高貴さを、この本は持ち合わせている。それはなぜだろうか。それは一人の少女のたましいの世界を的確に描くことによって、たましいの世界が関連したときにしばしば生じる不思議なめぐり合わせが、そこに現れたことを、むしろ、ひとつの必然として感じせしめる迫力を、この本が持っているからである。調べてみると、そもそもアンナの祖母のマーニーは、父母の愛の薄い生活を強いられていたのだった。アンナが「アンナのマーニー」に同情したように、マーニーは父母からほったらかされることが多かったのだ。マーニーが親の愛を知らなかったため、マーニーの娘、つまりアンナの母もそうであり、従って、彼女もアンナをそれほど愛せなかったのだ。

「だれのせい？　だれが悪かったの？」とリンゼー家の子どもは、この悲しい話を聞いているうちに尋ねている。実際のところ、誰のせいでも、誰が悪いのでもない。しかし、世の中にはいろいろなめぐり合わせがあるのだ。そして、不思議なことに、もっとも悪いめぐり合わせのなかに生きてきたようなアンナは、今やもっともめぐり合わせのいい生活のなかにいるように思われる。アンナとマーニーが「めぐまれている」ことについて、お互いに話し合ったように、恵まれている子、いない子を判断することも実に難しいことなのだ。われわれが判断の規準を簡単に設定するとき、恵まれているかいないかの判断はすぐに下せる。ボートを持っている子はボートを持っていない子よりも恵まれていることになる。果してそうだろうか。

さりとて、この話において実在したマーニー、つまりアンナの祖母のマーニーは恵まれていなかっただろうか。

しめっ地屋敷で淋しくすごしたマーニーは、日記には書いていないけれど、「アンナ」というたましいの友と楽しく日々をすごさなかったと、誰が断言できるだろう。われわれはものごとを見る視点を深く深く——あるいは、高く高く——するとき、そこには恵まれる、恵まれないの差は無限小になり、全体としての見事な構図が浮かびあがってくるのを感じるのである。一見恵まれている人が、その恵まれていることに安住したり、一見恵まれていない人が、その恵まれていないことを嘆いてばかりいたりすると、この全体の構図が読みとれず、せっかくのめぐり合わせを生かすことができないのである。

　ミセス・プレストンはアンナが元気になったときにやってきて、自分がアンナを育てることによってお金を貰っていたことを「告白」する。アンナは大きい重荷が心から取りのぞかれるのを感じつつ、「もっと早く話してくれたらよかったのに」と言う。確かにそのとおりだ。大人たちは「子どものためを思いすぎて」、いつも真実を隠そうとする。しかし、その愛情はしばしば御都合主義の代名詞のようなことが多いものだ。しかし、このことは次のようにも考えられないだろうか。今となっては、アンナの言うとおり「もっと早く話」すべきだったと誰しも考える。しかし、実はこれにしても、もっとも適切なときだったかも知れない。プレストン夫妻がお金を貰っていることについて、アンナの気持は大きく揺れ、その揺れのなかから「マーニー体験」が生じ、多くを受け容れ、愛することをアンナが学んだときに、ミセス・プレストンの「告白」がなされることになったと考えられないだろうか。秘密はそれを打ち明けるのにふさわしい「とき」があるのだ。

　恵まれている、いないについて先に述べたことは、アンナの体験として次のようにも書かれている。アンナはそれまで何時も自分は目に見えない魔法の輪の「外側」にいるように感じさせられていた。他の人たちは皆、「内側」にいるのに。ところで、アンナは最後になって、この点について、「〝内側〟にいるとか、〝外側〟にいるとかって、ほんとにふしぎだなと思」うようになる。「それは、ほかの人がいっしょにいるとかいないとか、一人っ子だとか大家族の一員だとかいうようなこととは関係のないことでした。……それは、自分自身の中でどう感じているかによることなのでした。」彼女は、リンゼー家のような幸福な家族の一員でさえ、時には〝外側〟にいると感じることがあることを知るようになったのである。

紙数の加減で触れられなかったが、もう一人だけ、アンナの意味深いめぐり合わせを完成させるのに役立った人の名をあげておこう。それは渡し舟を漕いでいる男、ワンタメニーである。ワンタメニーは十一番目の子として、あまりっ子(one too many)という名をつけられ、誰からも「あまりっ子」扱いを受けてきた淋しい男である。そして、彼こそが溺死しかけたアンナを救った人物であり、本書の全体を通じて、まさに「あまりっ子」のように片隅に、しかも、欠くことのできぬ人物として登場しているのである。

本書を読んで感じることは、幻想の世界におけるアンナとマーニーの交流は、生き生きとした現実感を感じさせ、マーニーについての現実の話が語られる後半になると、かえって、それは絵空事のように感じさせる、ということである。そのためもあって、ここでは前半のところについて述べることに力点をおき、後半の現実的な話のところについては、多くを割愛した。それにしても、リアリティというものは、何とも不思議なものである。

四　今江祥智『ぼんぼん』『兄貴』『おれたちのおふくろ』

1　星座

夜空に見あげる星座というものは不思議なものだ。一組のセットとして星が配置されていて、その形が変ることはなく、時間とともにその位置のみが変ってゆく。いったい、誰がどのようにして、このようなセットと、その配置を考えだしたのか。もう少し何とかならないものかと思っても、それはそのようにできてしまっているので、どうにもならないのである。北斗七星の配置をもう少し、まともな形にしてみようと思っても、簡単には事が運ばない。このような意味で、星座（コンステレーション）という言葉は、私の心理療法家としての職業と密接に関連している。たとえば、酒の飲み過ぎで困るから何とかしたい、という方が相談に来られても、そう簡単には酒を止めさせるわけにはいかないのだ。酒を飲み過ぎる人は飲み過ぎにならざるを得ないコンステレーションのなかに位置づけられていて、それをちょいちょいと勝手に動かすことなどできないのである。そうすると、その人は一生治らないのかと言うと、そうとばかりは言っておられない。やっぱり星座だって配置を変えることがあるのだ。

今江祥智が十年がかりで書きあげた三部作の第一作『ぼんぼん』（理論社）は、星座のことから話が始まる。主人公の小学四年生、小松洋は兄の洋次郎とプラネタリウムを見にゆき、驚くべきことを知る。つまり、北極星も今は北の方向にあるが、一万二千数百年後には織女星が北極星になるというのである。北斗七星のひしゃくの形にしても、どんどん――といっても何万年もの間のことだが――変ってゆくことを目のあたりに見せられ、「兄弟の頭のなかで、〝ゼッタイに変わらぬはずのもの〟が一つ、静かにくずれた」のである。これは物語の幕開けとして、極めて大きい象徴性をもった事柄である。「ゼッタイに変わらぬはずのもの」がどれほどまで変ってゆくかを、大阪のぼんぼん小松洋は、僅か三年ほどの間に強烈に体験する。子どもの心のなかでは、三年が何万年かに匹敵することはよくあることだ。三年間の間に、不変と思われていた星座が姿を変える。この短い間に、洋は、父を失い、家を焼かれ、神と信じていた天皇が人間であったことを知ることになるのだ。

『ぼんぼん』『兄貴』『おれたちのおふくろ』(いずれも理論社)と続く三部作のなかで、それぞれ先述した小松洋、その兄の洋次郎、彼らの母親が中心として語られるが、それらは互いにからみ合い、立体的な効果をもって他を照らし合うようになっている。そこには小松家というコンステレーション、それを取りまくコンステレーションが描かれ、その変貌が見事に映し出されている。敢えて筆者の好みを言わしていただくなら、私は『ぼんぼん』が一番好きである。主人公が小学四年生ということに、まず心を惹かれた。人間はその人生の軌跡のなかで、どこかに変化の節目のようなものをもっているものだ。結婚とか就職、退職などということが、ひとつの節目としてはっきり解ることもある。しかし、内的に見てみると、人によってある程度のずれはあるが、ある年齢においてそのような節目がおとずれることを一般的に言えるものである。第一反抗期、第二反抗期などは、一般によく知られていることだが、その中間にあって小学校四年という時期もひとつの節目ではないかと思う。それが『ぼんぼん』にうまく描かれているのである。その年の一年間で、何万年に相当するような変化が、子どもの内界に生じるのである。

小松家は夫婦仲の良い両親洋太郎と正子と、前記の二人の子ども、および、はじめに子どもができないと思って貰った洋一、つまり洋次郎と洋の兄、の五人家族である。洋一は正子の兄(内田の伯父さん)が愛人に産ませた子どもだが、洋太郎と正子が貰い受けたのである。この子を貰った後で二人の子どもが生まれるのだが、実の親子と同じように洋一も家族のなかにとけこんで暮らしているのだから、なかなか包容力のあるなごやかな家庭であることが察しられる。経済的にも恵まれているし、当時としては極めて珍しい「洋楽」のレコードを洋次郎がもっていたりして、平和で恵まれた浪花のぼんぼんの姿が目に浮かぶように描かれている。

ところが、この平和も突然の父の死によって破られる。洋太郎は足をすべらせて頭を打ち、それがもとで死亡する。小松家の中心に存在していた北極星が姿を消してしまったのだ。しかし、変化はこれだけに留まらなかった。父が居なくて淋しいだろうとやってきてくれた祖母も、間もなく死んでしまう。それに兵隊にいった洋一もニューギニアで戦死。そして、後にも述べるように、小松家は戦災で全焼するのだ。

これは小学四年生の子どもにとって、あまりにも大変なことである。しかし、よく考えてみると、現在の平和な時代に生きている子どもたちでも、その内面においては、これと同様の変化を体験しつつあるのだ。『ぼんぼん』三部作が、戦争中のことを描きながら、戦争を知らない現在の子どもたちによく読まれ、理解されるのもそのためである。われわれ大人は、外見的な平和状態にまやかされて、子どもたちの内面に生じている凄まじい戦いのことを忘れてはならない。洋少年は空襲の後で、「地獄」の光景に直面しなくてはならなかった。しかし、そのような地獄は、今の子どもたちも体験していることなのだ。ただ、それは外的に表現されにくいので、大人には見逃されがちになるのである。

小松家の安定したコンステレーションをおびやかしたものとしての「戦争」とは、いったいどのようなものであったろうか。

2 いくさ

いくさは恐ろしい。「正義」の名において、これほど簡単に多くの善良な人々の命や財産を奪っていいものかと思う。『ぼんぼん』に描かれた空襲の生々しい光景や、『兄貴』に述べられているように、たった一人の人間を目がけて銃撃してくる戦闘機の姿などは、同時代を生きた私たちには、同種の多くの恐ろしい体験を呼び起こさせる。そして、「いくさ」に関連して、それを遂行しようとする当事者たちの狂信ぶりが、どれほど一般の市民たちを痛めつけたかを、このように書き留めておいて貰うことは、本当にいいことだ。人間というものは「正義」という名において、どれほどの悪を行うかを、われわれはよくよく知っておかねばならない。

ところで、「いくさ」が悪いと言っても、人間界においてそれをまったく無くすることはできないのではなかろうか。誤解のないようにすぐつけ加えておくが、ここに私が言っているのは、人間同士、あるいは人間の心のなかに生じる或る種の争いであって、戦争のことではない。人間が集団で武器をもって殺し合う戦争は、何と言っても避けねばならない。しかし、そのことは、人間のなかにある競争心や闘争心を無くせよということではない。むしろ、その存在を自覚し、それをどのように生きるかを真剣に考えてこそ、逆に戦争を防ぐことが可能となるのではなかろうか。

このように考えると、この三部作のなかに、多くの「争い」や「対立」が書きこまれていることに気づくだろう。まず、人間と人間が腕力でなぐり合う場面が相当に出てくる。戦争を憎むべきは当然だが、なぐり合いのけんかにしても、ほめたことではないのは解り切ったことだ。しかし、第一章でケストナーの『飛ぶ教室』について論じたときに指摘したように、人間の発達段階において、少年時代には腕力によって表現するのがもっとも適当なような心のはたらきが生じることも事実なのである。こんなところにも、人生のパラドックスがあるようだ。

争いと言えば、仲の良い洋次郎と洋が争ったことがある。それは洋の同級生の兄がスパイ容疑で憲兵に引っぱられたときに起こった。日本の軍国主義に同一化していた洋次郎は——それは当時のほとんどの少年がそうだったのだが——洋がむしろ「スパイ容疑者」に同情するのを見て腹を立て、洋を平手打ちする。洋は日記に「今日のうなったもん——にいちゃんとぼくとのあいだにあった何か……」と書く。これは成長のためには、どうしても必要な争いである。小学四年生になって、それなりに自分の考えをもちはじめた洋は、いつまでも兄貴とまったく同調していくことはできないのだ。「にいちゃんとぼくとの間にあった」甘い同調関係は、洋の成長のためには一度断ち切られる必要があるのだ。古い絆が切られたからと言って、二人の関係が切れてしまうのではない。その後の二人の関係の記述を見ると、そこに次元の異なる新しい関係ができあがってゆくのが認められる。

洋は父親の亡き後、洋次郎に同一化し、その後に必要な対立を経て成長してゆく。それでは洋次郎の場合はどうか。彼の場合は少し気の毒な運命にあったようだ。彼にも洋一という兄があった。しかし、「どういうわけか(多分、本能的にといってよいくらい)兄弟喧嘩もしなかった」という。この短い文に、洋一と洋次郎の気の毒な運命が集約的に表現されているようだ。戦争はよくない。しかし兄弟喧嘩がまったくないのは悲しいことだ。それに、洋次郎にとって気の毒なことには、青年期になって対決すべき父親が居なかったということだ。

「戦争に敗けた翌日、やったることがあるンや……と、いきまく口調で言いすてて登校していった」洋次郎は何をやろうとしたのか。「とにかく先生たちのほとんどが、昨日まで話していたのと、まるで逆のことをしゃあしゃあと口走ったのだから、生徒側としては、腹立たしさを通りこして、ばからしくなった。それも、妙ににこにこして言うのだから、ふりあげた拳のもっていくところがないかっこうだった……」にもかかわらず、洋次郎は拳をふりおろさざるを得なかった。しかし、残念ながら、それは彼の成長に役立つ対決にはならなかったようだ。

成長に役立つ対決は、両者がその存在をかけてなされたときにのみ成立する。洋次郎の拳を受けた教師たちは、おそらく逃げることにのみ終始したであろう。青年の挑戦を受けてたつ権威など、まったくなかったことであろう。必要な対決を求めて洋次郎はキョーサントーに入党し、国家権力との対決を試みようとする。しかし、これはうまく成功せず、洋次郎は大転向して土佐へ行くことになる。この「大転向」が洋次郎の成長のためのステップとなったと言えるかも知れない。しかし、これを見ていると親しい人間関係のなかで適切な対決を経験できないことは、やはり損なことだなと思ってしまう。

それでは、おれたちのおふくろ正子の場合はどうであったろうか。まず、正子の結婚前に、彼女をめぐってひとつの対決があった。詳細は本文を見て下さるとよいが、正子をめぐって二人の青年が、真剣でどこか間の抜けた大阪人らしい対決をするところは、なかなか面白い。女性にとっては、自分自身が直接に対決しなくとも、自分をめぐってなされる対決を通じて成長することはよくあることだ。正子は結婚までに必要な成長段階を、このように経過して、幸福な結婚をし、恵まれないと思っていた子どもにも恵まれることになる。おそらく、自分ほど幸福な人間は居ないと思っていたときに、彼女は思いがけない奈落へと突き落とされることになるのだ。このことは、この三部作のなかでも、大変大切なことのひとつなので、節をあらためて論じることにしよう。

3　絶対と相対と

戦争に敗けるまで、日本においては天皇は絶対者であった。天皇どころか、天皇の名を口にするかぎり一等兵でも二等兵でも絶対であった。このゼッタイがどれほど理不尽に荒れ狂い、どれほどもろく崩れ去ったかは、この三部作に見事に描かれている。しかし、正子にとっては、戦争中でも天皇は絶対ではなかったのではなかろうか。多くの女性たちは、女性特有の直観で、このことを見抜いていたと思われる。しかし、正子にとって洋太郎は絶対であった。洋太郎が倒産し、執達吏の赤札が舞ったときも、それは毫も変らなかった。事実、二人は力を合わして逆境を切り抜け、洋太郎は副社長として新しい会社を名古屋につくるほどになった。ところが、洋太郎は名古屋で女性関係ができ、親友とそのことについてひそひそ話をしているところを、正子は偶然にも聞いてしまったのである。正子にとって、「ゼッタイに変わらぬはずのもの」が崩れ去ったのである。

正子の怒りと悲しみは測り知れぬものがあった。それがどのように変化していったのかは『おれたちのおふくろ』に書かれている。正子が自分たちのひそひそ話を聞いたことを感づいた洋太郎と友人は驚き悩むが、名古屋の会社にゆくときに、正子も行かないかと何気なく誘う。正子は何となく一人で行き辛かったのだろう、洋を連れて名古屋に行った。「何でも御馳走する」という父に対して「オムライス」を希望した洋が、副社長の洋太郎の机でオムライスを食べている間に、極めて日本的な大人の会話が進行した。洋太郎は正子に、副社長夫人としてなんぞ不満はないかと尋ね、「これからも月のうち半分は工場のある名古屋へいってンならンわしの奥さんとして」不満はないかと重ねて言う。正子は夫の目を見つめ返し、「この目の光は失いたくない」と思ったとき、オムライスを平らげた洋が、「あーあ、しあわせ……」と声をあげる。正子はそれにつられたように、「よろしおます……」と答える。洋太郎と友人は「けっこうなこと」と喜ぶが、正子は「うまくごま化された――という気もちと、これでよかったンやという思いとが相半ばし、これで別れることにならんとすんだけど、「あのこ」のことは認めてしもたことになるンや……という思いは嚙みしめていた」。

これはひとつの日本的解決である。正子が本当に洋太郎を許すことができたのは、洋太郎が亡くなったとき、親類の反対を押し切って、名古屋の「あのこ」に葬式に参列するように電報を打ったときではなかろうか。それほど簡単に人が人を許せるものではないはずだ。われわれは誰か実在の人を「絶対」と感じることがある。しかし、いつかはそれが絶対でないことを知らねばならない。かと言って、ある人を「絶対」と思う体験をしたことが無い人は不幸な人だし、絶対が相対化される痛みを体験していない人は、人間としてあまり成熟していない人である。絶対性が破れたとき、それまでの人間関係の深さと、それ以後の努力が欠けるとき、その時点で両者の関係は破壊されてしまうであろう。しかし、さもないときは、見せかけの絶対が崩れ、相対化の痛みを感じつつも、両者の関係は深化されるものだ。

子どもにとって母親はある時期までは「絶対」である。しかも、それは何時かは相対化されねばならない。『ぼんぼん』の方には、当然のことながら、洋太郎と正子のいざこざは書かれていなくて、父の葬式のときに不意に出現した美しい女の人のことが書かれている。あれは誰かといぶかる洋に、洋次郎は「名古屋のおばちゃんいうのは、あの人やねんて」と教える。名古屋のおばちゃんは洋にとって不思議な存在であった。一度も会ったこともないのに素晴らしい玩具なんかを送ってくれる人だったのだ。その人がまた美しい人だった。洋は喜んでしまうが、おばちゃんは「ぼんぼん、すみません」とあやまる。何故あやまられるのか解らぬままに、葬儀の忙しさのなかにまきこまれ、おばちゃんと洋の接触が断たれる。ここのところは、絶対であった父が死に、ますます絶対化されそうな母を相対化する存在として、洋の前に名古屋のおばちゃんが出現したと見ると、コンステレーションの変化の妙に感嘆せざるを得ない。ここで、洋の母の絶対化がすすんでいたら、それは彼の成長にとってあまり好ましいことではなかっただろう。

実在する誰か、あるいは、何かを絶対化して生きることは楽な道である。もちろん、ある年齢とか、ある時期とかにそれは必要である。しかし、絶対は実在する人や物そのものではない。絶対はむしろ、ひとつの方向として示されるのではなかろうか。従って絶対化された人や物はいつかは相対化されねばならない。相対化されたなかで迷いに迷い、苦しみに苦しんでこそ、われわれは絶対という方向をまさぐってゆけるのではなかろうか。洋次郎は、実在するものに絶対を感じる傾向の強い人間だったのであろう。戦争中は神国日本を絶対化し、終戦後はキョーサントーを絶対化しようとした。その点、洋の方は簡単に絶対的なものがつかめず苦労したのではなかろうか。その洋にしても「おかあちゃん」は絶対に近かったのではなかろうか。従って、父の葬儀に出現した名古屋のおばちゃんは極めて大切な意義をもったであろうし、私はその描写に心を打たれたのであった。ここのところは児童文学としては、なかなか書きにくいところなのに、よく書けているなと思うのである。

その点『おれたちのおふくろ』の場合は、どうしても正子の視点から書かれているところがあるので、児童文学の枠から出ているように思い、残念である。確かに、ここは大人の話なのだから、これでいいし、「児童文学」なんてことにこだわる必要がないと言われればそのとおりで、私にも異論がない。ましてや、児童文学に父親の女性関係のことなど書くべきでないなどといったことを主張するつもりは毛頭ない。むしろ、既に述べてきた点で明らかだろうが、このようなことを「子どもの目」で見たことを書くのは必要だし、素晴らしいことだと思っている。ここでは話があまりにも難しいので児童文学の枠をこえるのも無理からぬと言えるが、われわれ人間はこえたくてたまらぬ枠を守り抜いてこそ、新しい次元の自由を切り拓くことができることを忘れてはなるまい。大人たちの微妙な会話を聞いていた洋は、オムライスの味ばかりに気をとられていたのではないと思う。それは直接に言語化し難いかも知れないが、洋はともかく彼の目で現場を見ていたのだから、もう少しのところで、新しい表現が可能となったのではなかろうか。オムライスを食べ終った彼が「あーあ、しあわせ」と言ったのは、偶然とばかりは言えないであろう。もう一押しのところで、ここは「洋の目」から見た記述ができたように思う。おしいことである。

4　たましいの導者

実在する絶対を否定して、相対のなかに立ちすくむことによってこそ、われわれは正しい方向にすすむことができる。とは言ってもわれわれはそこに導き手が欲しいと思う。ましてや、洋次郎や洋のような少年たちにとって、導者はどうしても必要である。しかし、それは「俺に絶対について来い」といった類のものであっては困るのだ。と言って子どもと一緒に迷ってしまうようでも困る。それではどんな人が望ましいのか。この難しい疑問に対して、佐脇さんという素晴らしい人物が登場してくるのである。『ぼんぼん』の解説を書いた上野瞭は、「この物語の魅力の半ば以上は、この佐脇さんを、大胆かつ細心のユニークなキャラクターとして設定し、洋たち一家と関わらせたところからきている」(1)と述べている。これには、私もまったく同感である。

父が死に、祖母が死にして、ひっそりとしてしまった小松家に、佐脇さんは男衆《おとこし》として内田の伯父さんにおくられてやってくる。佐脇さんは六十歳だというのに、若者をしのぐ体力をもっている。彼の活躍によって小松家は生命力を吹きかえし、洋次郎も洋も父親を失ったにもかかわらず、よき導者を得て、戦争中の困難な時期を乗り切ることができるのである。佐脇さんについては既に相当詳しく述べたので(2)、ここであまり繰り返す気はないが、やはり重要な人物なので、ある程度のことは触れておかねばならない。

佐脇さんは老人の知恵と若者の強さとを合わせもっている上に、ふすま絵を描かしてもうまいし、料理もうまいのである。まさに超人的だが、その本領が発揮されるのは、彼が海軍少佐に変装して、軍隊に一杯喰わせるところである。洋次郎は水泳部員なのだが、プールが「大日本帝国陸海軍軍隊」の使用のため、生徒たちの使用を禁止され、そのわけが知りたくてたまらない。洋次郎の気持を察した佐脇さんは海軍少佐に変装して、プールで訓練中の軍隊のなかに乗り込んでゆき、秘密を探り出してくる。何とも愉快な話だが、当時の日本の軍隊のことを考えると、これは文字どおり命がけの仕事である。ここで、彼は「大日本帝国軍隊の姿にしみ」をつけて、見事な価値の顚倒を引きおこすのである。

日本軍隊の先導する絶対的な世界に、洋はついてゆくことができず悩むのだが、それを何かとかばってくれるのが佐脇さんである。絶対的な世界を作りたがる者が、一番排斥したく思うものに男女の恋というものがある。恋の力はあまりにも強烈なので、他のものを一挙に相対化する力をもっているからである(恋愛そのものも絶対化されることが、あるわけだが)。従って、戦時中においては、恋愛の価値は極端におとしめられていた感があった。そんなときに、小学四年生の洋は恋とまでは言えないにしても、プラネタリウムを見にいったときに、ふと出会った京都の島恵津子や、同級生の白石なぎさに心を惹かれるのである。佐脇さんは洋のそのような気持を察して、それとなく洋の女の子たちへの接近をアレンジしてくれたり、助けてくれたりする。強さと優しさを合わせもった佐脇さんは、まったく頼もしい存在として、洋の目に映るのである。

さて、このような佐脇さんという存在は、典型的なトリックスターと考えてよいのではなかろうか。トリックスターとは世界の神話や昔話において大活躍する存在で、変幻自在、神出鬼没、時には途方もないいたずらをしたり破壊をもたらしたりするが、そこから新しい創造が生み出されることも多い。既成の秩序や体系を破壊しつつ、そこに新しい統合をもたらすのである。それは低級な場合は、単なるいたずらものに終ってしまったりするが、高等なときは——佐脇さんの例のように——英雄像に近い存在なのである。

このような佐脇さんも憲兵に殺されることになる。終戦の「玉音放送」を聞いたとき、ほとんどの人がそれを戦いを続けるための激励の言葉と聞きまちがったなかで、佐脇さんだけが真実を知り、「日本が、敗けよった」と言ったばっかりに、憲兵に殺されてしまったのである。「真実を語る」ことに命をかけるのは、トリックスターの特性のひとつだが、この死の場面は凄絶である。日本が戦いに敗け、新しい光が見えはじめたとき、彼の小松一家に対する役割は既に終ったのであったろうか。

洋に対する佐脇さんの役割を、同じく児童文学のなかで、トリックスターを描いているカニグズバーグの『ジョコンダ夫人の肖像』(岩波書店)中の、レオナルド・ダ・ヴィンチに対するサライの関係と対比すると、なかなか興味深い。盗人でうそつきのサライは明らかに、トリックスターであり、レオナルドに対してたましいの導者としての役割を果し、レオナルドと女性の間の仲介者として活躍する。同じトリックスターといっても、佐脇さんとサライでは大違いであるが、まだ幼い少年の洋にとっては佐脇さんのような超人的なトリックスターを必要としたし、むしろ、本人が超人的であるレオナルドの場合は、弱くてうそつきのサライのようなトリックスターを必要としたのである。外見はまったく異なるようだが、たましいの導者としてのトリックスターとして、佐脇さんとサライは共通点をもっているのである。

5　ときといのち

星座も何万年かの間には姿を変えるという。洋にとっての三年間は、その内面においては何万年の経過に等しいものがあった。彼をとりまくコンステレーションは思いがけない変貌を遂げたのだ。『兄貴』のなかの洋次郎の変化も激しいものだ。それでは、おふくろさんはどうだったのだろう。『おれたちのおふくろ』には、正子の生涯について、明治四十二(一九〇九)年から、彼女が昭和四十二(一九六七)年に永眠するまでのことが描かれている。明治四十二年の正子は、その当時は極めて珍しいとされていた「ロウン・テニス」をする少女として登場する。続いて、彼女は当時大阪で働いていた兄(内田の伯父)の手引きで、田舎を出て大阪に働きに出ることになり、既に紹介したように、洋太郎に見初められることになる。ところで『おれたちのおふくろ』では、各章の終りごとに、その年の主だった出来事が記載されているので、正子の生涯の年輪がどのように刻まれていったかが、印象深く感じとられるのである。たとえば、明治四十二年のところでは伊藤博文がハルピン駅で射殺されたことなどが記され、「アンパン一個一銭、ゴールデンバット五銭」などと書かれている。そして、正子が死亡した昭和四十二年には、「イタイイタイ病、阿賀野川水銀中毒の原因は工場廃水と判明」などというのがあり、「理髪料金四百二十円。コーヒー八十円。醤油(二リットル)二百八円二十一銭」などとある。

戦争も終りに近づいた昭和十九年を見ると「六月十六日――中国基地のB29爆撃機による北九州初空襲」「東條内閣総辞職」などがあり、「卵一〇〇匁五十九銭。電球(五十燭光)五十一銭」などと書かれている。当時は、値段はともかく、こんなものを買うこと自体難しかったはずだ。こんなにして事実を並べてみせられると、小松正子という一人の女性の生きてきた生涯の軌跡の長さと多様さが痛感させられるのである。

ところで、『おれたちのおふくろ』のなかでは、この長い正子の生涯が、母の危篤の報に接して、洋が東京から土佐まで飛行機でかけつける間の正子の「体験」として、というよりはもっと短い間の死の直前の体験として語られているのである。洋のことについて述べたとき、外界での三年間の出来事は内界での何万年にも相当すると述べたが、ここでは、正子の一瞬の内的体験は、外界の何十年もの出来事に対応することであった。人間のいのちの深みがかかわってくるとき、「とき」は自在に伸縮するのである。短いものも長くなり、長いものも短くなる。それは時計で測ることのできない「とき」である。

おふくろさんの体験のなかで、私が深く感動したのは、洋のお産の場面であった。正子は洋の妊娠中に乳腺炎をおこし手術を受けた。衰弱がひどく、子どもはあきらめなさいと医者に言われながらも、正子は子どもを産む決心をする。必死のおもいで産んだ赤ん坊は泣かなかった。「泣いとくれやす。泣いて、産声をあげて、ちゃんと挨拶しとくれやす……」と正子は祈る気持で待った。赤ん坊はとうとう泣いた。「ぎゅっ。ぎゅっ」と蛙を押しつぶしたときのような声だが、泣いてくれた。「いい声。なんていい声。ほんまに、ええ声やわ……」と正子は眠りながら微笑む。子どもが生まれるときは、本当に感動的だ。この話がもっと感動的なのは、それを既に死の世界に近づいている正子が「体験」しているということである。死の迫った人が一瞬のうちに、自分の全生涯を「体験」するらしいことは、最近相当に解ってきていることである。正子の生涯の体験が凝集されて、一瞬のうちに生じているという描写は感動的だが、こうして、死にゆく人が新生の体験をもつと知ると、われわれの感動はますます深められる。

洋は母の死に間に合わなかった。彼が病室にかけつけたときは、母が息を引きとったばかりであった。しかし、洋次郎が葬儀屋の手配に出かけ、洋が一人で母をみとっている間に、彼は感動的な体験をした。おふくろさんの「死顔は旅をした」のである。おふくろさんの顔がどんどんと変り、彼女の親や同胞とそっくりの顔につぎつぎと変化してゆくのである。そして不思議にも、おふくろさんの顔は若返り、「娘さんの顔になり、女の子の顔になった。洋はまるで百面相でも見るように、息をつめて、この最後の「劇」に見入っていた」。

洋はこのように一瞬のうちに生じた「旅」を、おふくろさんと共にすることができて、人間のいのちというものの不思議、ときの流れというものの不思議を実感した。このような体験を通じて、洋はそこに何か「絶対」と言えるものを感じとったのではなかろうか。日本の敗戦という時期と重なったこともあって、小さいときから強烈な相対化を経験しながら、周囲のよい人々との交りのなかから、彼は物事や人を容易に絶対化しないことを学びつつも、かぎりない相対化のなかに拡散してしまうことを免れたのである。絶対は明確な形をもつものとして規定されないが、この三部作の底流をなして、流れている。それはときの流れとも、いのちの流れとも言えるものであろう。

注

（1）　上野瞭「解説」、『今江祥智の本　第五巻・ぼんぼん』理論社、所収。

（2）　河合隼雄「『ぼんぼん』とトリックスター」、『児童文学一九八〇』聖母女学院短大児童教育学科。

五　ペーター・ヘルトリング『ヒルベルという子がいた』

1　ヒルベルという子

ヒルベルという名前を聞いても、日本人なら別に何も感じないであろう。しかし、ドイツ人なら変な名前だと思うに違いない。単に変だというだけではなく、その名前から、その子がどんな子かという想像さえすることだろう。ヒルベルというのはあだなで、本名はカルロットーというのだが、誰もこの少年をあだなの方で呼んでしまうのだ。ドイツ語で、ヒルンというのは脳とか知能を意味し、ヴィルベルというのは、渦とか混乱を意味している。このように説明すると、ヒルベルという名が、人々にどのようなイメージを喚起するかが解るであろう。この少年の脳には渦が巻いている。

ヒルベルは可哀想な少年である。父親は不明で、母親にも見棄てられ、町はずれの子どもの施設に収容されている。原因不明の頭痛におそわれ、そのときは何が何だか解らなくなってしまう。しかも、医者はすべてヒルベルの病気は治らないだろうし、そのうち病院で暮らすより仕方なくなるだろうと言うのである。ヒルベルは「可哀想な少年」だと先に書いたが、このような子どもを「可哀想」などとだけ言ってすましておれるだろうか。ヒルベルと同じではないが、似たような運命に生まれてきた子どもについて、「この子は何のために生まれてきたのでしょう」と私は問いかけられたことがある。私としてはただ黙するより仕方がなかったが、同情や感傷による答が、何らの意味をもたないことは明白であろう。第三章にとりあげた『思い出のマーニー』の主人公アンナも可哀想な子であった。しかし、そこにはアンナが「治る」可能性が——いかに凄まじい道であるとはいえ——存在していた。ヒルベルのような子は何をするためにこの世に生まれてきたのだろう。そして、われわれはヒルベルに対して、何をすることができるのだろう。ペーター・ヘルトリング『ヒルベルという子がいた』(上田真而子訳、偕成社、以下の引用は同書による)は、このような困難な問いに直接に答えるものではないにしても、ヒルベルという子を暖かい、しかしセンチメンタルではない態度で見つめることによって書かれた素晴らしい作品である。

ヒルベルのいる施設には二人の保母さんが働いていた。ミュラー先生はかなりの年輩の保母さんで、マイヤー先生は、「とても若く、なんとかして子どもたちと話をしようと、一生けんめいだった」。このマイヤー先生がはじめてヒルベルに会うところは、極めて印象的である。しんまいのマイヤー先生は、騒ぎまわっている子どもたちを何とか静かにさせ、ベッドに寝かせようとするが、どこからか、ほえるようなものすごい声が聞こえてくる。それは洋服だんすのなかにはいっているヒルベルのうなり声だった。ゲオルクという子がマイヤー先生に教えてくれた。

「……あそこが、あいつの家なんだ。あいつの家に、はいっていったら、かみついたり、なぐったり、ひっかいたりされるよ。」

ゲオルクが言うとおり、洋服だんすはヒルベルの家であった。人間は誰も「家」を必要としている。そこにいると身も心も安らぐ場所、それが家である。ヒルベルにとっては、施設は「家」ではなかった。そこは他の子どももいるし大人もいる。心が安まるところではない。そこで、彼は洋服だんすという家を見つけたのだった。

「じゃあ、もうしばらく、その自分の家に、いさせてあげましょう」とマイヤー先生は、ゲオルクに言った。これは「しんまい」の保母さんにしては大したものである。多くの保母さんは「規則」を守らせることに熱心でありすぎて、一人一人の子どもの気持など構っていられないものである。マイヤー先生は若いのに、ヒルベルにとっての「家」の意味を尊重するだけのゆとりをもっていた。しかし、マイヤー先生もいつまでもヒルベルをほっておくわけにはいかない。彼女は洋服だんすの戸をあけた。「中には、やせて、頭ばかり大きい男の子が、さけびで顔をまっ赤にして、すわりこんでいた。かれは、マイヤー先生をにらみつけた。」ヒルベルは、まっぱだかになって、パンツをボールのようにまるめてもっていた。ベッドにはいるように優しく話しかけるマイヤー先生に対して、ヒルベルは「まるめたパンツに小便をひっかけると、びしょぬれになったのを、マイヤー先生の顔めがけてなげつけた」。

ヒルベルはなぜこんなことをしたのだろう。ひとつの意味は明らかだ。彼は自分の「家」に侵入してきた外敵に対して反撃を加えたのである。そして、私にはもうひとつの意味があるように思われる。唾や汗や大小便などは、人間にとって「分身」という意味をもっている。非近代人や子どもたちの行動を観察するとそのような意味が感じとられることが多い。ヒルベルは、自分の「分身」を信頼し得るに足る人としてのマイヤー先生に「投げかけた」のではなかろうか。子どもたちの行為は、思いの外に多層的な意味をもつことが多い。

マイヤー先生は、ヒルベルからのこの思いがけない「はたらきかけ」に対して、見事に答えたのであった。彼女はたじたじとなりながらもヒルベルを叱りつけ、「あのヒルベルって子、気をつけてあげなくちゃ」と思ったのだ。子どもたちの行為が規範をはずれているとき、われわれはそれを叱らねばならない、と同時に、その行為にこめられた意味を受けとめてやらねばならない。どちらか一方だけでは片手落ちになる。ヒルベルは心の深いところですべてを察しているのだ。マイヤー先生に叱られると、反抗もせずにベッドに寝にいったのはそのためである。

2　ヒルベルの「ライオン」体験

施設の子どもたちが散歩のために外出するとき、ヒルベルはともすると皆と離れて一人ぼっちになる傾向があった。ある日、ミュラー、マイヤー両先生の引率で町の近くの丘に遠足に出かけたとき、ヒルベルがいなくなってしまった。皆で一所懸命に探したが、どうしても見つからなかった。夜になるので一同は施設に帰ったが、二人の先生はヒルベルのことを園長に届けずに、ヒルベルが自分で帰ってくるか、誰かに連れられてくるのを待った。というのも、こんな事件が公になると、ヒルベルは「閉鎖的な施設」におくられるので、それをどうしても避けたかったからである。ふたりの先生は心配で一睡もできなかった。ところが、翌日の昼食時に、ヒルベルはひげの生えたおじいさんに抱かれて帰ってきたのである。ひげのおじいさんは羊飼いだった。彼の語るところによると、ヒルベルは羊の群のなかにはいりこみ、一晩を羊たちと過ごしたのである。羊の動きがいつもと変っているので不思議に思っていたおじいさんは、とうとうヒルベルを見つけ出し、かんかんになって怒ろうとした。「ところが、あのいたずら小僧ときたら、きれいな目でわしをじっと見つめて、『ライオン！　ライオン！』というじゃないか」というわけで、おじいさんもヒルベルの心に感動して怒れなくなった。そして、ヒルベルのつけていた名札から、施設の子であることを知り、親切にも連れてきてくれたのだった。

ヒルベルはこの体験がすごく印象的だったらしい。普段はなかなか自分のことが話せない彼も、親しい女の子に自分の体験を話してきかせた。

「ぼく、かけてったんだ。どんどんどんどん、下にね。……（中略）……そしたら、アフリカみたいなんだ。アフリカだったんだ。ライオンのいる、砂漠なんだ。そしたら、ライオンがやってきた。百万頭も。いっぱい。かたまりになって。犬も。スピッツも、一ぴきいた。そして、みんなで、ぼくを、くんくんかぎにくるんだ。ぼくたち、なかよしになったんだ。いいライオンばっかりだった。ぼく、ライオンといっしょに、ねたんだよ。」

これはまったく感動的である。ヒルベルはライオンとなかよしになり、一緒に走りまわり、一緒に眠ったりしたのだ。われわれが何かについて知るということと、何かを知るということは異なることである。われわれはライオンについて知っているが、ライオンを知っている人は極めて少ないのではなかろうか。いつだったか、サファリに出かけていって、ライオンの写真を近くからとりたいと思い、禁止を破って自動車から脱け出し、ライオンに近づいたため、ライオンに喰い殺された人があった。この人などは、ライオンを知ることのできた稀有な人だと思うが、残念ながら、彼はそのライオン体験をわれわれに語り伝えることはできなかった。しかし、ヒルベルは、それを立派にわれわれに語り伝えてくれているのだ。

羊飼いのじいさんはヒルベルの「きれいな目」を見て、「ライオン！」と叫ぶのを聞いたとたんに、ヒルベルの体験した一切を感じとったに違いない、彼もさすがに自然のなかに生きている人である。だから、じいさんは親切にヒルベルを連れてきてくれて、「ま、あの子をしからんでやってくだされ。かわいい子じゃ」と言い残していったのである。「しからんでやる」どころか、われわれ大人は、ヒルベルのライオン体験に対して頭を下げるべきではなかろうか。それはライオンを知るということよりももっと広く、生きるということ、生きているということを、深く「知る」ことと言っていいのではなかろうか。大人は子どもよりも、ましてやヒルベルのような子よりも、多くの「知」を有していると思っている。しかし、その「知」の質的な面に目を向けるとき、ヒルベルの「知」がはるかに、われわれにまさっていることを認めざるを得ないのである。マイヤー先生は、あるとき園長先生に、「ヒルベルは、わたしたちが思ってたより、ずっとかしこい子ですわ」とさえ言っている。少なくともマイヤー先生は、ヒルベルの「知」について知っているようだが、ヒルベルを取りまく他の大人たちはどうであったろうか。

3　ヒルベルと大人たち

ヒルベルの母はときどき施設にやってきた。「でっぷりふとって、ぎょっとするような厚化粧をし、いつもピカピカ光る石をちりばめた大きな帽子をかぶって」、キャンデーやチョコレートをもって現れるのだった。そして、「なんどもなんどもヒルベルをだきしめ、はあはあいったり泣いたりしたと思うと、十五分後には、またすぐくるからねと約束して、そそくさと帰っていった」。ところが、彼女が次に現れるのは三か月もたってからであった。

ヒルベルをすべての人がほっておいたのではない。それどころか、医者や心理学者はヒルベルを何とかしてやろうと検査をしたり、いろんな方法を試みたりしたのだが、結局のところ、「みなのことばをかりていえば、《処置なし》だった」ので、誰も彼もヒルベルを見棄てていったのである。そして、「ヒルベルは、わざと親切そうにふるまう人たちをきらい、それをはっきりと態度でしめした」。

ヒルベルのような子に対して、最初から相手にしない人もいる(こんな人の方が、ヒルベルにとっては未だましであろう)が、何とかしてやりたいと思う人がある。そこに何らかの「処置」の可能性があるかぎり、それらの人は一所懸命になるが、「処置なし」と解った途端に、その熱意はさめてゆく。そして自分の冷淡さに対する罪悪感のために、「わざと親切そうにふるまう」より仕方なくなってくる。ヒルベルは直観的にそれを察し、嫌に思うのも当然のことである。だから、ヒルベルはすべての人を疑い、嫌っていたと言っていい。ただ「ヒルベルがほんとうに好きだった、たったひとりの人は、母親だった」、そして、その母親でさえ、既に述べたように、ヒルベルをちっとも構ってやらないのだ。

ここで、ヒルベルの母親を非難することは易しい。しかし、自分自身の生き方をよく知っている人は、そんな安易なことはできないであろう。大人はすべて「生活」に忙しすぎて、真に生きることなどに構っておれないのである。この母親には既に夫やボーイフレンドがあるかも知れぬ。ともかく、人間は働けば働くだけお金がもうかり、お金がもうかった分だけ多くのもの、素晴らしいものが手にはいるのだから、忙しいのも当然だ。しかし、ヒルベルに対しては、いくらお金をつぎこんでも「処置なし」なのである。彼女が三か月に一度でも面会に来るだけでも、未だ良心的と言っていいのではなかろうか。人間の「生活」というのが「生」を圧迫し、ごまかしてしまうのだ。

それにしても、ヒルベルがこのような母を「ほんとうに好きだ」という事実は素晴らしいことである。肉親の愛、特に母子の感情には理屈を超えたものがある。ヒルベルの視点から見ると、彼を取りまくすべての大人たちは、まさに「処置なし」の状態に陥っていると言うことができる。そのなかで、その典型のような生き方をしている母親を、彼が好きだということは、彼が母親に対してだけは可能性を信じていることを意味している。実際、このような子どもの愛が、母親の生活を一歩でも真の「生」の方に近づけるはたらきをすることもある。しかし、ヒルベルの場合はそうはいかなかったようだ。この世は愛とか善意とかが、そう簡単に通じるようにはできていないのである。

このような観点からみると、この施設の管理人ショッペンシュテッヒャーさんとヒルベルの関係はまことに興味深いものがある。ショッペンシュテッヒャーさんは、「ホームの規律と治安をまもる役」をもって自ら任じ、「保母さんの手におえない教育は、このわしがしてやる、といきまいていた」。こんなわけだから、彼は何かにつけてヒルベルを目の仇にし、なぐりつけたりした。ヒルベルもそこでついに、ショッペンシュテッヒャーさんと戦うことを決心した。いじわるじいさんとヒルベルとの戦いは凄まじく、また間が抜けていて、その様子が生き生きと描かれており、思わず笑いをさそわれるような愉快さがある。あるときは、ヒルベルがショッペンシュテッヒャーさんのにわとりに五羽とも催眠術をかけて、大騒ぎをさせたこともある。

また、あるときはショッペンシュテッヒャーさんが芝生をかろうとしているとき、ショッペンシュテッヒャーさんに見つからぬように、ヒルベルは芝生に小石をばらまいた。芝刈機が故障すると面白いというわけである。ところが、ヒルベルが小石をまくところをショッペンシュテッヒャーさんは目ざとく見つけ、ヒルベルをつかまえて、げんこの雨をふらせた。その上に痛さにうめいているヒルベルを切り株の上から突き落したのである。ヒルベルは倒れてしまったが、ショッペンシュテッヒャーさんが心配そうにし出すのを見てとると、重傷を負ったふりをし始めた。ショッペンシュテッヒャーさんが、だんだんとおろおろしだしたので、ヒルベルは内心面白くなってきた。ついに園長さんが呼ばれてきて、ヒルベルはショッペンシュテッヒャーさんになぐられたことを告げ、うまく恨みをはらしたのである。

ショッペンシュテッヒャーさんとヒルベルとの戦いは凄まじくもまた愉快なものであるが、次のようなことを考えさせる。つまり、ヒルベルに対して、「わざと親切そうにふるまう人」と比較すると、ショッペンシュテッヒャーさんは、はるかにヒルベルの「生きること」に参画しているということである。さりとて、われわれはショッペンシュテッヒャーさんを賞賛するつもりは毛頭ないが、彼がネガティブな感情にしろ、それに忠実に生きているということが、真の感情を偽ってヒルベルに「親切に」するその他の人たちよりも、ヒルベルの生に貢献しているのだと考える。この点は、少しでも安易に考えると大変な失敗を犯すことになることであるが、一考に値することである。

ヒルベルとテストの話も示唆するところが大きい。ヒルベルはよく心理テストをされた。テストをする女性の心理学者のことを、ヒルベルは「遊びのおばさん」だと教えられていた。しかし、ヒルベルはそのうちに、「遊びのおばさんたちが喜ぶ遊びかたをおぼえてしまった。おばさんたちは、ヒルベルの遊びかたがいいといって、毎回、喜んだが」、何のことはない、ヒルベルが心理学者の心を先取りしているだけのことなのである。筆者も心理学者の一人として、これはまことに耳の痛い話だが、そうすると、心理テストは何の役にも立たないのだろうか。そうとばかりは言えないことを、次のエピソードが示してくれている。

施設にいる女の子のなかで、エーディトは悪い子だった。彼女はヒルベルを目の仇にしており、何か悪いことがあると彼のせいにした。ところで、施設内の幼い女の子がつぎつぎと施設を脱走してゆく事件が起こった。エーディトは、ヒルベルがホームの外にゆくとライオンがいて楽しいことがいっぱいあると、幼い子たちをそそのかしているのだ、と保母さんに告げ口をした。マイヤー先生は真相を確かめようとヒルベルに聞くが、怒ってしまったヒルベルはうまく口をきくことができない。そのうちに、またも脱走事件が生じ、ヒルベルはますます苦境に立たされてしまう。ヒルベルは根気よく真相をつきとめようとし、とうとうエーディトが幼い女の子たちに、「ヒルベルのライオン」が施設の近くにいて、人なつこくて優しいのだなどと話してきかせていることを知ったのである。

ヒルベルはこのことをどうしてマイヤー先生に告げるかに困ってしまう。しかし彼はいいことを思いついた。「遊びのおばさんの遊び」がしたいとマイヤー先生に申込み、マイヤー先生の前で、遊びの駒をつかって、うまくエーディトの悪だくみを演じてみせたのである。これによってマイヤー先生はよく了解し、エーディトに注意を与えることになった。つまり、ここでは心理テストは大いに役立ったのである。心理テストそのものは有用であったり、時には有害であったりする。大切なことはテストそのものではなく、それを用いる人が、どのような人間関係のもとで、それを用いるかにあるようだ。マイヤー先生が園長先生に、「ヒルベルは、わたしたちが思ってたより、ずっとかしこい子ですわ」と言ったのは、このテスト事件の後のことである。このようにして、ヒルベルは彼をとりまく大人たちに多くのことを教えてくれているのである。

4　見棄てたのは誰か

教えると言えば、ヒルベルは教会のオルガン奏者クンツさんにも大切なことを教えてあげることになる。ヒルベルは素晴らしい声をしていた。クンツさんはヒルベルの声にほれこんで、ヒルベルを手きびしく鍛えて声楽家にしようと考えた。クンツさんはオルガンの伴奏でヒルベルに歌を歌わせようとしたが、ヒルベルはオルガンの伴奏が自分の歌うメロディと異なるので、「まちがってるよ」と言うのである。そこで、クンツさんもまけずに、「作曲家について、作曲について、ヨハン・セバスチャン・バッハについて話してきかせた」(傍点引用者)。クンツさんとヒルベルの相違は、音楽について知るものと、音楽を知るものとの相違であった。クンツさんはそれでも教会での演奏会で、ヒルベルに伴奏つきで歌わせようとしたが、駄目だった。とうとうヒルベルは伴奏なしで歌うことになった。それは限りなく美しい声であり、聴衆は深く感動して拍手を惜しまなかった。「それ以後、教会での演奏会でヒルベルが歌うときは、クンツさんはもうオルガンの伴奏はしなかった。」クンツさんもヒルベルのおかげで音楽そのものを知るようになったのだろう。

施設に毎日やってくる医者のカール・クレーマー先生は、ヒルベルに特に優しかった。クレーマー先生は施設にいた子どもを三人引きとって自分の家で育てており、彼らが先生をカロルスと呼ぶことなどをヒルベルに話してやった。ヒルベルは自分をカロルス先生の子にしてもらおうと、いろいろ努力してみたが甲斐がなかった。そこでとうとう彼はすごい病気になったら先生が自分の家に連れていってくれるだろう、と考えた。

ヒルベルは早速、仮病をつかうことにした。全身かちかちになって身動きもしないヒルベルを見て、マイヤー先生はカロルス先生を呼んだ。先生はヒルベルを入院させるより仕方ないと言い、がっかりしたヒルベルは病院に運ばれる担架からとびおりて逃げた。二、三日後、カロルス先生はヒルベルに「どうして、あんな病気になったんだい?」と尋ねたが、ヒルベルははっきり答えなかった。それから大分たって、ヒルベルはカロルス先生に、先生のところに子どもが何人いるかを尋ねた。先生は何気なく「三人だ。ずっと三人だよ。それいじょうは、うちにはむりだからな」と答えた。

それを聞くと、ヒルベルは黙ってすっと部屋を出ていった。カロルス先生はヒルベルの病気の意味を悟って、はっとしたが何とも致し方がなかった。われわれ人間は何とかしたいと思いながら、何とも致し方がないときがある。カロルス先生の心中はどのようであったろうか。カロルス先生がどんなに優しくとも、三人の上にもう一人、ヒルベルを引きとることはできなかった。カロルスはヒルベルを見棄てざるを得なかったのである。

しかし、果してそのように言い切ってよいものだろうか。私にはこのことは次のようにも受けとれるのである。カロルスは黙って出てゆくヒルベルに対して、許しを乞いたかったのではなかろうか。あるいは彼はヒルベルを見棄てる気など毛頭ないと弁明したかったのではなかろうか。ヒルベルはそれに対して、カロルスさん、あなたが冷たい人でないことはよく解っていますと言ってやることもできたであろう。しかし、彼は黙って出ていった。ここで私は、カロルスがヒルベルに見棄てられたように感じるのである。もっと極言すれば、ヒルベルの姿がカロルスを置き去りにして天国へ昇っていった天使の姿のようにさえ見えてくるのである。

見棄てるものと見棄てられるもの、あるいは、治す人と治される人、教える人と教えられる人の区別は、われわれが単純に信じているよりは、もっと不可解なものではなかろうか。この両者は一般に信じられているよりもはるかに逆転可能であり、相互的なものではなかろうか。このように考えてくると、人間が人間を「処置する」ことが、真の意味では不可能であることがよく解ってくるだろう。あるいは、もう少し異なる言い方をするならば、浅いレベルにおいては、人間が人間を処置することは可能かも知れないが、かかわりが深くなったとき、処置という言葉はだんだんと意味を失ってゆく、と言ってもよいであろう。

5　ヒルベルはどこにいる

カロルス先生はヒルベルとよく話をしたが、ヒルベルの次のような話には特に心をひかれた。

「ぼく、ホームからぬけでるんだ。パンを持って。おなかがすかないようにだよ。ぼく、遠くへいきたい。遠くの遠くの、お日さまが作られる国へいきたいんだ。そこで、お日さまを空に、はめこむから、明るくなるんだろ、ね。」

ヒルベルの「お日さまが作られる国」のイメージは、まことに素晴らしい。この明るい太陽は、例のライオンと共に、ヒルベルの世界を豊かにしてくれる大切な要素である。ヒルベルのような子について、児童文学の作品を書くことは、なかなか難しいことであろう。作者のヘルトリングは子どもたちに「現実」を知らせることは重要であると考えている人のようである。しかし、彼自身は本書の訳者に対して、「ファンタジーを損い、夢をしめだすことなく」現実を子どもたちに知らせることが必要であると語っている。(1) 従って、本書のように思い切った現実を子どもに突きつけながら、「ライオン」と「お日さまの国」という、重要なファンタジーを語ることを忘れていないのである。このような「現実」に対する彼の態度によってこそ、この深刻な物語を、センチメンタルに陥ることもなく、暖かさとゆとりをもって語ることができたのだと思われる。ファンタジーの意義を知らないリアリストは、どうしても浅薄にならざるを得ないし、リアリティということを考慮に入れずにファンタジーを喜んでいる人は、単なる「つくり話」にうつつを抜かすことになるのであろう。

話をヒルベルのことに戻そう。ヒルベルはその後、またもやホームから脱走する。ヒルベルは誰にいじわるされたわけでもないし、保母さんたちもヒルベルをかわいがっていたのに、彼は脱走したのである。ヒルベルはひどい頭痛のため、自分でもわけが解らなくなり、もう死ぬにちがいないと思った。頭痛が少し楽になったとき、彼はライオンのことを思った。

……おとなはただの羊だという、あのライオンだった。そしてかれは、もうここをでていってしまおう、と心にきめた。

お日さまが見たい、大地の果てで作られるまっ赤に燃えるお日さまが見たい。お月さまも見たい、まっ黒な巨人が、まるで白いメダルのように手に持って空にかかげている、お月さまも見たい。

ライオンといっしょにあちこちかけまわりたい。自分を両腕でかかえて、ゆりかごのようにゆすってくれた、あのライオンかいのおじいさんがなつかしかったのかもしれない。

このように思ってヒルベルは施設を出た。「脱走」とは大人たちの言うことだ。ヒルベルは、素晴らしい旅に出たのだ。しかし、残念ながら旅は長続きしなかった。だんだんとおなかがすき、のどが乾いてきたのである。「ほんとうは、ヒルベルは、家が恋しかった。人の住んでいる家が、部屋が恋しかった。どこかに自分の家があったら、どんなにうれしいだろう。」だが、誰もヒルベルを家庭にいれてくれる人はなかった。そして、結局は、ヒルベルは警官につかまえられてしまう。警官に対して、ヒルベルは手にかみついたりして抵抗したが、警官はヒルベルに強いパンチをあびせて、つかまえたのだ。
警官に連れられてヒルベルが帰ってきたとき、カロルス先生はきびしい顔つきで迎えた。先生はヒルベルに入院をすすめた。ヒルベルは地面にからだをなげつけて泣きわめいた。カロルス先生は、「ショックですよ。発作だ」と言った。実のところ、それは発作ではなかった。ヒルベルは病院に連れてゆかれるのがいやで泣いたのだった。さすがのカロルス先生も、もうヒルベルにつき合うことができなくなったのだ。先生が「発作だ」などという医学用語を用いざるを得なくなったとき、それは、彼が人間としてヒルベルに会うことができなくなったという限界の到来を告白しているのである。それはそれとして、ヒルベルは病院に送られていった。

しばらくたつと、ヒルベルのことをおぼえているのは、ホームでマイヤー先生だけになっていた。それはもう、まちがいなかった。
そのマイヤー先生も、ホームをやめ、結婚し、子どもができた。そして今、マイヤー先生は、自分の子どもたちにヒルベルの話をして聞かせながらよく思う。あの子は、その後どうなったかしら、と。

ここで、この物語は終りとなっている。深い感動をもって、この物語を読み終った後で、すべての読者は、今ヒルベルはどこにいるだろう、と自問するのではなかろうか。そして、ここまで筆者と共に考えをすすめてきた読者なら、誰しもヒルベルが今は彼の旅立っていった国、「お日さまが作られる国」に住んでいることを確信するであろう。「お日さまが作られる国」は、たましいの国と言ってもよいし、われわれの世界にすべてのエネルギーを与えてくれる源泉の国と言ってもよいであろう。従って、ヒルベルは遠い遠い国に住んでいると言ってもいいし、われわれの心の在り方によっては、すぐ傍に住んでいると言ってもよいであろう。
何もかもが解り切っていて、常識どおりに運んでいるように見えるこの世界に、ヒルベルの存在を許すや否や、われわれはすべてのものが異なって見えてくることを感じるであろう。ヒルベルにいったい何ができるのか、などということをわれわれは思い悩む必要などないのである。ヒルベルが、ただそこにいてくれるということ、そのことが測り知れぬ意味をわれわれにもたらすのである。本書は「ヒルベルという子がいた」という事実が、どれほど多くのことを周囲にもたらしたかを如実に示してくれている。われわれも時に、ヒルベルという子の存在をわれわれの世界にいれこむ努力をしてみる必要があるのではなかろうか。

注
（1） ペーター・ヘルトリング、上田真而子訳『おばあちゃん』偕成社、の訳者あとがき中に、訳者とヘルトリングの会話として以上のことが述べられている。

六　A・リンドグレーン『長くつ下のピッピ』『ピッピ船にのる』『ピッピ南の島へ』

1　恵まれた子

どのような子を「恵まれた子」と考えるかは、なかなか難しいことである。第三章に、ロビンソンの『思い出のマーニー』を取りあげたときも、主人公のアンナがマーニーと二人で「恵まれている子」について会話をするところを紹介しておいた。孤児でお金もないアンナと、お金持の両親をもったマーニーと、いったいどちらが恵まれているのか。考え出すと難しくなってくるのだが、そんなに深刻になって考え込まなくとも、何とも素晴らしい恵まれた子、というのは存在するし、その子のことを聞くだけでも、こちらまで嬉しくなるような、そんな子について、うまく語ってくれる人も居るのだ。しかし、これは簡単そうでなかなか難しいことである。うそと思われるなら、そのような恵まれた子の姿を自分で心のなかに描き出そうとしてみられるといい。何とも難しいことに気づかれるだろう。可哀想な子や不幸な子の話をして、聞き手の同情をさそうこと、勇敢な子や正直な子の話をして、聞き手を感心させることは簡単だが、恵まれた子の話をして聞き手の心を楽しませるのは難しい。万人共通に存在する嫉妬の感情が楽しみを妨害するからである。

ところで、リンドグレーンの三部作『長くつ下のピッピ』『ピッピ船にのる』『ピッピ南の島へ』(いずれも大塚勇三訳、岩波書店、以下の引用はこれらの書物による)の主人公ピッピは、まさにそのような「恵まれた子」なのである。ピッピというのはどんな子なのか、『長くつ下のピッピ』の冒頭を引用してみよう。

スウェーデンの、小さい、小さい町の町はずれに、草ぼうぼうの古い庭がありました。その庭には、一けんの古い家があって、この家に、ピッピ・ナガクツシタという女の子がすんでいました。この子は年は九つで、たったひとりでくらしていました。ピッピには、おかあさんも、おとうさんもありませんでしたが、……

両親の無い九歳の女の子が、古い庭の古い家に一人で住んでいる。どうしてこれが「恵まれた子」なのだろうと——ピッピに出会ったことの無い人なら——思われるであろう。いや、ピッピに出会った人のなかでも、ピッピを不幸な子と思った人たちもあったのだ。たとえば「町にいる、しんせつな人たち」は、ピッピが一人で学校へも行かずに居るのを気の毒に思って「子どもの家」に入れてやろうとし、おまわりさんを二人、ピッピのところに来させたのである。「しんせつな人」はどうもしなくていいことをするのが好きなようだ。そこでいったいどのようなことが起こったであろう。おまわりさんは、「しんせつな人」がピッピを「子どもの家」に入れてやると決めたことを説明する。これに対して「わたし、もう『子どもの家』にはいってるわ」と彼女は返事をする。このような答えっぷりがピッピの特徴をよく表している。ピッピの言っている「子どもの家」は、もちろん自分の家のことを意味している。九歳の女の子が一人で住んでいるのだから、正真正銘の「子どもの家」だ。ところが、おまわりさんは「子どもの家」というと、既成概念にとらわれてしまって他のことが考えられないのだ。おまわりさんの考える「子どもの家」には、確かにたくさんの子どもがいる。前章に取りあげた『ヒルベルという子がいた』のヒルベルが住んでいたのは一種の「子どもの家」であり、ピッピの前身とも言うべき『あしながおじさん』のヒロイン、ジューディが最初に住んでいたところも「子どもの家」であろう。しかし、その場において、誰が自由であり誰が支配しているのかという点から言えば、それらは「大人の家」ではないだろうか。大人の家に子どもたちが「収容」されているのである。

そんな点から言えば、ピッピの家はまさに「子どもの家」であった。そこでは子どもが権威者であり、子どもがまったく自由に行動できるのである。こんな「子どもの家」にやってきたおまわりさんこそ迷惑である。逃げまわるピッピを追いかけて屋根に上り、木を伝ってさっさと降りたピッピに梯子をはずされて立往生してしまう。「子どもの家」におまわりさんは不要なのである。こんなふうに見てくると、「子どもの家」の支配者ピッピの恵まれぶりがだんだん了解されてくるだろう。ここで、最初の引用において省略した部分をつけ足してみよう。それはつまり、「ピッピには、おかあさんも、おとうさんもありませんでしたが、ほんとのところ、それもぐあいのいいことでした。というのは、ほらね、ピッピがあそんでるさいちゅうに、「もう寝るんですよ。」なんていう人は、だれもいないのです」ということになる。

ピッピのお母さんはピッピが赤ちゃんのときに亡くなった。しかし、ピッピはお母さんが天に居て、天の小さい穴から自分を見おろしていると信じていた。父親は船長で、ピッピも一緒に広い海を航海中、嵐のときに海の中に吹きとばされてしまった。しかし、ピッピはお父さんは黒人の居る島に流れつき、そこで黒人の王さまになっており、いつかはきっと帰ってくると信じているのである。ピッピは、「わたしのおかあさんは天使で、おとうさんは、黒人の王さまよ。こんなすてきな親をもった子なんて、そんなにいやしないわ！」と満足していた。ピッピは大人による支配と干渉を受けず、しかも、両親の信頼と見守りのなかに生きていた。

これがピッピの「恵まれた子」としての本質であるとすれば、その本質を生かしてゆくために、ピッピが恵まれているものを、もう少し説明しておかねばならない。それは、彼女と一緒に住んでいる「ニルソン氏」という小さいサルと、金貨がぎっしりつまっているスーツケースと、彼女の類い稀なる腕力とであった。彼女は父親譲りの力の強さで、馬を軽々とかつぎ上げることができるのである。いかに両親の居ない幸福に恵まれていると言っても、九歳の女の子が一人で暮らすのは淋しすぎる。だから、ニルソン氏はピッピにとって絶対必要なのである。それに途方もない腕力と財力！　こんなに「恵まれた子」は他に居ないだろう。その上、ピッピのお話を聞いて、誰もが素晴らしいと思うだろうが、嫉妬を感じることもないであろう。ピッピがあまりに痛快に素早く行動するので、ねばねばした嫉妬がまといつく暇がないのである。

『長くつ下のピッピ』の「訳者のことば」によると、この物語は「あしながおじさん」(Pappa《パッパ》 Långben《ロングベーン》)という名前にヒントを得たリンドグレーンの小さいお嬢さんが、長くつ下のピッピ(Pippi《ピッピ》 Långstrump《ロングストルンプ》)という女の子の名前を思いつき「その子のお話をして！」と母親にせがんだことから生まれてきたものであるという。あしながおじさんという素晴らしい男性と、ひとりの少女のたましいとの間に飛びかった火花のなかから、ピッピは誕生した。この事実はピッピの性格のすべてを規定しているようにさえ思われる。

2　お話にならない話

ピッピにはお母さんもお父さんも居ない。そう言えば、ピッピの前身とも言うべき『あしながおじさん』のジューディも孤児であった。ジューディとピッピは、いろいろと似た性格をもっている。因襲にとらわれずに自由で明るくて、親切で茶目気があって……。しかし両者の違いは、ジューディが孤児であるにもかかわらず恵まれた人になってゆくのに対して、ピッピは孤児であるが故に恵まれている、という点にある。ジューディがピッピとして再生するとき、そこには実に思い切った価値の顚倒が行われたのである。最初からのこの物凄い転換のために、ピッピのお話は、「まったくお話にならない」話に満ちている。従って、この三巻を通じて何か一貫したストーリーが展開するのではなく、ピッピをめぐる痛快なエピソードが次々と語られるのである。

ピッピの家、「ごたごた荘」の隣家の子ども、トミーとアンニカはピッピと無二の仲良しになるのだが、最初に彼らがピッピに出会ったときの有様が、ピッピのすべてを物語っている。二人が最初に見たときのピッピの様子は次のようであった。

> 髪の毛の色はニンジンそっくり。その赤い毛をふたつにわけて、きつく編みあげ、その二本のおさげがぴーんとつきだしています。鼻は、ちっちゃなジャガイモみたいで、そばかすがいっぱい。その鼻の下には、ほんとに大きな口があって、じょうぶな、まっ白の歯がのぞいています。着ものが、またかわっていました。それは、ピッピのお手製でした。だいたいピッピは、青い服をつくるつもりでしたが、青いきれ地がたりま

せんでした。そこで、小さな赤いきれを、どこにもここにも、いっぱいぬいつけたのでした。すらっとした、長い両足には、長靴下をはいていましたが、かたっぽの靴下は茶色で、もうかたっぽは黒でした。

ピッピが出現するまで、こんな容貌で、こんな服装をしている児童文学のヒロインが居ただろうか。それに、トミーとアンニカが驚いたことに、ピッピは後向きに歩いてくるのである。驚いた二人が、なぜ後向きに歩くのかと尋ねると、ピッピは落ちついて答える。

「なぜ、うしろむきにあるいたか？……わたしたちの国は、自由な国じゃないこと？　わたしがすきなようにあるいちゃ、いけないかしら？　それにね、いっときたいけど、エジプトじゃ、だれもかれも、こうやってあるいてて、このあるきかたがおかしいなんて、だれもかんがえやしないのよ。」

そうなのだ。ピッピは「自由」なのである。大人たちは自分たちは「自由な国」に住んでいるなどと言いながら、歩くときは前を向いて歩かねばならないと勝手に決めこんで、後向きに歩く自由を忘れ去っているのだ。ピッピの自由は強烈な逆転の思想をもち、既成の秩序を絶対的と思っている人たちに、強いパンチを見舞うのである。秩序の体現者おまわりさんが、ピッピに散々な目に会わされたのも当然である。

ピッピがこの世にはじめて誕生したとき、大人たちがそれをあまり歓迎しなかったのもうなずけることである。それは「心をひっかくような不愉快なもの」と評されたという。[1] ピッピのやることは、大人から見るとまったくむちゃくちゃである。第一、学校へ行っていない。そのピッピが急に登校することを思いつくのだが、その動機が面白い。学校へ行っているものはクリスマスだの、復活祭だのと休みがあるのに、ピッピは年中登校していないので「休み」がないのは「不公平だ」というのである。そこで、ピッピは馬に乗ってさっそうと登校してくるが、例のごとく先生を困らせるばかりである。まず先生がピッピの学力を知ろうとして、「七と五をたすといくつですか」と問うと、ピッピは不機嫌になって、「あんたがしらないことを、わたしにかわりにやらそうなんて、おもわないでちょうだいね!」と反撃する始末である。そして、先生が、「七と五をたすと、十二ですよ」と言うと、ピッピは「よくしってるくせに、なんで、あんた、きいたの?」と問い返している。

こんなピッピと先生のやりとりを見ていると、私は映画監督の羽仁進さんが、知能指数七〇と判定され、小学校の入学試験に落ちたという話を思い出す(2)。知能検査のとき、試験官は大きいキューピーと、小さいキューピーを示して、どこが違うかを尋ねた。そこで羽仁さんは、「おとなが、子供を呼んできて、非常にりっぱなところで、机の前で一対一ですわっちゃってまじめな顔をして聞くのだから、これは、何かよほどおとなが困っていることを子供に聞くんじゃないかと考えた」のである。そこでさんざん考えたあげく、キューピーをこわしてなかを見ないと解らないなどと答えたので、知能が低いと断定されるわけである。

大人のもつ「常識」というものが、創造的な子どもを随分と苦しめ、傷つけてきたことだろうと思うが、ピッピはそれに敢然と立ち向かってゆき、大人どもを文字どおり手玉に取るのである。ピッピのもつ途方もない腕力とお金は、ピッピという存在が大人の世界に対してもつパワーの象徴なのである。自分はお金も腕力もないから、大人にかなわない、などと思う必要はない。ピッピという存在から生じてくる知恵が強烈な破壊力をもつのである。大人たちは最初はピッピを不愉快に感じた。しかし、子どもたちはこぞって歓迎したのだ。子どもたちの「目」は、ピッピの本質を見抜き、ピッピを愛した。そして、今では多くの大人までが、ピッピを受け容れるようになった。

3　父の娘

ピッピの特徴のなかで、際立って大切なことは、彼女が「父の娘」だということである。ジューディもやはり、一種の「父の娘」であった。彼女たちにとっては、母とのつながりよりも、父とのつながり(ジューディにとっては、あしながおじさんという父親像)の方がはるかに大切であった。ピッピは女の子である。しかし、彼女の行動は父性原理によって支えられているところが大である。ピッピは腕力が強いというだけではなく、小さい子をいじめている五人のわんぱく小僧とか、どろぼうとか、黒人島に真珠を盗りにくる男たちとかに対して敢然として立ち向かってゆく勇気をもっている。ピッピはずるい人間に対して決して容赦しない。それに、後にも述べるが、ピッピはなかなか理屈に強いのである。大人たちがピッピに言いまかされて腹を立てるところが何度もでてくる。論戦で痛めつけられて、大の大人たちが腕力でかかってくると、それをぺちゃんこに打ち負かすのだから、こんな痛快なことはない。こんなピッピの姿に女の子たちは快哉を叫ぶのではなかろうか。

男の子も女の子も、この世に生まれてから育ってくるためには、母親(または母親代理者)との一体感を体験しなくてはならない。男の子の場合、そのような母親との一体感から脱け出て来なくてはならぬのは当然だが、女の子も、大人になって自分自身が母となるのではあるが、ある時期は母親との一体感から脱け出さねばならない。それが一番顕著に現れるのは思春期が訪れる直前であり、この時期に多くの女の子は、母の子としてよりは父の子としての自覚をもつ(身体的には思春期に達してはいても、精神の発達はそれより少し遅れることも多い)。この頃は、女性の方が男性よりも知的にも体力的にも上まわる傾向があるので、この頃に、同級生の男の子をボロクソにやっつける女の子も多いはずである。ピッピはちょうどその年齢であると言ってもいい。しかし、その年齢を越えてゆくと、いかに父の娘であっても、自分自身が女であることを自覚し、受け容れねばならず、お転婆さんが急にしとやかになったりする。

ピッピの姿をこのように捉えると解りやすいが、しかし、それは少し表層的な解釈のように思われる。もしそれだけのことなら、ピッピは小学校高学年くらいの女の子にのみ読まれることになり、これほどの広い愛読者を獲得しなかっただろうし、一般の大人どもに「心をひっかくような不愉快」さを感じさせることはなかったであろう。この点をもう少し深く考えてみるために、ここにもう一人の典型的な「父の娘」を紹介しておこう。

永遠の光を失うことのない輝かしい「父の娘」、それはギリシャ神話におけるアテネーである。アテネーはその父親ゼウスの頭から、完全に武装した姿で生まれ出て来たという。アテネーはゼウスとメーティス(思慮)の子であるが、生まれてくる子が王座を奪うという予言を聞いたゼウスがメーティスを呑みこんでしまい、月満ちたとき、ヘーパイトスが斧でゼウスの額を割り、そこからアテネーが雄哮びをあげて飛び出してきたという。何とも荒っぽい話だが、これはピッピと父親のエフライム船長との途方もないレスリング試合を想起させるものがある。

アテネーは女神でありながら戦いの神であった。しかし、それは戦闘の狂暴な面ではなく、勇気や智力の面に関係していた。アテネーは戦車やラッパなどの武具の発明者とされ、勇者たちの守護神であった。アテネーの忘れてならないもうひとつの特徴は、処女性を守り抜いたことである。ヘーパイトスがアテネーに恋をしたが、アテネーはそれをはねつけるのである。典型的な「父の娘」は処女であり続けるだろう。彼女は「父」以外の男性をすべて拒否するからである。そして、「娘の父」は、娘が美しいだけではなく、武装して、他の男性たちをはねつけることを期待するのではなかろうか。

こんなふうに見てくると、むちゃくちゃをやっているようなピッピの姿は、ギリシャの偉大な女神アテネーに近似してくる。つまり、ピッピは実在するどの女性よりも、女神の方に近いとも言うことができる。ピッピの行動は、しばしば教師や大人たちの顰蹙を買っている。「おぎょうぎが悪い」という非難が何度もあびせられるし、それに、ピッピはうそをよくつくのである。固い道徳律によれば、ピッピはまったく仕方のない子であるはずなのに、多くの人に好かれるのは、ピッピが一種の精神の高貴さとも言うべきものをもっているからである。つまり、ピッピは実在する小学高学年の女の子ではなく、大人も子どもも、男も女も、その心のなかにもっている女神の姿が今日的な装いをもって顕現したものである。それは「父の娘」と言っても、いわゆる父親っ子の女の子というイメージを越えて、神的な父性の輝きを背後にもった永遠の処女神のイメージを表しているのである。ピッピが年齢や性差を越えて、多くの人に魅力を感じさせる秘密は、ここにあると思われる。

4　ピッピの論理

ピッピは背後に父性原理をもつだけあって、なかなか理屈好きであり、特有の論理を展開する。それがまた何とも愉快なのである。たとえば、ピッピがトミーとアンニカと一緒に難破して無人島へ流れついた遊びをしていたときのことである。ピッピのうまい演出と演技のために、この遊びもだんだん迫真力をもち、トミーとアンニカは本当に無人島に取り残されたような気になってくる。ピッピは救助を求める手紙を出そうというので、

「……救助たのむ。ここ二日、かぎたばこもなく、……」と書こうと言う。トミーは「かぎたばこもなく」などというのは本当じゃないからおかしいと抗議する。これに対して、ピッピは三人ともかぎたばこをもっていないのだから本当だと言い返す。トミーはなお頑張って、そんなことを書くと自分たちがたばこをやっていると誤解されると言う。そこで、ピッピは「かぎたばこをやる人と、かぎたばこをやらない人と、どっちが『かぎたばこなし』でいることが多い?」と質問する。「もちろん、かぎたばこをやらない人だよ」とトミーは答え、それだったら「かぎたばこなし」と書いても差し支えないじゃないか、とピッピに言いこめられてしまう。

ピッピの「論理」の前にトミーは降参せざるを得ない。それは論理的に正しいのだが、結果はどうも正しいとは言えないのである。なぜ、ピッピはこんな「論理」が好きなのだろう。ピッピは何も論理など好きではないのである。大人の大切にする一貫した論理というものが、いかに一貫して不都合な道を否応なく突き進んでゆくかを思い知らせる遊びを楽しんでいるのである。大人たちは論理の筋が通っていることを、もっとも大切だと考えているようだが、それほど危険で馬鹿げた道筋は無いのである。

このことは、ピッピのうそとも関係しているかも知れない。ピッピが後向きに歩くのをとがめられ、「エジプトじゃ、だれもかれも、こうやってあるいてて……」と言ったことは既に紹介した。その上、ピッピは調子に乗って、インドシナでは皆がさかだちして歩いていると喋り、「うそをついてはいけない」とアンニカにたしなめられる。それに対して、ピッピは、「……おかあさんは天使で、おとうさんは黒人の王さまで、それで、じぶんは、ずっと航海していた子だったら、どうかしら? そんな子に、いつも、ほんとのことばかりいえといったって、むりじゃない?」と言っている。まったくそのとおりだ。お母さんは女の人で、お父さんは男の人で、閉じられた世界に生き続けている人たちの、「これこそ真実」という話を聞くと、ピッピは反射的に「もうひとつの世界」、あるいは、「この世ならぬ世界」があることを知らそうとせずに居られないのである。大人の世界の固定した知を打ち砕く武器として、ピッピのうそは作用するのだ。

この点については、ピッピのお父さんは大したものである。彼は久しぶりにピッピのところに帰ってきたとき、「……ピッピ、おまえ、いまでもしょっちゅう、うそをついてるのかな?」と心配げに聞いているが、もちろん、これは彼がピッピがうそをついていることを期待してのことなのである。「ええ、ひまがあったらね。でも、そんなに多くないのよ」と、ピッピは、つつましやかに答えて、父親の方はどうかと問い返している。これに対する父親の答えがまた面白い。

「うん、わしはな、よく土曜日の晩、黒人たちに、ちょいとうそ話をしてやるんだ。つまり、その一週間、黒人たちが、ぎょうぎよくしてたらば、だよ。わしらの島では、ちょいとした『うそと歌の夕べ』ってのを、よくやるのさ。」

まことに似合いの父子である。ところで、この父親が黒人たちに要求している「ぎょうぎよく」というのは、どんなことなのだろう。彼はピッピの服装その他、一般には「ぎょうぎがわるい」と言われていることを、ぎょうぎがよいと判断しているのか。あるいは、自分と娘は例外として、黒人たちに「ぎょうぎよく」することを押しつけているのか。むしろ、そんなことはこの親子にとって問題外なのである。ピッピ親子にとって一貫して大切なことは、もっともっと他のことなのだ。そのことが際立って示されるエピソードを次に紹介することにしよう。

お父さんはピッピに会い、さっそく、ピッピを連れて船に乗り、自分の治めている黒人島に帰ろうとする。そこで、ごたごた荘ではお別れの大パーティが行われる。船の出帆するときは、たくさんの子どもが見送りに来るが、アンニカは悲しさのために泣き伏してしまい、歯をくいしばって頑張っていたトミーも涙をこぼしてしまう。それを見ていたピッピは、いざ出帆というときにお父さんに呼びかける。

「だめよ、エフライムとうさん。」ピッピがいいました。「これじゃ、だめ。わたし、がまんできないわ!」

「なにが、がまんできないんかね?」ナガクツシタ船長がききました。

「わたしは、この神さまの緑の大地にすんでるだれかが、わたしのために泣いたり、かなしんだりするのは、がまんできないの。なかでも、トミーとアンニカでは、とてもがまんできないわ。渡り板をおろしてちょうだい! わたしは、ごたごた荘にのこるわ。」

ナガクツシタ船長は、しばらくだまっていました。

「おまえは、じぶんのすきなようにするさ。」船長は、さいごにいいました。「おまえは、いつもそうしてたな!」

ピッピは、そのとおりというように、うなずきました。

「ええ、わたし、いつもそうしてたわ。」ピッピは、おちついた声でいいました。

なんと、さわやかな親子の対話であろう。久しぶりに最愛の娘と航海を楽しもうとしていた父親はさすがに、「しばらくだまって」いたが、結論はすぐに下された。せっかくお別れパーティをしたのにとか、何を今さらなど言うことはなかった。ピッピはいつも好きなようにしてきたし、今後もそうするであろう。そこに一貫して流れるものは、大人たちの大切にする論理でもないし、秩序でもなかった。それでは、ピッピを一貫して動かしているものは何か。女神のもつ一貫性を、人間の言葉で表現するのは難しいことだ。この時から大分たって、ピッピはトミーとアンニカを連れて南の島へ行くことになる。これを聞いて町の大人たちはあきれてしまい、トミーとアンニカの母親に対して、ピッピのような子に自分の子を託せるのかと問いただす。これに対して、彼女は「ピッピ・ナガクツシタは、いつもお行儀がいいとはいえませんでしょう。でも、あの子は、心のやさしい子ですわ」と答えている。「やさしさ」ということは、ピッピの行動の底に一貫して流れているものに対する適切な言葉かも知れない。しかし、「やさしさ」というものも、なかなか捉えにくいものである。われわれとしては、ピッピのもつ「やさしさ」というものが、おまわりさんをぺちゃんこにしたり、うそで夫人たちをひっかきまわしたり、サーカスに大混乱を生ぜしめるような傾向を内包しているという事実を忘れてはならない。やさしい女の子というものは恐ろしいものだ。それは大人たちを手玉にとるパワーをそなえている。

5　おとなになりたくない

南の島から帰ってきたピッピとトミー、アンニカは、ごたごた荘でクリスマスのお祝いをする。ピッピと共にいつも楽しい生活を続けたいと願うトミーは、「ぼく、ぜったい、おとなになりたくないよ」と言い、ピッピもアンニカも直ぐに賛成する。「おとななんて、おもしろいこと、なんにもありゃしない。おとなは、つまんない仕事を山ほどして、きみょうな服を着て、手足にたこをつくって、ひょっとこ税(所得税)をとられるだけよ」とピッピは言う。

大人になりたくないというトミーとアンニカに対して、ピッピは大人にならないための丸薬、「生命《いのち》の丸薬《がんやく》」というのを出してきて、三人は願いをこめて飲む。トミーとアンニカは自分の家に帰るが、部屋の窓から見ると、ピッピがろうそくの火を前にして坐っているのが見える。二人は先ほど飲んだ「生命の丸薬」が、どうもただのえんどう豆みたいで、心もとなく思うのだが、明日もまたピッピに会えると思うと嬉しくなるし、「ピッピはいつまでも、ごたごた荘にいるだろう」と思うだけで、とても気がおちつくのだった。

「もしピッピがこっちをむいたら、ぼくたち、手をふろうよ。」と、トミーがいいました。
でも、ピッピは、夢みるような目つきで、じっとまえをみつめているばかりでした。それから、ピッピは、ふっと、火をけしました。

このようにして、愉快な活劇に満ちた三巻にわたるピッピの物語は、静かに幕を閉じるのである。紙数制限のため、最後の数行しか引用できなかったが、この終りの部分の描写はなかなか素晴らしい。私はこの描写のなかから、トミーとアンニカは、このクリスマスの夜以来、自ら火を消して姿を見えなくしたピッピの姿を見なくなるのではなかろうか、と感じたのであった。

それでは、ピッピはどうしたのか、ピッピについては、誰も心配する必要は無い。彼女は「いつまでも、ごたごた荘に住んでいる」し、年齢も不変のままであろう。既に述べたように、ピッピは永遠の少女なのである。ただ、ごたごた荘はいつもトミーとアンニカの傍にあるとは限らない。ピッピは必要なときに必要な場所に現れるのである。名前なんかも変えてしまって、ピッピロッタ・ナガクツシタなどと言わず、日本では、カネヒロッタ・タイクツシタなんていう名前で、京都の町はずれに住んでいるような気がする。消息を御存知の方は、是非雑誌『飛ぶ教室』に発表していただきたいものである。

ピッピはなぜ大人にならないのか。それは彼女が女神であるから、と言っていけないのだったら、内界の住人だから、である。内界の住人は時計で測れる時間と関係なく生きている。生まれながらの老人も居るし、年とともに若返る人も居る。同じ、「父の娘」でも、ジューディはこの世に住む人である。「あしながおじさん」は、内界の人らしい属性をもっていたが、ジューディとの接触をはじめるあたりから(このことをジューディは知らなかったのだが)、二人ともだんだんと現実世界の性格を強くもちはじめる。そう言えば、ジューディも最初のうちは、永遠の少女らしい属性を示しているのだが、そのままでは話を続けることが難しかったのかも知れない。ピッピほどの思い切った内界の住人を登場させることは、当時の児童文学の世界ではできなかったのであろう。従って、ジューディは年とともに「大人になり」、結婚の相手を見つけることになる。「父の娘」にとって、彼女が成長とともに父親から離れ、愛する異性を得るにしても、その男性像は父親像から派生したものとなる事実を、『あしながおじさん』の物語は如実に示してくれている。

この点、ピッピは大人になる必要はなかった。「あしながおじさん」という父性像と、幼い少女のたましいとの触れ合いから生み出されたものであるだけに、それはあくまで「父の娘」として永遠の少女として在り続ける存在として生まれてきたのである。ピッピはまさに内界の住人であり、そのような意味で、アテネーと比較したりもしたが、昔話の主人公ともよく似ていると感じる方もあったであろう。

ジューディは一九一二年生まれ、ピッピは一九四五年生まれである。三十年間の歳月の流れは二人の姿の差に反映されている。内界の永遠の少女も、外界に顕現してくるときは、その時代や場所の影響を受け、装いを異にしてくるものである。一九八〇年代の日本においては、彼女はどんな生活をしているのか、私は本当にどなたかが、現代日本の彼女について語って下さるのを心待ちしている。

注

（1）大塚勇三「作家カタログ――リンドグレーン」、『飛ぶ教室』第四号、光村図書。

（2）羽仁進『2たす2は4じゃない』筑摩書房、一九七五年。

七　ルーマー・ゴッデン『ねずみ女房』

1　活躍するねずみたち

ねずみは児童文学のなかの人気者のようである。児童文学には多くの動物が登場するが、最近出版された『児童文学はじめの一歩』(1)によると、ファンタジーの主人公となっている動物では「意外に多いのが、ネズミである」とのことである。「どこにでもいて、どこに住んでいるのかわからない神秘的なところをもっている」と同書は述べているが、確かに、ねずみを知らない子はまず居ないことだろうし、特に、われわれが子どものころは、「どこにでもいて、どこに住んでいるのかわからない」というのが、まったくぴったりの動物であった。確かに、居ることとは居るのだが、たやすくは見えないし、たやすくは捕えられない。そのくせ、思いがけないときに、ちょこっと現れたりするのである。

現実のねずみは、家具を齧ったり、食物を盗ったりして嫌なものだが、児童文学のなかのねずみは、なかなか素晴らしい存在であることが多い。ちょっと思い浮かぶだけでも、マージェリー・シャープ『小さい勇士のものがたり』をはじめとする、ミス・ビアンカの冒険物語、ラッセル・ホーバン『親子ネズミの冒険』、ポール・ギャリコ『トンデモネズミ大活躍』と素晴らしい作品をあげることができる。それに面白いことに、それらはすべて、ねずみの「冒険」を取り扱っているのである。そう言えば、ハリネズミのお話だが、『オギーのぼうけん旅行』というのも、冒険の話である。いったい、どうしてねずみたちは、このように冒険好きなのだろうか。と言うよりは、どうして子どもたちはねずみの冒険が好きなのだろう。

これに対する答としてまずあげられるのは、ねずみが小さい動物だということだろう。『小さい勇士のものがたり』という題名が示しているとおり(これは邦訳の題名で原題とは異なるものだが)子どもたちは、「小さい勇士」の姿に強い共感を感じるのではなかろうか。そう考えると、これらの小さい主人公たちは、必ず自分よりも数倍大きい相手と出会うことが、物語のなかで重要なポイントとなっていることに気づかされる。さし絵を見ても、『小さい勇士のものがたり』では、ミス・ビアンカたち、ねずみたちの姿は、恐ろしい猫や、彼らが救い出してあげる詩人の姿に対して、実に小さい存在として描かれていることがわかる。小さい小さいものが、大きいものに打ち勝ち、大きいものを助けてやるのである。このことはすなわち、子どもたちの願望であり、夢であることは、誰しもすぐに気づくことであろう。子どもたちにとって、大人は、ねずみの前に現れる猫やきつねや、それにライオンや象のような存在なのである。

子どもたちにとって、小さいねずみが大きい動物たちを助けてやったり、こらしめてやったりするのを見るのは痛快至極のことなのではなかろうか。ただ、既にあげた名作は、単にそのような子どもの願望の反映ということを超えたものをそなえているのも事実であるが。それにしても、小さい勇者たちの示す勇気の素晴らしさは、子どもたちに大きい希望を与えてくれるものであろう。

ところで、ここに取りあげるルーマー・ゴッデン作、W・P・デュボア画『ねずみ女房』(石井桃子訳、福音館書店、以下引用は同書による)も、ねずみを主人公とするお話である。これは、既にあげた作品に比して、話は短く筋も簡単で、絵本とまではいかないにしろ、それだけに絵の役割も大切となっているような作品である。この作品においても、ねずみの「勇気」が大切なテーマとなるが、その勇気は、冒険好きのねずみたちとは少し異なるものである。もっとも、『ねずみ女房』も、ねずみの冒険物語と見られぬこともないが、その冒険の意味合いが他の作品とは異なってくるのである。

『ねずみ女房』では、さし絵が重要な役割を演じていると述べた。そもそも表紙には、一羽の鳥(と言っても、姿は半分くらいしか描かれていないが)と、ねずみが描かれていて、大きいものと小さいもの、飛ぶものと飛べないものの対比が、この物語のテーマとなるだろうことが示唆されている。表紙の絵からは、ねずみがいったい何をしているのか、ちょっとわからないが、鳥かごの錠に喰いついてぶらさがっているようである。この絵から、読者は既に興味をゆすぶられ、いったい、この鳥とねずみとの間にどんなことが生じたのだろうと思う。そして、扉のところを見ると、一匹のねずみが手すりか窓枠のようなところに、半分身を乗り出すようにして、前足だけで身を支えているような絵が目に映る。いったい、ねずみがこんなことをしているところを、われわれは見ることがあるだろうか。この主人公のねずみは余程の変り者なのだろう、などと思わされる。

2　何かが欲しい

本文にはいると、そこにはまったく普通のねずみの姿が二匹描かれていて、「どんな古い家にも――床や階段が木でできていて、天井には、はりやたる木がわたり、壁には、はめ板やすそ板がはってあり、食料部屋がついているというような家なら――かならず、そこにはねずみがいます。……」と書かれている。こんな文章を読むと、筆者は自分の子どもだった頃、家にねずみがたくさん居たことを思い出す。天井裏をどんどん走りまわる音を聞いて、今日はねずみの運動会だなどと冗談を言い合ったりしたものである。最近では、ねずみの居る家も、随分と少なくなったのではなかろうか。

さて、本の頁をめくると、ねずみのいろいろな肖像画が描いてある。そして、ねずみには流行などはなくて、今も昔も変わりはなく、「……もしねずみが、ひいひいおじいさんや、ひいおじいさんの肖像をかいてもらうとしたら、その絵は、いまのねずみの肖像とちがわないでしょう」と書いてある。そう言われると、人間というものは時代と共に変わるものだなと今さらのように感じさせられる。われわれのひいおじいさんや、ひいひいおじいさんの肖像がもしあったとするならば、衣服などは大いに異なっていることだろう。

次の頁をめくると、「けれども、あるところに、一ぴきの小さな女房ねずみがいて、そのねずみは、ほかのねずみとちがいました」と述べてある。このねずみは、外見はほかのねずみとまったく同じだし、することも、ほかのねずみのするようなことは、すべてしたのであった。では、どこがちがっていたのだろうか。彼女は、「いまもっていない、何かが、ほしかった」のである。しかも、彼女自身、「何がほしいのかわかりませんでした」という困った状況にあった。

このめすねずみは夫と共に、バーバラ・ウィルキンソンさんという、独身女性の家に住んでいた。そして、「ねずみ夫婦は、この家を全世界だと思って」いたのである。家の外の庭や森は、人間にとっての星のように、他の世界なのであった。それでも、このめすねずみは、「ガラスにひげをおしつけて」窓から外を眺めるのであった。さし絵には、小さいねずみが大きい窓ごしに、外の景色を見ているところが描かれている。既に述べたように、多くの「ねずみの冒険」のお話において、小さいねずみがライオンとか象などの大きい存在に出会うところが重要なポイントであり、その場面は必ずさし絵に描かれているといってよい。われわれの女主人公が出会った大きい存在は、生きものではなく、それは「もう一つの世界」という途方もないものであった。

このねずみ夫婦は家ねずみなので、家の外に出ることはない。従って、家の外は彼らにとって完全に「他の世界」だったのである。しかし、めすねずみは窓ごしに、他の世界を眺めた。春夏秋冬の変化がガラスをとおして見られたが、彼女には、「そういうものが、何なのかわかりませんでした」。このようなものを眺めているうちに、彼女は不可解な不充足感におそわれ、「何かが、ほしい」と感じるようになったのだ。

夫のねずみは彼女のことがまったく理解できなかった。「これいじょう、何がほしいというんだな?」と彼はいぶかしがった。そう言われてみると本当にそのとおりである。家もある。夫もいる。食べるものもある。「一度などは、一鉢のクローカスの芽を、全部かじってしまった」りしたことさえある。特に裕福ということもなかったが、他のねずみたちのすることは、すべてやってきたと言ってもいい。夫は彼女の欲しがっているものについて思いめぐらし、「おれはチーズのことを考える」「おまえも、どうしてチーズのことを考えておられんのかね?」と言った。夫の言うことはもっともだ。ねずみのくせに、チーズ以外のことを考えるなんて、まったくどうかしている。さし絵には、大きいチーズの上にいるねずみの姿が描かれている。食べ切れぬほどの大きいチーズの上に居て、食べたいだけ食べられる。これがおすねずみの——ねずみ一般の——夢なのである。

こんなふうに話が展開してくると、われわれはあまりねずみのことを笑っておれなくなってくる。人間の夢もねずみの夢もあまり変わりはない。われわれは使い切れぬほどの億万の金を手にいれることを夢みている。そして、それは私のひいじいさんも、ひいひいじいさんも同じではなかったろうか。このようなことを人間の「姿」として捉えるかぎり、人間の「肖像」もねずみと同じくらい不変のような気がする。そして、このめすねずみと同じく、われわれ人間界にも、何か、自分でも解らない「何かが欲しい」と思い、夫や妻からいぶかしがられているような、ほかの人間とちがった人もいるようである。

3 「飛ぶって、どんなこと?」

チーズを夢みていたおすねずみは、クリスマス・ケーキの食べすぎで消化不良をおこし、寝こんでしまう。めすねずみは夫の看病をしつつ、ふたり分の食物を集めてこなければならない。かくて、彼女は「考えごとをするひまなど」なくなってしまう。平素はよく考えこんでいる人が、考える暇もないほど忙しくなったとき、そんなときによく思いがけないことが起こり、それはその人が考え続けてきたことに意外な解答をもたらすことが多いようである。このめすねずみにも、同様のことが生じるのである。

ある男の子が森で一羽のきじばとをつかまえて、それをウィルキンソンさんのところにもってきた。きじばとは大変きれいな鳥であった。ウィルキンソンさんは早速、鳥を居間の棚の上の鳥かごに入れて飼うことにした。ウィルキンソンさんは、お砂糖やあぶらみや豆などをはとに与えた。しかし、はとはまったく食べようともしなかった。そこへ食べ物を探しに来ためすねずみが現れる。素晴らしい食べ物に惹かれて、ねずみは格子をとおり抜け、鳥かごのなかにはいったが、はとが翼を動かしたので、驚いて逃げてしまう。ねずみは、はとを猫とまちがえたのだ。

さし絵には、かごにはいったはとと、あわてて逃げ出すねずみとが描かれている。このかごはがっしりと聳え立っていて、まるで神殿のようであるし、じっと動かないはとは彫像のようである。実のところ、このめすねずみにとって、かごのなかのはとは超越的な世界の顕現として受けとめられたのではなかろうか。それは「あちらの世界」から、こちらの世界へと突如として侵入してきた存在なのである。このさし絵は、はとの少しの動きに驚いて逃げ出すねずみにとって、鳥かごやはとがどのように受けとめられていたかを、見事に示してくれている。

「あそこへは、もういかないほうがいい。何かおそろしいものがいる」と、めすねずみは思ったが、すぐつぎの日にそこへ出かけて行った。もちろん、そこには豆やあぶらみなどの食料品があった。しかし、めすねずみにとって、そこはおそろしくはあっても不可解な魅力を感じさせるところだったのではなかろうか。ねずみはかごを出たりはいったりしたが、はとはそれをあまり気にしなくなった。ねずみは豆をもって帰ったが、はとは何も言わなかった。ねずみは豆をはとの方に差し出してみたが、はとは顔をそむけるばかりだった。

ねずみは「あちらの世界」からの侵入者に少しずつ親しくなった。だから、豆を差し出したりしたのだが、はとは見向きもしなかった。さし絵には、小さいねずみが善意に満ちた様子で豆を差し出しているのに対して、はとはまるで遠くを見ているようなまなざしをして、じっとしている姿が描かれている。ねずみにとって、はとは前ほども怖くはないが、やはり不可解な存在であった。彼女は豆が駄目ならというので、「せめて、水でも」とすすめてみた。はとはそれも断って、「つぅゆ、つぅゆ、つぅゆだけ」と言った。しかし、めすねずみは「つゆ」とは何か知らなかった。はとは、つゆが何かうまく説明できなかった。それでも、それは朝早くに草や葉の上で光っているものだとか、それを自分たちは飲むのだとか説明した。そして、つゆのことから、はとは夜の森を思い出し、森のことについてもいろいろと話をした。

めすねずみは、いったいこれらの話をどこまで理解できただろう。しかし、彼女はともかくはとの話に一心に耳を傾けた。それははっきりとは解らないにしても、彼女の心を奥底から動かすような話であった。自分でも解らない「何かが欲しい」と願っていた彼女にとって、はとの話はその「何か」に深くかかわるものであることを、めすねずみは感じとっていたのだ。

「飛ぶって、どんなこと?」と小さいねずみは尋ねた。「知らないのかね?」とはとは驚いたが、はとは親切にいろいろ教えてくれた。説明のために羽をひろげようとしたが、かごはせますぎて、はとは飛ぶことを実演して見せられなかった。それを見て、「めすねずみは、ふしぎに心を動かされましたが、なぜそんな気もちになったのか、わかりませんでした」。そこで、ねずみは毎日はとを訪ねてきて、はとが「窓の外の世界」について話すのに耳を傾けた。それは、ねずみにとってまったく想像を絶する世界であった。さし絵には、鳥かごの真前に小さいねずみがかしこまっている絵が描かれている。これは大きい神殿の前にぬかずいている人を連想させるものがある。はとの語る世界は、ねずみの経験をはるかに超越するものであった。

話しながら、はとは黙りこむときがあった。飛ぶ話をしながら、はとは囚われの身として、自分ももう飛ぶことはあるまいと思っているのであった。はとを元気づけようとして、ねずみははとに風の話が聞きたいと言った。はとは麦の上に波を描きながら吹いてゆく風や、雲を吹きとばしてしまう風の話をして、自分が空を飛んでいたときに見たことを、いろいろ語るのであった。

この話のあとで頁をくると、見開きで二頁をまるまるとったさし絵が目に映る。それは広野の上を飛んでいる二羽のはとの絵である。空を飛ぶということは何と素晴らしいことであろう。窓の外の世界というのは何と広々としていることであろう。囚われの身のはとは、もう一度広い空を飛んでみたいと願ったであろうし、めすねずみもはとと同じように自分も一度飛んでみたいと願ったのではなかろうか。見開きいっぱいに描かれた絵は、二匹の切ない願いを反映しているように思われる。ねずみははとの話があまりに凄いので、「まるでしっぽの先で立って、きりきりまいでもしたように、目がまわってくる」のだった。それでも彼女は「もっと話して！」と言わずにいられず、毎日、はとのところに通ったのである。

誰しも、自分の世界以外のことを聞いても、なかなか理解できないものだ。ねずみにとって、「つゆ」とか「飛ぶ」などということは、はじめのうちは理解を超えることであったに違いない。しかし、それが何となく解ってくるにつれて、そのような「飛ぶ」ことこそ、自分が不可解なままに欲しがっていたものだと思いはじめたのではなかろうか。しかし、彼女にとって「飛ぶ」ということは、はっきりと我が事として解るには難しすぎることであった。はとはそれを実演しようにも、かごが狭すぎるので、彼女は話はきくにしても、はとの飛んでいる姿を見て実感するということもできないのであった。めすねずみは、心をつのらせながらも、「飛ぶ」ことをはっきりとは知ることができずに居た。

4　勇　気

めすねずみがしばしばよそへ出てゆくことを、夫のねずみは不愉快に思った。

「なぜ、おまえ、そんなに窓じきいの上にばかりいっとるんだね？」と、おすねずみはいいました。「おれは、気にくわん。ねずみの女房のおるべき場所は、巣のなかだ。さもなくば、パンくずをさがしにいくか、おれとあそぶかするべきだ。」

めすねずみは答えませんでした。めすねずみは、遠くを見るような目つきをしていました。

「遠くを見るような目つきをして」、めすねずみはいったい何を考えていたのか。彼女はおすねずみの抗議に対して何も答えなかった。おそらく何を言うこともできなかったのであろう。「あちらの世界」を知ったものと、その存在を知らないものとの間に、会話を交わすことはほとんど不可能であろう。彼女は、もう一つの世界の存在を知ったものが、ほとんど誰でも直面しなくてはならない重大な危機を迎えていた。もう一つの世界にあまりにも足を踏み入れたとき、その人はこちらの世界との絆を失ったり、こちらの世界に大変な破壊をもたらすことになるだろう。さりとて、もう一つの世界を単純に棄て去ったとき、限りのない不充足感と共に、一生を終えねばならないであろう。

めすねずみがどうするべきか、誰も簡単に答えられないのではなかろうか。もっとも、おすねずみは、彼女の「おるべき場所」について、「するべき」ことについて確信をもって語っているのだが。ところで、解決というものは、いつも思いがけないところからやってくるものだ。めすねずみは、「巣にいっぱいになるほどの子どもを産み」、その世話で「ほかのことなど、何一つ考えられませんでした」という状態になった。赤ん坊はみんな大変に可愛かった。現実世界の要請が、暫く彼女をこちらの世界に引きとめたのである。

おすねずみが友人のところに出かけたすきに、めすねずみははとのところを訪ねてみた。はとはめすねずみが暫く来なかった間に、ほとんど何も食べていなかったので、ぐったりと力もつきはてそうな様子になっていた。はとはつばさをひろげて、めすねずみを抱き、キスをした。そして、めすねずみがどこかへ行ってしまったのかと思ったと嘆くのであった。「ほかにも仕事があるじゃありませんか。いつもあなたのところへばっかり、かけつけちゃいられないんですよ」と、めすねずみははとを叱るふりをしたが、涙をおさえることはできなかった。

めすねずみははとのところに長居をしてしまい、帰宅したときは、おすねずみはかんかんに怒っていた。このところを著者はこんなふうに語っている。「……家にかえると、こんな話をするのは残念なことですが、おすねずみは、めすねずみの耳にかみつきました。」確かに、こんな話を、子どもたちに語らねばならないのは残念なことである。しかし、事実は事実として告げるより仕方がないのだ。

めすねずみの葛藤は頂点に達した。その晩、めすねずみははとのことを考え、眠れなかった。はとのところに行ってやりたいけれど、自分は自分の仕事があるし、行ってやれない、などと考えているうちに、彼女は、「あのはと、かごのなかにいちゃいけないんだ」ということに気づくのである。

こう考えると、めすねずみは、はらがたってきました。

「床の上ではねまわれないなんて！　巣から出たりはいったり、チーズをぬすみに食料戸棚にのぼってったりできないなんて！……(中略)……ねずみおとしに閉じこめられて、嗅ごうにも、聞こうにも、見ようにも、何もないものだから、しまいには、身内の骨がこちこちになり、ひげはばかになってしまうまで、じっとしてなくちゃならないなんて！」

めすねずみは、ねずみ流にしか考えられませんでしたが、はとの気もちは、わかりました。

めすねずみは、いますぐはとのところに行かなければならないと感じ、寝床を脱け出して、はとのところへ行ってみた。彼女はねずみ流にではあるが——その他の流儀でなど感じられるはずはないが——はとの苦しみがはっきりと共感できたのである。その夜は「こうこうと月のさす夜」であった。月の光をあびて、はとが眠っているのが見えた。めすねずみが窓の外を見ると、月の光に照らされて森の木の梢が見えた。「……と、そのとき、めすねずみは、とつぜん、さとりました。はとは、あそこにいなければいけなかったのです。あの木々や、庭や、森のなかに。」はとと話し合うことが、彼女にとってどれほど楽しいことであるにしても、はとが鳥かごのなかにはいっていることは、許されないことなのである。

めすねずみは、鳥かごのとめ金を下におろせば戸が開くことに気づき、とめ金に喰いついてぶら下がり、戸を開けようと決意する。めすねずみがとめ金にぶら下がると、その音ではとが目覚め、ゆっくりと戸の方ににじりよった。めすねずみは歯が割れそうな痛みに耐えてぶら下がっているが、はとは彼女に気がつかない。

けれども、やがて、ばさっという音がし――めすねずみは、目をまわして、下におちました。はとが、つばさをひろげて、まっすぐ窓の外へ飛びだしたのです。そして、一瞬、地面におちそうになり――つばさがひきつって、動かなくなったのです――またすぐ羽ばたいて、上へ上へとのぼり、木々をこえて飛んでゆきました。

めすねずみはおきあがって、からだをゆすり、毛についたごみをはらいました。「ああ、あれが、飛ぶということなんだわ。」と、めすねずみは思いました。「これでわかった。」

さし絵を見ると、小さいねずみが想いを込めて、精一杯に上を向き手を振っているのに、はとはただひたすら上空に向かって飛び立ってゆくところが描かれている。はとは自分を救ってくれたのが、めすねずみであることを、おそらく知ってはいないだろう。次の頁は、また見開き二頁を使って、飛翔するはとの姿のさし絵となっている。空には月と星が輝き、下には森の木々の梢が見える。ただ、この絵のまわりの余白が以前の絵より広くなり、絵が小さくなっているのは、このようなイメージがめすねずみにとって把握しやすいものとなっていることを意味しているのだろうか。

彼女は「飛ぶということ」がどんなことか、はっきりと知った。しかし、それははととの話し合いという楽しみを失うことの代償の上に成立っていた。何かを本当に知ることは、何らかの痛みや悲しみの体験を必要とするものである。それを知りつつ彼女は、文字どおり、彼女の全存在を賭けて、はとが飛び立ってゆくことを助けたのである。彼女は最愛のものを失うことに己の存在をかけた。これは凄い勇気である。『小さい勇士のものがたり』の女主人公、ミス・ビアンカも勇気のある女性である。そして、彼女も詩人を「救出する」仕事のために勇気をふるう。このねずみ女房も、結局ははとを救出するのだが、それは最初から意図されたものではなかった。ミス・ビアンカとねずみ女房の勇気の在り方を比較してみると、なかなか面白いし、このめすねずみの行為の意味もよく解るのではなかろうか。

はとが去ったあとで、めすねずみの目には涙が浮かぶが、涙をまぶたではたきおとし、彼女は外を眺め、星を見る。星を見ることは、ごくわずかなねずみにしかできないことだ。彼女は「はとに話してもらわなくても、わたし、自分で見たんだもの。わたし、自分の力で見ることができるんだわ」と言って、誇らしい気持をもって寝床にもぐりこんだ。おすねずみはよく眠っていて、彼女が出かけていったことを何も知らなかった。めすねずみは、外的には――自らの意志によって――はとを失うと共に、内的には「飛ぶこと」であらわされる何かを獲得したのだ。あるいは、彼女は、はとを内在化させることができたのだ、と言えるであろう。

5　コンステレーション

めすねずみが勇気ある仕事をなし遂げたとき、おすねずみは眠っていて何も知らなかった。知らなかったと言えば、この家の女主人バーバラ・ウィルキンソンさんも同様で、鳥かごが空になっているのを見て驚き、お手つだいのフロラが逃したのではないかと疑ったりした。

めすねずみは、はとを内在化させることに成功したと述べた。そのことは、この物語の最後に語られていることによって立証されている。彼女は大変な年寄りになり、はねまわることもできず、走り方さえゆっくりとしている。しかし、彼女のひいひいまごたちは、彼女をこの上もなく敬い、大事にしているという。それはどうしてだろうか。「おばあさんは、見かけは、ひいひいまごたちとおなじでした。でも、どこか、ちょっとかわっていました。ほかのねずみたちの知らないことを知っているからだと、わたしは思います。」

「何かが欲しい」と願っていたねずみ女房が、それを真の意味で獲得し、ひいひいまごたちに尊敬されながら、長寿を全うすることができるためには、そこには素晴らしいめぐり合わせが用意されていなければならなかった。突然に彼女の前に立ち現れたはとはもちろんのこと、彼女に現実世界のことを常に思い出させてくれた夫や、子どもたち、これらのどれが欠けてもこれほどうまくは事が運ばなかったであろう。彼女が涙をはらって眺めた星座《コンステレーション》のように、すべてのことが、うまくできあがっているのである。すべてのものがすべてとかかわり合い、見事な全体性が形づくられているのである。

すべてのことがかかわり合うと言えば、これらのことは、この家の主人、バーバラ・ウィルキンソンさんとはどうかかわり合っているのだろう。彼女はこの偉大な仕事が、他ならぬ自分の家で生じているのに、まったく何も知らなかったのである。このことは、われわれ人間は、自分の自我を自分という家の主人だと思っているが、いかに自分という家の中で起こっていることを、自我は知らずに居るかという反省をもたらす。自我が知らぬ間に、心の奥底では途方もないことが起こっているのだ。

このような考えは、この物語全体を、ひょっとするとウィルキンソンさんの見た夢であると考えてはどうだろう、などというような連想をひき起こすのである。思い切って連想の輪をひろげてみよう。もし、ウィルキンソンさんのような方が、こんな夢を私のところに持って来られると、私はどう感じるだろう。それを聞いて、私はすぐに言葉にするかどうかはともかくとして、心に浮かんでくるのは、「死の準備」ということではなかろうか。鳥は洋の東西を問わず、昔からたましいの象徴として考えられたものである。われわれがこの世に生まれるとは、たましいを鳥かごに入れて保持しておくことであろうし、あの世に往生するということは、鳥をかごから解放し、あの世に帰すことではなかろうか。それがなかなかうまくできずに、かごの鳥をうえ死させてしまったり、肉体は死んでも、鳥はこちらに留まっていたりして、不都合を生じさせるのではなかろうか。ウィルキンソンさんのたましいは今、偉大な解放を迎えつつある。

このように考えてくると、別にこの話を無理に夢にしてしまう必要はないように思われる。むしろ、この家の主人、ウィルキンソンさんの「たましいの解放」のため、あるいは、安らかな死への準備のため、彼女のまったく知らないところで、ねずみやはとたちが偉大な仕事をしてくれていると思う方が、はるかに実状に合っているようである。すべてのものがすべてのものとかかわり合っている、と先に述べたが、自分の家に住んでいるねずみたちもが、自分の生死と深くかかわることをなしていると考えてみることは、素晴らしいことであると共に、何だか恐ろしいこととも感じられる。
ルーマー・ゴッデンという人は、彼女の他の作品『人形の家』も同様だが、幼年向きの物語のなかに、人生の深みを見るような恐ろしいことを語る才能の持主であるように思われる。これは、物事の背後に存在する本質を見抜く、余程の透徹した目と、子どもに対する限りない信頼感をもっているために、可能となるのであろうと思われる。いろいろ恐ろしいことも書いたが、子どもたちはこの物語を、私のような深読みと関係なく愛し、しかも、どこか深いところでは、事の本質をしっかりと把握するに違いないと思う。

注

（1）　三宅興子／島式子／畠山兆子『児童文学はじめの一歩』世界思想社、一九八三年。

八　長新太『つみつみニャー』他

1　きょうは日よう日

長新太『つみつみニャー』（あかね書房）は、題名からして愉快なもので、どんな話になるのかと楽しみだが、その書き出しは次のようになっている。

きょうは　日よう日。
かあさんが、あさ　早く　出かけて　るすなので、
とうさんが、エプロンを　しめて、めだまやきを　つくる　ことに　なった。

そして、とうさんが慎重な手つきでフライパンを、ガスこんろにかけようとしているのを、「ぼく」が神妙な顔つきで後ろから見ている絵が描かれている。この子は、後では大分やんちゃそうな顔にも描かれるが、小学校一―三年くらいの子であろうか。

「日曜日」というのは、一週間のうちでも特別な日である。学校に行かなくともいい、それは一種の「祭り」

の日である。それに、かあさんが出かけて留守だという。ここの家では、かあさんがいつも家に居て炊事をされるのであろう(そうでなければ、とうさんが目玉焼をつくるのに、これほど緊張することもないだろう)。そのかあさんが居ないのだから、ぼくにとって今日はまったく普通ではない日なのだ。

家庭においては、日常的現実の体現者は、かあさんである。子どもにとって、かあさんは必要なことはすべて知っている存在である。どこに食糧品があるのか。何時頃にどうして食事をつくるか。薬はどこにあるか。掃除機はどこか。そんなことはすべてかあさんが知っているし、かあさんを中心に家庭の現実はまわっている。ところが、今日はそのかあさんが居ないのである。

われわれの日常生活においては、多くのことがきまり切っている。食事をつくるのはかあさんの役割である。それに、かあさんは大体きまった時間に起き出し、大体きまった朝食をつくるだろう。そこでは、何もかもがきまっていて、安定しているのである。目玉焼は卵からつくるものだし、積木は食べるものではなく、子どもが積むものである。われわれは自分の住むこの世界において、何もかもがきまり切っていると思っている。しかし、世界はそれほど単純にはできていない。金属バットはボールを打つためにあるし、自動車は人を乗せるためにあると思っているのに、それらはとんでもない凶器に変貌することがあるのである。日常的な空間はときどき一瞬のうちに非日常的な空間へと変貌する。

長新太は、このような突如として出現してくる非日常空間を描くことにかけては、稀有の才能をもった人である。

日曜日と母親の不在を冒頭から告げることによって、非日常空間の幕開けがさりげなく準備される。そしてそれに続いて、「とうさんは　目が　わるくて、おまけに　あわてんぼうなもんだから、たまごと　まちがえて、

つみきを　二つも　フライパンの　中に　入れてしまった」ことが語られる。これはまったく大変だ。次頁には、フライパンのなかの、赤い三角の積木と黄色い円い積木とが描かれている。ここは色つきで、ぼくがはっきりと積木を認識し、驚いていることがよく示されている。ところが、とうさんは好い気なもので、まだ「ああ、いい　においね」などと言って、すましているのだ。

どうして、とうさんがこんな失敗をしたのかと言うと、それは、ぼくがいたずらをして、積木を冷蔵庫のなかに入れておいたからなのである。非日常的な現象の仕掛人は、いたずら小僧のぼくなのだ。子どもたちは怖い。大人がきまり切ったことをきまり切ったこととして何気なく繰り返しているとき、子どもはそこに思いがけない仕掛けをほどこし、大人の眠りを覚ますのである。ともすれば平板化されそうな大人の世界を、子どもはうまく活性化してくれる。

外出してくると必ず自宅の郵便箱をあけて手紙が来ていないか確かめる癖のある主婦があった。ふとある日、郵便箱をあけるとピストルがはいっていて彼女は仰天してしまう。それは、彼女の小学四年生の息子が、友達のもっていたピストルのおもちゃを盗み、そこに「隠して」いたことが後で判明した。母親は子どもの行為にあきれてしまうが、それはまさに、子どもから彼女に当てた「手紙」ではなかろうか。子どもはその手紙によって、「お母さん、うちの家は攻撃性ということを排除しすぎているのではないか」と訴えているのだ。子どもの投げ入れたピストルが、この家の平板化された人間関係に活力を与えるのである。

ところで、とうさんはまだ積木に気づかずに、こしょうをふりかけた。すると、何と積木がくしゃみをしてフライパンを飛び出してしまった。ここの絵は色つきになっていて、ぼくは興味半分、驚き半分で、とうさんのエプロンを片手でつかんで、積木の飛び出すのを覗いている。この子は、いたずらっ子ではあるが、お父さん思いらしい様子が、なかなかよく描けている。

ついに、とうさんも事態を認識して、「へんな　めだまやきだなあ……」と言ったが、ほんとうの卵を出して目玉焼をつくった。次頁は、ちゃんと四コマに区切られて、とうさんが目玉焼をもってきて、二人で食卓につき、話をしながら食事をしている様子が描かれる。ここは何のことはない、まったく日常生活の繰り返しだ。だから、画面もちゃんと四コマに区切られているのだ。ところが、その間に驚くべきことが生じた。猫のチイがとうさんの頭に乗り、とうさんがいくらひっぱってもとれないのである。すると、積木の笑い声が聞こえてきて、自分たちをフライパンに入れたりしたから、猫を頭に積んでやったのだと言うのである。

2　でました

とうさんとぼくが呑気に目玉焼を食べているうちに、非日常空間はまったく次元の異なるものになってしまっていたのだ。とうさんの頭の上に猫を積んだ積木は、

「つみつみ、ひとつ！」

と大声を出した。そうすると、おまわりさんの頭の上に自動車が乗ってしまった。

「つみつみ、ふたつ！」

という積木の声で、外を見ると、キャベツを頭に積んだ小母さんを背中に積んだ犬がやってきた。このユーモラスな「積木遊び」は、ちゃんと絵に描かれていて、ますますその効果を発揮している。これはまったく途方もないことになってしまった。

長新太『つみつみ　ニャー』について、筆者はある集いで話をしたことがある。聴衆のなかの一人が早速この本を買って帰り、孫に見せると、「つみつみ　ニャー」と聞いただけで、その子は転げまわって喜んだそうである。それを聞いて、私もこの本を取りあげてよかったなと思ったのだが、題名を聞いただけで子どもが転げまわって喜ぶような、そんな題名を長新太はどうして思いつくのだろうか。その答は簡単である。長新太は考えついたり、思いついたりするのではなく、それは「自然に出てくる」のだと思われる。自然に出てくるものは、人間の浅はかな知恵を常に上まわる。子どもを喜ばしてやろうなどとして、何かを考えついてみたところで、それはまったく子どもにとって興味のないものになることだろう。

積木たちは、ビルを三つも積んだり、飛行機を四つも積んだりする。「つみきは　こんなこともできる」という頁には、四つに区切られたところに、ふじさんの上に山を積んだり、象の上に雪だるま、船の上に新幹線、「たぬきのうえにへびとくつとかさとおばあさんをつんでしまう」ところが描かれている。この四コマに区切られた絵は、明らかに目玉焼を食べていた日常空間と対応させられている。きっちりと四つに区切られた空間も、ここまでくるとむちゃくちゃである。まさに長新太の面目躍如としているが、こんなのを見ると、まさに「でました！」と感じさせられてしまう。

長新太『ちへいせんのみえるところ』(エイプリル出版)は「でました」の連続である。この絵本の最初の見開きの頁は、一面の野原で、向うに地平線が見え、その上に空が描かれている。地平線上に何かが出現してくることを、誰だって期待するだろう。次の頁をめくると、地平線上にではなく、野原の真中に男の顔だけが出てきている。そして、「でました」とだけ文字が書かれている。まさに「でました」である。この子どうなるのかな、もう一人女の子でも出てくるのかなと、われわれは期待する。次頁も「でました」とある。そして、予期に反して象の顔が出てくるので驚いてしまう。次にはこれに続いて噴火する火山が出てくる。自然に出てくるものは、常に人間の期待や推量をぶち壊してしまうのだ。凄い破壊力だ。

「でました」は次々に続いて、魚のえいが空を飛ぶところ、続いては飛行船。もうこうなると何が出ても驚かないと覚悟して次頁をめくると、何と、もとのとおりの原っぱと地平線で、何も「でていない」のである。その後、常に予想を裏切るような「でました」が続き、爆発するような太陽も出てくる。この太陽の特徴的なことは、地平線からではなく、原っぱのなかから出てきているのである。従って、これは地平線から昇る太陽なんていう既成概念をまったくぶち壊してしまっている。

そして、またもや最初に出てきた少年の顔が現れ、最後は最初とまったく同じ野原の風景である。このまったく同じ風景を見ていると、あれほど生き生きと「でました」と立ち現れたものは、実は何も現れてなくて、こちらの空想だったのかとも思わされるし、それに、空想の方が現実よりはるかに現実的なことだってあるのだから……何とも言えないという気にさえならされるのである。このような『ちへいせんのみえるところ』に示されたような「自然に出てくる」ものを描くことは、実に困難なことである。「描く」ことに心を配ると、自然に出てこなくなるし、自然にまかせてしまっていると、たとえ、いろいろと出てきても、それを捉えて絵にすることができないのである。

長新太の作品に、『怪人ジャガイモ男』(話の特集)というのがある。じゃがいも男、玉ねぎ男、などが活躍するのを見ていると、長新太の本質は、地下茎的存在にあるように思われる。地下茎は地中に錯綜した根をはっていて、そこから地上に植物や花をおくり出す。まさに「でました」である。それに地下茎というのは、どことどことが結合しているか予想がつかない。案外な箇所が案外な箇所と結合している。従って、長新太の作品のなかでは、思いがけないものが結合していて、キャベツと人間と犬がくっついたりするのである。

3　積むもの・積まれるもの

積木は人によって積まれるものとわれわれはきめてかかっているが、案外、積木はその名のとおり何でも積むことのできる木なのかも知れない。「積まれてばかりじゃつまらない」と積木が言ったかどうか。ともかく、この積木の威力には手がつけられない。

「われわれは、ちきゅうの　上に
たいようを　つんでしまう　ことだって
できるのである」

などと言い出す始末である。しかし、さすがの積木も結果を考慮したためか、こんな大それたことまではやらなかった。それでも絵の方は、「ついでに、ちきゅうの　上に　たいようを　つんだ　えを　かいたから　見てね」というわけで、真赤な太陽の下に小さい小さい地球がへばりついているような絵が描かれている。ここまで来ると、われわれ人間としては、自分の存在の卑小さをますます痛感させられる。

ここに至ると、とうさんもぶるぶるふるえ出し、「おそれいりました」とあやまり、積木をタオルでていねいに拭いてやる。ぼくはとうさんから積木を受けとり、おもちゃ箱にそっと入れると、チイがとうさんの頭からはずれた。積木もどうやら許してくれたらしい。窓の外を見ると、さっきのおまわりさんが、もう頭に自動車を乗せたりしないで、普通に歩いてゆく。そう言えば、ビルも三つ重なったりせずに普通に建っている。そこには、日常世界が復元され、いままで起こったこともすべてうそではないかと思うほどである。いったいぜんたいどうなっているのだ、と誰しも叫びたくなる。そんな世界を長新太はさりげなく提出してくる。

長新太『ごろごろ　にゃーん』(福音館書店)もまことに面白い絵本である。「ひこうきは　ごろごろ、ねこたちは　にゃーんにゃーん　ないています」という説明で、飛行機にたくさんの猫が乗り込んでゆくところが、最初に描かれている。それからは、「ごろごろ　にゃーん　ごろごろ　にゃーんと、ひこうきは　とんでいきます」という説明の繰り返しのなかを、猫たちが窓から覗いている飛行機が飛んでゆくのである。

飛行機の飛翔につれて、ＵＦＯらしいものや、長々と横たわっている蛇や、怖い犬の群やいろいろなものが突如として出現してくる。それでもまったくお構いなく、飛行機は「ごろごろ　にゃーん　ごろごろ　にゃーん」と飛んでゆくのである。猫たちは無事飛行を終えて、最後には「ごろごろ　にゃーん　ただいまー」と帰ってくるのだが、いろいろなものが出現してくるなかで、一番ドッキリとさせられるのが、帰着する前のところで、人間の手がまるで飛行機をつかみそうな形で出てくるところである。犬も蛇もＵＦＯも、何となく予想されるところで、猫の空の旅を彩る風物のように思っていたが、いったいこの手は何なのか。

嬉しいことに、この絵本にははさみこみのパンフレットがついていて、長新太『ネコのオッサンのはなし』が書かれていて、この絵本製作の意図を、作者自らの言葉によって知ることができるのである。

「ここはどこだ？　などと考えてはイカン。われわれは、はかりしれない空間にいるのだ」と、ネコのオッサンが言った。

ネコたちは、それぞれ自由に空想のツバサをひろげて、飛行しているのだった。

「ひえっ、また、おっかない人間が、つかまえようとして、手をのばしたぞ！」と、梅ぼしほどの心臓を、さらに縮めてしまうネコもいる。「この巨大な手は、われわれの心の内にある人間不信の象徴なのだ」と、哲学的思考をするネコもいるのだった。


なかなか素晴らしい文である。「ここはどこだ？　などと考えてはイカン。われわれは、はかりしれない空間にいるのだ」とネコのオッサンが言っている。どうして、ビルの上にビルが乗せられるのだ。おまわりさんの上に自動車を乗せたらおまわりさんは潰れてしまうはずだ、などと「考えてはイカン」のである。「われわれは、はかりしれない空間にいるのだ。」

とは言っても、どうしても考えてしまう人も居るし、どうしても我慢ならない人も居る。この世にはこの世の規則があり、人間はそれを守らねばならないのだ。このような日常的思考を守り抜いている番人として、おまわりさんが登場する。おまわりさんは、台所からはいってきて、「ここの　うちの　まえに　きたら、じどうしゃが、あたまに　のってしまったので、どうも　へんだとおもっているのであります。いったい　ぜんたい　どうなっているのでありますか」と、とうさんに聞く。絵の方を見ると、おまわりさんは自分の頭を指さして当惑げだが、さすがはおまわりさんだけあって、言い方も堅いし、どこかに非難がましいところがある。

先ほどから困っていたとうさんは、おまわりさんが来たので安心したのか、「じつは　こういうわけなんです」と説明をはじめる。それに対するおまわりさんの反応が面白い。「そんなおそろしいことを！」とか、「ぶるぶる」なんてふるえたりとかしていたが、「たぬきのうえにへびとくつとかさとおばあさんをつんでしまう」ところまで来ると、とうとう職業意識に目覚めたのか、「あやしいやつだ」と力み出し、「さっそく　たいほしましょう」ということになる。

おまわりさんは本領を発揮して、毅然として手錠を取り出す。ところがぼくが「つみきには　手が　ありません」と言うので、「なるほど。おでんみたいに　まると　さんかくだったね」とおまわりさんも変な連想を述べて、せっかくの権威も少しおかしくなってしまう。円いのは、おでんの卵で、三角はこんにゃくだ。

それでもおまわりさんは簡単にはあきらめない。こんなことが皆に知れると大変な騒ぎになるから、ここで積木をそっと逮捕したいのだと言う。そう言われてみると確かにそうだ。こんな積木が気まぐれに町へ出てきて、

「つみつみ、ひとつ！」

なんてやり出したら大変なことになるだろう。町の治安維持のためには、どうしても逮捕すべきである。しかし、そのときに驚くべきことが起こった。

「たいほしては　いかん！」

という誰かの声がして、台所の入口に変な人が立っている。体中がオレンジ色をしていたが、おまわりさんはその人を見て、「しょちょうでは　ありませんか！」と緊張した。その人は、とうさんに「つみきたちは、そのまま　そっと　しておいて　ちょうだい」と言った。とうさんはどうしてオレンジ色になられたのかと尋ねてみた。署長さんは、「みかんを　いっぱい　たべたら、こんなに　なったのよ。ハ、ハ、ハ」と何だかあまり威厳のない様子だったが、部下を連れて引きあげていった。

4　猫

署長は部下を連れて引きあげていったが、ぼくはすぐに「いまの　しょちょう、すこしへんだと　おもわない？」と、とうさんに言う。確かに署長は顔が円くて体が三角で、全部オレンジ色で変な感じだった。これは絵の方を見るとよく解るし、絵を見ると、誰でも、この署長は円と三角の積木が化けて出てきたことを推察するだろう。それに、赤の積木と黄色の積木がまじったのでオレンジになったのだ。次頁には、大きく赤い三角と黄色の円の一部が重ね合わされていて、その部分がオレンジになることが示されている。この積木たちは大したものだ、日常的規則の守り手おまわりさんを、ちょっとした工夫でうまく追い出してしまったのだから。それにしても、「たいほしては　いかん！」という声の背後には、「ここはどこだ？　などと考えてはイカン」と言った、ネコのオッサンの声が聞こえてくるようで、まったく愉快である。

ところで、とうさんとぼくは積木の様子を見にゆくが、積木はおもちゃ箱のなかにおとなしくはいっていて何の変化もない。とうさんは「つみきさん、つみきさん」と呼ぶが何の答もない。とうさんはそこで、怒鳴るように、

「つみつみ、ひとつ！」

と言ってみたが、積木は黙して語らない。とうさんはやけになって、「つみつみ、ふたつ！」「つみつみ、みっつ！」と繰り返すが、積木は相手にしない。とうさんは「こんな　おそろしい　つみきが　うちに　いては　こまる」と必死である。積木がとうさんやかあさんなどに化けては困るだろうと言うのだが、その次の頁には、積

木がとうさん、かあさん、ぼく、猫のチイなどに化けたところが、うまく描かれている。本当に考えてみると、三角と円とは実に根源的な形で、この二つを組み合わすとどんなものにでもなると言いたい位である。あるいは、現実をデフォルメして根源的な形を求めていったら、円と三角になるのかも知れない。このあたりは画家としての長新太の面目がよく出ているし、その発想が奇想天外であるが、いい加減でないことを示しているとも考えられる。有名な禅僧の仙厓の筆で、円と四角と三角とを描いて、世界と名づけたのがあったことも思い出す。

とうさんの方は必死である。何とか積木と話合いをつけておかないと後で困るというので、積木に口をきいて貰おうと、「つみつみ、ひとつ」からはじめて、ふたつ、みっつと続けてゆく。ここのつまで続け、「つみつみ」と言ったら、猫のチイが後について、

「ニャー」

とないた。これを聞くと、さすがの積木も笑い出し、とうとう話しはじめた。目玉焼なんかにしなければ何もしないから安心せよ、しかし、冷蔵庫に入れるのは夏だけにして欲しいというのである。

「はあ、もう　ふゆですからなあ。おもての　いちょうの　はっぱも、きいろく　なっておちてきました」と、とうさんが言うと、積木も「これから　さむくなりますなあ」と答えて、会話も急になごやかになった。とうさんは、ジュースでもいかがと積木にすすめたが、積木は「ここが　いちばん　すきなんです。どうぞ　おかまいなく」と言うので、とうさんも安心して、ぼくと一緒に積木にさよならをした。

「つみつみ、ニャー」

と言えば、積木が笑い出して話しはじめ、平和共存の道が開け、とうさんも安心したわけだが、ここで、猫のチイが「ニャー」とないてくれたのは本当にお手柄だった。とうさんもぼくも何とか積木に話をして貰おうと必死

だったのだが、どうも方法はなかった。そのときに活路を拓いてくれたのは、猫であった。

人間の知恵が行きづまったときは、動物の知恵がしばしば助けてくれる。無理に打開策を考え出そうとしたりせずに、ぼんやり待っていると動物が人間を助けてくれるのである。いつだったか、登校拒否の高校生の心理療法をしていたときのことだったが、その子がとうとう張切って登校するということになった。私も嬉しいし、親の期待も高まってくる。その子は辛いのを辛抱して登校したものの、学校に半時間も居れずに逃げ帰ってしまった。そんなときは、その子自身も自分の不甲斐なさに怒りと悔しさを感じてしまって、どうしていいか解らない状態になってしまう。子どもは部屋に閉じこもってしまって、まったく接触不能という感じになった。そこで、私が家に呼ばれてゆき、その子の部屋にはいったものの、まったく硬直し切った空気のなかで、私も一言も声を出せない。彼はもちろん何も言うはずがない。

まあ何とかなるだろうと暫く黙って坐っていたら、その子の可愛がっている猫がのっそりと部屋にはいってきた。そしてすぐにその子の足の上に乗りにいったが、まったく機嫌の悪いその子は、猫をはらいのけた。猫はそんなことをまったく期待していなかったのであろう。物凄くびっくりして部屋中を走りまわった。私はそのときのことを今から思い出しても、猫がびっくり仰天していた表情が見えるような錯覚を起こすのだが、ともかく、あまりにもあわてふためいた猫の様子に、二人とも思わず噴き出してしまった。その瞬間、われわれの心はつながり、硬直した空気は、なごやかになった。まさに「つみつみ、ニャー」である。

昔話のなかで、主人公がよく動物によい知恵をさずかるのも、同じアイデアである。われわれは、動物の助けを借りることを忘れてはならない。

5　空想と現実と

さて、とうさんは猫のチイのおかげで助けられ安心したが、ぼくに対して、「それから、きょうあった ことは、かあさんには ひみつに しておこう。へんてこな つみきの ことを いうと、かあさんは、こわがるからね」と言う。積木の目玉焼を作ったことがかあさんにばれると、とうさんは困るから秘密にするんだな、とぼくは思ったが、積木を冷蔵庫に入れたのは自分なのだから、やっぱりかあさんには、秘密にしておいたほうがいいなあ、とちゃっかりと考える。そして、小さい声で「つみつみ」と言うと、チイが「ニャー」とないた、というところで、この愉快な物語は終りになる。

母親に対して秘密をもつのはけしからんなどと、ここで怒らないことにしよう。人間は時には秘密をもたねばならないのだ。それに現実生活の体現者の母親に対して、積木が警察署長に化けたり、ビルを三つも積んだりしたことを解って貰うのも大変なことだし、いたずらに母親を怖がらせるばかりになるかも知れない。ここで、やや頼りなげな父親ではあるが、父と息子が秘密を共有することによって、ぼくも男の世界へ仲間入りしてゆくための、一つのステップを経験したとも考えられる。

それにしても、何とも驚くべき事件であったが、これほどのナンセンスを日常生活との関連のなかで、ある日曜日の出来事として描けるところに長新太の凄さがある。おそらく、その秘密のひとつは、その素晴らしいデッサン力にあるのではないかと思われる。長新太の描く空間は「はかりしれない空間」なので、そこに登場するものが、外的現実の世界と同じでは困ってしまう。従って、そこに出てくるものは、単純化されたり、デフォルメされたりしているが、それはまた極めてリアリスティックなのである。おそらく、絵の確かさが、まったくナンセンスの世界をうまくバランスしていて、われわれを安心して、そのなかにはいりこませてゆくのであろう。よほど、現実吟味の力の強い人なのであろう。

『おなら』(福音館書店)などという絵本もあるが、ここでは長新太は現実主義者そのものである。理科の教科書に使用したいと思うほど、おならについての正確な知識がそこに示されている。人体の内臓の絵が描かれていて、どのような経過をたどっておならが発生するかが説明されているし、健康なひとは一回に約百ミリリットルのおならをすること、一日では約五百ミリリットルのおならをすることなどが、絵入りで解説されている。おならにはくさい種類とくさくない種類とあることも記述されている。おそらく、子どもたちはこの本を強い興味をもって見るに違いない。子どもたちは、どの子だっておならに興味をもっているが、これほど詳しく「科学的に」おならについて教えて貰うことは、まずないのではなかろうか。「でました」の大家だけあって、長新太もおならには特別の関心を抱き、科学的探究を試みたのであろう。現実を現実として見るしっかりした目をもっていない人は、ナンセンスを描くことはできない。

『つみつみニャー』は、文と絵がうまく調和していて素晴らしい本だが、長新太は「文と絵の相乗作用が肝要なのです」と「あとがき」のなかで述べている。「文と絵が、自己主張しすぎてはいけないわけです」と述べ、まんじゅうの皮とあんこのように、そのバランスが大切だと述べている。従って、私も少しずつ絵の方にも言及したのだが、やはり実物にはしかずで、関心のある方は是非『つみつみニャー』の絵と文の相乗作用を実際に見ていただきたいと思う。ぼくの各場面における表情、絵と文との空間を占める割合、色つきの絵と、白黒の絵の配置、これらのことに注目すると、ますますこの本の素晴らしさが解るであろう。

バランスと言えば、空想と現実とのバランスも大切なことである。再び、例のネコのオッサンに登場願うと、ネコのオッサンは「ネコたちは、それぞれ自由に空想のツバサをひろげて、飛行しているのだった」と述べた後で、ネコたちが、「下を見ると、人間たちがいっぱいで、こわいよお！」と言ったり、「人間たちが、いっぱいいれば、われわれも生きられるのだ」などと話合っていることを紹介し、「今夜は、どこでねようかしら……」と心配しているネコも居ると述べている。つまり、ネコたちにしても、現実からは簡単に逃れられなくて、空想の世界にひたるということは、なかなかの困難なのである。

そこで、ネコのオッサンは、「それに、われわれノラネコは、必死に生きている。それだけに、こうして、たまには空想のヒコーキに乗って、空中を飛ぶのであります。いつもいつも、人間やイヌに気をくばって、逃げまわっているだけの一生では、たまったものじゃない。現実を直視する心と、空想に遊ぶ心とのつりあいを、うまくとることが肝要なのです。ニャゴニャゴ、ニャゴニャゴ、ハハハ」と笑うのであった。

何とも大したネコのオッサンであるが、われわれも、仕事や税金に追いかけまわされたり、他人の思惑を気にしてばかりいるのではなく、空想の世界にとびまわりたいものである。しかし、そのバランスをとることは何と難しいことだろう。『ぼくのくれよん』(銀河社)というお話では、大きいクレヨンで思い切り色をぬりたくる象の姿が描かれている。象があまり大きい色ぬりをするので、他の動物が池と思ったり、火事と思ったりして迷惑をこうむり、とうとう、象はライオンに怒られてしまう。「でもね　そうは　まだ　まだ　かきたりない　みたいで　くれよんをもって　かけだしました」というところが最後になるのだが。時にはバランスなんか忘れて、空想の羽をいっぱいにひろげたいと、ネコのオッサンもときどき思っているのではなかろうか。

九　佐野洋子『わたしが妹だったとき』

1　兄と妹

異性のきょうだいというものは、不思議な存在である。それは同じ血を分け、生まれたときから共に育っているので、「同じ」存在としてひき合う関係でありながら、「異性」なるが故にひき合う関係がそこに混入してきて、不思議な引力がはたらくことを感じさせられる。もちろん、小さいときは「異性」としての意識など全然ないのだが、そこに感じられる不可解な魅力は、人間が異性という存在に感じることの本質とかかわるものである。人間は生まれたときから、異性の親、異性のきょうだいとの体験を通じて、成人となったときに異性と結ばれてゆくための素地を固めてゆくと思われる。

女の子にとって、兄という存在がどれほど親しく、かつ、どれほど輝かしいものであるかを、佐野洋子『わたしが妹だったとき』(偕成社、以下引用は同書による)は、見事に示してくれる。そして、それは従って、少女の深い内面について語ってくれていることにもなるのである。

この本の始まりは、「はしか」という題である。「わたしは病院のベッドにいます」というのが、最初の言葉である。病気というものは、子どもの心の成長において、極めて深い意味を持っている。いつも元気に動きまわっている子どもにとって、一日中ずっと寝ていることは、まったく不思議な体験なのだ。すべてのことが「普通の日」と異なるのである。人間の一生にはいろいろと普通でないことが起こるし、「普通」と思っていることだって「普通」でないかも知れないのだ。人間はともかく、ときどき、きまりきった生活の外に出てみることが必要なのである。

「わたしははしかだから、伝染するので、病院にいます。」この子ははしかである。しかも病院に入院しているのだ。「病気の伝染」を防ぐために家族から隔離される。これは子どもにとっての大事件である。子どもにとって家族は常に「一体」だ。ところが、事と次第によって、その一体性は破られ、自分だけが別に生活しなくてはならない。これは大変なことだ。しかし、それを見舞いに来た兄さんは、妹の入院姿を見て、心のなかで「いいなあ」と思うのだ。これはどうしてだろう。

子どもたちは、ともかく何か変ったことが好きだ。病気は辛いにはちがいない。しかし、家族と離れて入院などというと、それは一足とびに大人になったことのようにさえ思われるのだ。それは言ってみれば、一種のお祭りなのである。見舞いに来る人があったり、お母さんがとび切り優しくなったり、腕白小僧たちがすましこんでいたり、ともかく普通でないことがいっぱい起こるのである。幼い時に一度も病気をしたことのない人は、随分と損をしていると思う。その点「はしか」などというものは、神様がなるべくまんべんに子どもに「祭り」を体験させるために考え出されたことかも知れない。

「わたし」は病院の庭のまわりを囲む泥の塀のところにある門に目をこらしている。もちろん、見舞いに来る母と兄の姿を待ち受けているのだ。やがて二人は現れる。「二人は遠いところにいるのに、笑って、わたしに手をふっています。立ちどまって、二人でわたしに手をふっています。」いつも見ている家族なのだが、病院の窓から見るとそれは違って見えるのだ。「お母さんは、世界でいちばんきれいでやさしいお母さんに見えます。」子どもにとって病気は祭りだと言ったが、それは病気になった子を気づかってくれる人々が存在するときにのみ言えることである。子どもが病気になり、それを見守ってくれる人が居ないとき、あるいは、その配慮が少ないとき、病気はすなわち地獄だ。

「わたし」はそんなことはなかった。お母さんは優しいし、お兄さんは「お母さんの手にぶらさがって、わたしに見せびらかして」なんかいるくせに、心のなかでは妹の入院を羨ましがっているのである。「よそゆきのセーラー服を着たお兄さんは、お母さんのたった一人の子どもみたい」だが、ここで不思議なことが生じてきた。「わたし」もお母さんの一人っ子みたいになって、病気のお兄さんを遠くから見てみたいと思っているうちに、「わたし」とお兄さんとどちらがどちらか、だんだんとわからなくなってくるのである。それに、お兄さんにしても、はしかになって入院したがっていることは、「わたし」には手にとるようにわかるのだ。

一瞬の停電のうちに、この入れかわりはすぐに起こってしまって、「わたしは、お母さんと手をつないで立っています」し、「たった一人で立っている白いねまきを着たお兄さんは、とても寂しそうなのに、はしかになっていばっているのです」ということになる。

それからずっと、わたしはわたしが病気だったのか、お兄さんが病気だったのか、わからないのです。

お兄さんも、わからないのです。

兄と妹との同一化は、相当な点にまで達している。仲の良いきょうだいを持った人たちは、幼い頃にこのような同一化の体験を――覚えているかどうかは別にして――持っているはずである。人間はこのような同一化の体験を通じて、豊かな人生を持つことができるのである。幼いときに、既に大きくなってから経験すべきことの予行演習もできるし、大きくなってからでも幼いときの楽しい体験を再体験できる。そして、それが異性のきょうだいであるときは、「異性の世界」を体験的に知るようなことにもなるのである。妹は同一化した兄を先達として、大人の世界、異性の世界を垣間見るのだ。

2 大人

次の章は「きつね」と題されている。「わたしは、いちばんきれいな帽子をかぶって、お母さんのスカートをはいて、ピンク色のネックレスをつけました。」鏡に映してみたが、未だ十分ではないので、金色のハンドバッグを持ち、きつねのえり巻きをしてみた。大人の真似をすることは楽しい。「わたし」は横目で鏡を見て、「横目のまんま、いちばんかわいい顔をして笑いました」。まったく御満悦である。

ところが、そこへ兄さんが顔じゅう血だらけにして、ワーワー泣きながら帰ってきた。「わたし」は大人の真似どころではない。すぐ、子どもにかえってしまって、一緒にワーワー泣いてしまう。それでも、とうとうきつねのえり巻きで兄さんの血だらけの顔をふいてやると、なんと、血がとまって兄さんは急に泣きやんだ。

泣きやむと兄さんはだんだんと貫禄をとりもどしてくる。鼻くそほじりの競争で鼻血が出ただけだと説明するあたりになると、さきほどから泣いていたのなどはうそのようなものである。ここで兄さんはきつねに血がついているのを見て、「そうだ、この血のついたきつねで、きつねうちごっこをしよう」と面白いことを思いつく。

幸いにもお母さんは留守だし、お父さんの部屋にあって、触ってはいけない飾りものの鉄砲を持ち出してきて、きつねうちごっこをすることになる。

兄さんはきつねをソファの上に寝かせ、鉄砲を持って机の下にもぐりこむ。ジャングルのなかで、今は夜だということになる。


「夜です。まっ暗です。」

「夜です。まっ暗です。」


ともかく、「わたし」は兄さんの言うとおりのことをそっくりそのまま言うのだ。そうすると、悪いきつねが、だんだんとこちらにやってくるのが、本当に感じられてくるから不思議である。兄さんの言葉は魔法のような作用を持っているのだ。


「あっあっあ、おそいかかります。あっ、やられました。うーん。」

お兄さんはてっぽうをもったまま、ドタリと横になりました。

「あっあっあ、おそいかかります。あっ、やられました。うーん。」

わたしもドタリとたおれて横になりました。そして、目をつぶりました。


「わたし」はこのように兄さんの言うとおりのことをしながら、きつね狩りの世界にはいってゆく。ここでは二人とも立派な大人なのである。兄さんというのは何と素晴らしいのだろう。小さい「わたし」をたちまちにして、大人の世界へ連れこんでくれるのだから。それにしても、長い間目をつぶっているのにはあきてきたので、そうっと目をあけてみた。

きつねを見ました。

きつねはソファーの上に立っていました。

わたしはびっくりしてお兄さんを見ました。

お兄さんは目をまんまるくあけて、きつねを見ています。

きつねは大きなしっぽをブルンとふりました。そして、わたしとお兄さんをジロリと見ました。

さあ、大変なことになってきた。きつね狩りに夢中とはいっても、はじめのうちは、それはお芝居であることは承知の上のことなのだが、こうなると、そんなこと言っておられない。きつねは「ピンク色の舌を出して、しっぽをなめています」し、「大きな口をあけてあくびをし」たりするのである。きつね狩りは俄然迫真力を持ちはじめた。

そして、二人が我にかえったとき、きつねのえり巻きのしっぽはちぎれていたし、触れてはならないお父さんの鉄砲は、二つに折れてしまっていた。幼いきょうだいが大人の世界へ夢中になってはいりこみ、大活劇の末に、再び子どもにかえって現実の厳しさに触れたときの、あの何とも言えぬ気持を、私はまざまざと思い起こす。いったいこれの始末をどうつけたらいいのか。兄さんはそれでも未だ強気である。

「だいじょうぶだよ、ぼくがやっつけたんだ。これはただのきつねのえり巻きだよ。」

「これはただのえり巻きだよ。」

わたしもいいます。


きつね狩りはこれで終りとなり、兄さんの魔法の言葉によってすべてはもとにかえり、きつねのえり巻きは「ただのきつねのえり巻き」にかえる。しかし、そのしっぽはちぎれているし、鉄砲は折れている。兄さんはここでも知恵をはたらかし、鉄砲を戸棚に入れてから、折れているところは、その上に本を開いてかくすことにする。きつねのえり巻きは、しっぽとともに箱に入れ、そっとふたをしめた。

兄さんの知恵が大人たちに対してどれほど有効であったのか、ここには何も書いてない。「わたし」は後で両親に叱られたにしろ、兄さんと一緒なら満足だったのではなかろうか。

3 輝き

「わたし」がいくら兄さんと同一化しているといっても、何もかも同じというわけにはいかない。

ペスは、わたしの犬ではありません。

ペスは、お兄さんの犬です。

わたしは犬がこわいのです。

兄さんはペスとビスケットを半分ずつ分けあって食べたり、ペスは兄さんをなめたりしてふざけあっているが、「わたし」は犬がこわいので、ただ見ているしか仕方がないのだ。何もかも兄さんと同じことをしたい「わたし」にとって、このことはなかなか複雑な気持にならされることだ。兄さんもそのあたりのことは何となく悟っているようである。

夕御飯がすむと、兄さんはペスと一緒に散歩に出かける。ペスと兄さんは庭のすみにある石炭の山にのぼり、しゃがみこんでいる。すると、その上を白い虫がとびまわる。

ときどき白い虫は光って、ペスとお兄さんは、クリスマス・カードの天使のように見えます。

わたしは毎晩毎晩、ガラス窓の中から、黒い山の上のペスとお兄さんを見ています。

だって、ペスはお兄さんの犬だもの。

これは「わたし」にとっては随分辛いことだ。何もかも兄さんと同じことがしたいのに、兄さんとペスの行動を見ているより仕方がない。ペスと兄さんは「クリスマス・カードの天使のように」見えてくるほどだから、「わたし」の憧れの気持はひととおりのものではない。だから「毎晩毎晩」兄さんとペスの行動を見ているのである。

寝るときになって、兄さんは小声で話しかけてくる。「さっきね、ペスとぼく、どこにいったか?」そんなのはずーっと観察していたのだから、「わたし」もすかさず答える。「知ってるよ。石炭の山にのぼったの見てたもん。」ところが兄さんは、それだけではないようなことを意味あり気に言う。

「ペスはぼくの犬だからね。ペスはぼくだけいいとこつれていってくれるんだもんね。」

兄さんは「わたし」の気持を知って、明らかにいじわるを言っているのだ。「ぼくだけいいとこ」に行くのだが、お前なんか知らないだろう。これは年齢の差もあるだろう、男女の差もあるだろう、ともかく、お前がいくら頑張っても兄さんは一枚上手《うわて》なのだから、と兄さんは主張しているのだ。兄さんは明らかに「いじわる」をしている。「わたし」もこうなると黙っておれない。「うそつきはどろぼうのはじまり。どろぼう、どろぼう」と言いかえす。ところが、兄さんは返事をしない。もう寝てしまったのだ。そして、「わたし」の方も知らないうちに寝てしまう。

「いじわる」について、いろいろなことが考えられるが、このきょうだいの場合は、他人を愛し、それによって他人と自分との境界があまりにもあいまいになったとき、自分を失うおそれから立ち直るためには、どうしてもいじわるをすることになるという考えが当てはまると思われる。ただ、いじわるはこのようなとき女性の方によく出てくるものだが、兄さんも「わたし」とあまりにも一緒に居るうちに、女性的な面も出てきたのだろうか。それにしても、少しの口げんかで後は眠ってしまうところがいい。随分と仲のいいきょうだいなのである。あるいは、どれほど仲のいいきょうだいでも――あるいは、だからこそ――このくらいの争いは成長のために必要なのだ。どれほど一体として生きていても、自分と他人は、それぞれが異なる一個の存在であることを、はっきりと認識する必要があるのである。

その夜、「わたし」の枕もとで誰かがピチャピチャ話合っている。驚いたことに、ペスが帽子をかぶって洋服を着て、後足で立ち、窓ごしに兄さんと話合っているのだ。兄さんは、「わかった、いまいくからね」とパジャマのままで出ていってしまった。

ペスは黒い帽子をかぶり黒い服を着て、ひょこひょこと兄さんと並んで歩いてゆく。兄さんはパジャマを着て、はだしのまま、例の石炭の山に「二人でのぼってゆきました」。こうなると、ペスも人間と同じく一人、二人として数える方が妥当なようである。白い虫がとんできて、二人の頭上をとび、虫はときどき光って、星の輪のように見える。そのうちに、その輪はゆっくりと回転する観覧車になってしまい、ペスと兄さんは観覧車に乗ってしまう。

暗い庭の中で、黒い山の上に、黒いかんらん車がまわっています。
お兄さんもペスも黒く見えます。
窓のあかりだけが、とても明るいのです。
わたしは、ガラス窓からかんらん車を見ています。

夢というものは、実際現実に生じたことと似たような状況を見せながら、その現実に隠された真実をうまく見せてくれることがある。兄さんが「ペスはぼくだけいいとこつれていってくれるんだもんね」と言ったとき、「わたし」はいじわると思って、「うそつきはどろぼうのはじまり」と言いかえした。それは確かにそのとおりだし、兄さんも「うそつき」と言われても、何も言いかえしもできず寝てしまったのだ。しかし、「わたし」の心の奥深くでは、兄さんの言ったことは本当でもあることを知っていたのだ。それでは二人はどこへ行ったのか。

深いたましいの次元での真実を――ひょっとしたら兄さんも知らない真実を――夢は「わたし」に告げてくれたのである。

ペスは単なる動物なのではないのだ。さし絵に描かれているペスを見ると――この本は佐野洋子さん自身の描かれたさし絵が素晴らしいのだが――ペスは堂々とした紳士である。ペスはここでは兄さんの先導者として現れてきている。

二人は「星の輪」のような観覧車に乗り、空高く世界を見下ろしている。黒い山の上でゆっくりまわり続ける観覧車の光、それは何と輝かしいものであろう。「わたし」が病院のなかから、お母さんにぶらさがっている兄さんを見たときも羨ましいと思った。しかし、そのときは相互の立場は交換可能なものであった。観覧車に乗っている兄さんと、それを見ている「わたし」の立場は交換可能なものではない。人間は時に、自分はそこへ行くことはできないけれど、ともかく、素晴らしい類い稀な世界がこの世に存在することを体験的に知ることが必要である。「わたし」の見た輝かしい世界は、洋服を着たペスに導かれて兄さんだけの行ける世界であった。それは、幼い少女の心の奥深くに存在する男性の世界と言っていいかも知れない。「わたし」はこの世ならぬ輝きを見た感動と、自分はそこへは行けないという哀惜の念と、両方を味わわねばならない。この文の最後に繰り返される次の言葉が、「わたし」の気持をよく伝えてくれる。

ペスは、お兄さんの犬だもの。
ペスは、お兄さんの犬だもの。

幼い子どもたちも、成長してゆく過程において、随分と深い体験をしている。ただ、大人たちはこのことをあまり知らない。

4　下　降

次の章は「しか」という題である。きつねと犬が出てきて、次は、しかである。子どもたちと動物の世界は意外に直結しているものなのだが、それが持つ意味は場合に応じて相当に異なってくる。はたして、しかはどんな意味を持つだろうか。

「わたし」は夕御飯のあと柿をもらい、兄さんと一緒に食べている。「わたし」は相変らず、兄さんがガブリと食べるとガブリと食べ、「ムニュ、ムニュ」と兄さんが言えば、自分も「ムニュ、ムニュ」と言って、まったく真似をして食べている。兄さんは柿の種をほじくり出して、それを庭に植えると、柿の木が生えて実がなるのだと教えてくれる。「わたし」は兄さんの言うことだから神妙に聞いている。すると、

「うえるまえに消毒しよう。」

と、兄さんはほじくりだしたたねを、もう一度口の中にいれました。

わたしも、

「うえるまえに消毒しよう。」

といって、柿のたねを口の中にいれました。

何もかも兄さんの真似と思っているうちに、変なことが起こった。つるりと種がのどにはいってしまったのである。びっくりしていると、なんと兄さんも種をのみこんでしまったのだ。偶発的だけれど、ここでは「わたし」が先行し、兄さんがそれに従ったのである。ここがきょうだいの面白いところで、まったく思いがけないときに、妹が兄に先行することも時には生じるのである。

さて、「わたし」は夜になって眠ってから、耳のおくのほうで「ミリミリ」という音がするのに気づく。ふと見ると兄さんが裸で立っている。驚いたことに、兄さんの両方の耳から木の枝が生えているのだ。柿が生えてきたのである。「わたし」の耳にも生えている。おへそにも生えているかも知れぬ、と「わたし」は大いそぎで裸になったが、それは大丈夫だった。おへそにはゴミがつまっているから大丈夫だと兄さんは言う。「お兄ちゃん、耳くそとらなかったら、柿の木、耳からはえてこなかったかなあ」と「わたし」が言うと、兄さんは、鼻から生えてきたかも知れない、などと物騒なことを言っている。「わたし」はあわてて、鼻がみをまるめて鼻につめこみ、兄ちゃんにも鼻がみを渡してやる。「お兄ちゃん、しかみたい」と言うと、兄は喜んで、しかになろうと言う。

このあたりに来ると、主導権はまったく妹の方にまわってきている。柿の種をのみこんだところから、様子が変ったのである。犬のペスは兄さんを石炭の山の高みへと連れてゆき、妹は同行できず、その世界を眺めているだけであった。柿の種が食道を「下降し」、胃のなかに落ちこむとき、女性の方が先導者になる。人間は上昇も下降も共に知ることが必要だが、やはり、前者は男性が得意であり、後者は女性の方が得意なようである。耳から柿の木が生えたり、しかになったり、人間が動物や植物の段階にまで下降してゆくことは、どうしても必要なことだ。これによって、われわれの世界はますます豊かになる。こんな体験をしたことのない人は、損な人だ。

二人は裸のまま、よつんばいになって、まったくしか気取りである。それに耳から出た柿の木は、花が咲き、それが青い実になり、その実もだんだん熟してくる。

「お兄ちゃん、柿が赤くなったよ。」

「もう秋だから。」

この子たちは、一晩のうちに移り変る四季の体験をしている。日本人にとって、四季というものは思いの外に大切なものなのであろう。浦島太郎の類話のなかには、竜宮城の東を見ると春の景色、南を見ると夏景色というように、四季の風物が同時に存在しているという話がある。あるいは、「鶯《うぐいす》の里」という昔話のなかにも、四季のことが述べられていて印象的である。若い男性が美しい女性から見てはならないと禁止された「見るなの座敷」を覗き見たとき、その座敷では、稲の種まき、苗代、田植え、そして稲刈りに到るまでの四季の移り変りが見られたという。乙姫の住む竜宮城も、美女が見るのを禁じた「見るなの座敷」も、女性の深奥の世界と言っていいだろう。そこで、人は一晩のうちに、あるいは、一瞬のうちに四季の移り変りを体験できる。素晴らしい世界である。しかし、これは輝かしい観覧車とは、また別の世界である。

耳から出た柿の木に赤い実がなり、その柿の実も落ちてつぶれてしまった。そこにあった柿の種を地面を掘って植えたとき、二人は人間の姿にもどってしまった。柿の枝があっさりと耳から落ちたのである。種からはじまった柿の一生が完結したときに、二人はまた人間になり、動植物の世界から、「こちら」に帰ってきたのである。

「もうぼくしかじゃないから立ちしょんべんをする」と言って、兄さんは小便をした。ここで何と下品な子たちなどと言わないようにして欲しい。動物や植物の世界への道は、人間の身体を通じて開けている。この道が閉ざされるといわゆる「頭でっかち」の人間になったり、心身症という恐ろしい状態にならされたりする。われわれの心は体とよくつながってないといけないし、それは生理的欲求として意識されることも多い。幼い子どもたちは、そのあたりが一般には自然にうまくはたらいているものだ。柿を食べたり、小便をしたり、生理的欲求を自由に満足させるなかで、この子たちは随分と深い世界の体験をしてきたのだ。しかし、今は人間世界に戻ってきている。もう他の動物とは異なるのだから、ちゃんと二本足で立って立小便をする。そこで、「わたし」も早速にそれを真似て、立小便をした。あれ、女の子なのに、ということはない。彼らは仲良すぎて、時に男か女かも不明になるのだ。深い世界にはいってゆくほど、男女の差はなくなるところがあって、その続きのまま、「わたし」は兄ちゃんと同じことをしたままである。ところで、

わたしが朝おきると、ベッドの上におねしょのあとがありました。
パジャマがベッドの下にあって、わたしははだかでした。
お兄さんのベッドの下にも、ぬれたパジャマがありました。

「わたし」は夢の世界にはいりこみすぎておねしょをしてしまったのだ。それでは、兄さんは？　兄さんもおそらく、仲良しきょうだいとして、妹の先導する夢の世界に行き、それを共有したのではなかろうか。
浦島にしても「鶯の里」にしても、深い世界へふとはいりこんだ男性たちの話の結末は決して幸福なものでは

なかった。この兄さんも素晴らしい体験の後で、おねしょくらいで両親に叱られたとしても、それは未だましな方であろう。

5　別　れ

兄と妹がどれほど一体感を感じていても、思春期が訪れると、「別れ」を体験しなくてはならない。ここで別れないと後が幸福にならないし、ここで別れても、年が経つとまた異なった次元での関係が生じてくるのである。ところが、この作品の場合、「あとがき」に記されているところによると、残念なことに、作者の兄様は大人になるまでに亡くなられたらしい。「兄は死にました。わたしはじっと、だんだん死んでゆく兄を見ていました」と「あとがき」に記されている。このようなことのために、「わたし」と兄との別れの体験は、深い深いレベルのものにならねばならなかったのである。

最終章は「汽車」という題である。

わたしは、夕ごはんがすむと、毎日汽車を見にゆきます。
もしかしたら、汽車にのれるかもしれません。運が悪かったらのれません。
汽車を見にゆくので、わたしは、洋服をぬぎます。
パンツもぬいで、はだかになります。

あれれ、汽車を見にゆくのにどうして裸になるのかなと思っていると、すぐに種明かしがある。それは「わたし」の見る「汽車」はお風呂にはいって目を細くしていると、風呂桶のふちに電気がうつって細いひものように光っている、それが野原の真中を走ってゆく汽車のあかりに見えてくるのである。このようなことは、現代の明るい風呂にはいっている人には想像がつきにくいのではなかろうか。昔は風呂というものは薄暗いところだった。桶も木のまるい桶だ。そのふちのところに、ひとすじの汽車が見えることなど、私たちの年齢のものだったらすぐに共感できることなのだが。

わたしはおふろの水を静かにゆらします。
汽車がゆれます。
ガタンゴー
ガタンゴー
汽車の音がかすかにきこえて、だんだん大きくなります。
するどい汽笛が鳴ります。

そして、うまくすると、この汽車に「乗れる」のだ。そうなると、今度は野原の遠くに、一列に並んでいる家のあかりが小さく見えるのである。「あ、お兄ちゃん、わたし今日は汽車にのれたよ」「うん、よかったね」と二人は裸のまま汽車に乗って楽しんでいる。二人の他には誰も乗っていない。
「お兄ちゃん、汽車ののりかたおしえてくれてありがとう。」

そのうちに汽車は静かに駅につき、「わたし」は汽車から降りるが、兄さんは窓に顔をくっつけて、犬のような目で、こちらを見ている。

お兄さんの顔が、ゆらゆらとゆれて、くずれてしまいます。

わたしがお湯を動かしたからです。

お兄さんののった汽車は、水とあかりでくしゃくしゃになってしまいます。

兄さんと乗った汽車のあかりは、例の観覧車のあかりに通じるものだ。そして、この汽車は明らかに、「わたし」にとっての「銀河鉄道」であると思われる。

『銀河鉄道の夜』という素晴らしい作品の背後には、宮沢賢治が最愛の妹を失った経験が存在している、と私は思っている。賢治は銀河鉄道に乗って相当なところまで行ったが、一人で帰ってきた。兄と妹との結びつきがいかに濃くとも、いつも二人で同じ汽車に乗っているわけにはいかないのである。

「わたし」も兄さんと一緒に乗った。兄さんはなんといろいろなことを「わたし」に教えてくれたことだろう。なんと多くの経験を「わたし」とわかち合ってくれたことだろう。

あの、目くるめく観覧車には、兄さんはペスとだけで乗って、「わたし」を乗せてくれなかった。しかし、この「銀河鉄道」には、二人で乗ったのである。二人で見た汽車のあかりは輝かしいものだった。汽車から見た家のあかりはなつかしいものだった。そして、「わたし」は降り、兄さんは行ってしまった。それはなぜだか誰も知らない。ともかく二人は別れねばならなかったのだ。

「ふーっ。」

わたしはため息をつきます。

それからザブザブとおふろから出て、新しいパンツとねまきを着ます。

新しい布の感触を楽しみながら「わたし」は現実の世界へと戻ってくるのである。

II

ファンタジーを読む

なぜファンタジーか

ファンタジーに対する評価が最近は高まってきて、愛好者が増えてきたようで嬉しいことである。筆者もファンタジーが大好きであり、これから自分の好きな作品を取りあげて論じてゆこうと思うが、今回はまず、ファンタジーについて自分がどのように考えているのかを明らかにしておきたい。

ファンタジーというと、すぐに空想への逃避という言葉を連想し、それに低い評価を与えようとする人がいるが、ファンタジーというのは、そんなに生やさしいものではない。それは逃避どころか、現実への挑戦を意味することとさえある。ファンタジーについて筆者がどう考えるかを、佐藤さとる編によるファンタジー集(1)のなかの作品を素材として論じることにする。

現実とは何か

まず、大石真『見えなくなったクロ』を取りあげてみよう。小学生の春山一郎は、登校しようとするが、いつもついてくるはずの、飼い犬のクロが居ない。大きい声で呼んでみるが出て来ない。不思議に思いながらも登校すると、先生が転校生を連れてくる。ところが驚いたことに、その子は一郎そっくりの顔をしているのだ。「犬丸太郎」というその子の名を聞いてクラス中が笑いどよめいたが、一郎は皆が犬丸太郎の顔が自分にそっくりなので笑ったのかとひやっとした。しかし、誰もそのことに気がついていないらしい。

それから後、一郎にとってはショッキングなことばかり続いた。宿題の作文のために、古雑誌にのっていた他人の作文を写して持ってゆくと、何のことはない犬丸太郎も同じことをしていて、その文を皆の前で読み、先生にほめられる。続いて先生は一郎にも作品を読めというが、まさか同じものも読めないし、宿題を忘れたことになって恥をかいてしまう。

算数のテストも、先生が試験に使う問題集を一郎だけが知っていて、いつも百点を取っていたのに、犬丸太郎がどうして手に入れたのか、一郎の問題集をクラスメートに見せてしまい、一郎は問題集が手もとにないので、さっぱり悪い成績をとる。こんなことが続いて、「犬丸太郎は、春山一郎にかわって、クラスの花形になった」。一郎はくやしくて仕方がない。ある日、禁止を破ってこっそり映画を一人で見にゆくと、犬丸太郎も来ているのが見えた。これ幸いとばかり、このことを学校に投書した。ところが何と、先生が取りあげた投書には、「春山一郎が映画を一人で見にいった」とある。一郎は必死になって、「ぼくだけじゃありません。犬丸くんも行ったんです」と抗弁すると、先生はそんな子は居ないよ、と変な顔をする。一郎はあわてて教室を見まわすが、犬丸太郎などどこにも居ない。それどころか先生も教室もいつの間にか消えてしまった。

一郎は夢から覚めた気持だった。そうだ、まだ学校へ行く途中だったのである。涙ぐんでいる一郎の目に、クロがしっぽをふりながら、かけてくるのが見えた。

これは「現実とは何か」について考えさせてくれる素晴らしい作品である。一郎は登校時の一瞬のうちに体験した、このファンタジーによって、おそらく「現実」に対する見方を相当に変えるのではなかろうか。要領がよくて、クラスの花形だった一郎は、おそらく同級生を(そして先生をも)小馬鹿にしていたのではなかろうか。作文や算数など、少し要領よくやることで成果をあげてきた。僕はお前たちのように鈍ではない、と思っていたことだろう。しかし、彼の心から突然に出てきた犬丸太郎の存在は、一郎の高慢の鼻をへし折り、おそらく、一郎が同級生たちを前よりも親しい仲間として見ることに役立つのではなかろうか。

現実というのは思いの外に多層性をもっている。自分が見ている「この世界」がすなわち唯一の現実だと思いこむのは浅はかすぎる。一郎はそれまで見ていたのとまったく違う世界が、犬丸太郎の体験後には、つぎつぎと見えてきて驚いたことだろう。

一郎の体験が、いつも居るはずのクロが居ないところから発したことも注目すべきである。人間が構築している「現実」はいろいろなものによって支えられており、そのなかの何かひとつが欠けると、思いがけない様相を見せるのである。犬丸太郎は名前からしても、クロとの結びつきを感じさせるが、ひょっとしたら、一郎はクロの目を通して見る世界を垣間見たのかもしれない。あるいは、犬丸太郎は一郎のより動物的な面を拡大して見せてくれたのだろうか。素晴らしいファンタジー作品は、読者の心のなかに、つぎつぎと新しいファンタジーを喚起するのである。

内容には触れられないが、末吉暁子『森の話』も現実とは何かを考えさせる作品である。これにも前者と同じく、「もう一人の私」の主題が出ていて興味深い(2)。

自律性

ファンタジーは、心の底から湧き起こってくるもので、当人にとってもどうしようもなく、ファンタジー自身が自律性をもつことが特徴的である。ここが、単なる空想と異なるところである。頭のなかの空想は、こちらの止めたいときに止められるが、ファンタジーは動き出すと、止め難い力をもっている。

岡野薫子『雨の日のドン』は、ファンタジーの自律性という点をうまく描いている。主人公の女の子、えみちゃんが雨の日に留守番をしていると、どこかの猫、ドンがやってきて、人間のように話をするのである。ここで、えみちゃんが一人で留守番をしている点が大切である。ファンタジーは孤独なときによく動きはじめる。人間関係のあるときは、日常世界のはたらきが強すぎて、ファンタジーの動きをとめてしまうのである。そして、天気の日よりは、やはり雨の日の方がいい。

えみちゃんは、やってきたドンとままごとをして遊ぶ。暫くして、また雨の日――といっても雷が鳴り響いていたが――、ドンがやってきて一緒に遊ぶことになった。今度はジャングルごっこをして、ドンが黒ひょうになり、えみちゃんは槍を持って、ひょうを追いかける人になる。ところがだんだん大変なことになってきた。ドンの黒ひょうがまるで本物のようになって、「ぎゃおう」とえみちゃんの肩に飛びついてくるし、雷は鳴って稲妻がきらめく。


黒ひょうの目がぴかっと光り、まっ黒い風になって、木から木へとびました。

がらがらっ。がっちゃん。

黒ひょうはジャングルをあばれまわり、えみちゃんをおいかけました。


さあ大変、というときにお母さんが帰宅。雨もあがって虹が出て、「ドンはまだ、はんぶん黒ひょうのまま、まどからとびだしていってしまいました」。

えみちゃんとドンのつきあいはこの後も続くが、そちらは割愛して、この話を見てみると、ドンがだんだんと本物の黒ひょうのようになってきて、えみちゃんの力ではどうにもならぬようになるところが印象的である。ドンから黒ひょうへの変化を、えみちゃんという心のなかに生じたファンタジーがふくらんでいる様相と考えてみると、それが自律的に動き出し当人のコントロールをこえてくるところが非常にうまく描かれている。折よくお母さんが帰宅してきて、日常生活に復帰できたのでよかったが、そうでなかったら、えみちゃんは深い心の傷を負ったかもしれない。

ファンタジーとは危険なものである。『指輪物語』という偉大なファンタジー作品を書いたトールキンは、「妖精の国は危険なところです。不注意な者には、落し穴が、無鉄砲な者には、地下牢が待ちうけています(3)」という警告を残している。

小川未明『金の輪』を取りあげてみよう。主人公の太郎は病気で寝ていたが、ようやく床から離れられるようになり、三月末のまだ肌寒い日に戸外に出る。すると、鈴を鳴らすようなよい音が聞こえてくる。

かなたを見ますと、往来の上を一人の少年が、輪をまわしながら走ってきました。そして、その輪は金色に光っていました。太郎は目をみはりました。かつてこんなに美しく光る輪を見なかったからであります。しかも、少年のまわしてくる金の輪は二つで、それがたがいに触れ合って、よい音色をたてるのであります。太郎はかつてこんなに手際《てぎわ》よく輪をまわす少年を見たことがありません。

不思議な見知らぬ少年の姿に太郎は魅せられる。翌日もこの少年が現われ、太郎は「いちばん親しい友だちのような気がしてならら」ないほどになる。明日は話しかけて友だちになろうと思い、母親に話をするが、母親はそんな不思議な話を信じない。次に、この話の結末のところを引用しよう。

太郎は、少年と友だちになって、自分は少年から金の輪を一つ分けてもらって、往来の上を二人でどこまでも走ってゆく夢を見ました。そして、いつしか二人は、赤い夕焼け空の中に入ってしまった夢を見ました。

明くる日から、太郎はまた熱が出ました。そして、二、三日めに七つで亡くなりました。

この作品について、佐藤さとるは「未明童話の中でも一、二を争う秀作だろうと思う」と記しているが、筆者も同感である。この世のものとも思われぬ美しい音色を響かせて、金の輪を回してやってくる少年のイメージ、それがわれわれの心の中にひき起こすものは、宗教学者のルドルフ・オットーがヌミノーズム(numinosum)の体験と呼び、宗教的体験の中核に存在するとしたもの、そのものである。(4) オットーは、ヌミノーズムを説明して、それは神秘的なものに対するおそれ、圧倒される感じ、抗し難い魅力という要素をもっているると述べているが、この不思議な少年の姿は、まさにこの三つの要素を満足させるものがある。

この少年の像からすぐに想起される、もう一人の少年の像を次に示す。二十八歳の女性の詩である。(5)

夢の中の少年

少年は海辺で私を待っていた

波のしぶきの荒々しい岩だらけの海辺で
少年のぬれた手が私の手をしっかりとにぎり
二人ははだしで岩棚《いわだな》を走った

ああ　金色の髪をした小さなお前は誰？
あの血のように赤い水平線の彼方まで
お前は私と共に行こうというのか

この作者は乳癌の宣告を受けた後、ほとばしる泉の水のように彼女の心から詩が湧き出てきて、一か月間に八十篇を越える詩を書きつけ、その後暫くして不帰の人となった。

若くして世を去った女性の詩に描かれた少年と、「太郎」の見た少年との間には、不思議な類似性が感じられる。太郎は七歳で亡くなったのだが、これら二人の人が体験した深いヌミノーズムの体験は、普通の人が長い一生をかけてもなかなか体験できぬほどのものであろう。ファンタジーは、このように当人の思いがけぬ姿をとって、顕現してくるのである。それは人間が考え出すものではなく、どこか他の世界から、人間の心のなかに湧き出てくるものなのである。

物語ること

ファンタジーはそれ自身の自律性をもって、われわれに迫ってくる。その際、人間がそれに圧倒されてしまうとどうなるだろう。その場合、それはファンタジーというよりは、妄想《デリュージョン》と呼ぶべきものになってしまうであろう。筆者は職業上そのような方にお会いすることがある。自分はアマテラスだと言われたり、キリストの再来だと主張される人もある。それは、その人にとっての何らかの「現実」であり、深い意味をもつものであることは認められるのだが、それをそのまま日常世界の現実として主張されることには、われわれは同意できないのである。

この逆にファンタジーの自律性が少なく、頭で考え出した作品は、「つくり話」というべきであって、筆者が問題としているファンタジーとは異なるものである。時に、「本格ファンタジー」などと銘打たれている「つくり話」に接して、げんなりさせられることがある。一般にマンガの作品には、このようなものが多いように思われる。もっとも、「つくり話」はそれ相応の評価があるべきで、特に商業価値としては非常に高いものもある。ただ、筆者にとっては興味のない領域である。

妄想とつくり話との間にファンタジーが存在しているが、それは心理的に言えば、無意識から湧き出て来る内容に対して、意識が避けることも圧倒されることもなく対峙し、そこから新しく生み出されてくるものがファンタジーである、ということになる。このことは、意識的にあれこれと考え続けているときに、無意識的な内容が突然に出現してきて思いがけぬ展開をする、という経過をとるときもある。

いぬいとみこは、そのファンタジー『木かげの家の小人たち』[6]の「あとがき」に、「よその国の小人たちを日本で生かすことが私にできるのか、そして日本の土着の小人を私がつかまえることができるのか……そんなことをぐるぐる考えているうちに、アマネジャキという日本の、じつにおかしな愛すべき小人が風のようにあらわれて、私にこの物語をかきあげさせてくれたようです」と述べている。これは意識的努力の積み重ねのなかで、無意識的な内容が「風のようにあらわれて」、両者のかかわりのなかから物語が生み出された経過を示しているものと思われる。

単層の現実は、自分から切り離した存在として記述することができる。そのもっとも精密なものが自然科学である。現実の多層性に目を向けるとき、それは観察者の個性と関連してきて、「物語る」ことによってしか他人に伝えることができないのである。意識と無意識の対峙のなかに身をおいて、苦闘していると、そこから本人の個性と深いかかわりをもちつつ、なおかつ普遍性をもった物語が生み出されてくる。それは外的現実を無視した物語なので、当人の勝手にできると思うのは早計で、佐藤さとるがいみじくも述べているように、「現実にはあり得ない作中の仮象の世界にも、それなりに一種の権威を持つ特殊な法則があり……その法則にのっとった出来事は、特殊な必然性を与えられて抵抗なく真実として納得でき、そうでない出来事は、作中世界からウソとしてはじき出されてしまう(7)」ことになる。

佐藤の言う「特殊な法則」はファンタジー作品のなかに、いろいろな形をとって表現されるものである。わかりやすい形の例をあげると、佐々木たづ『少年と子ダヌキ』では、子ダヌキが女の子に化けるのだが、「くしゃみをすると、もとのすがたにもどってしまう」という法則に縛られている。そして、このような「法則」は話の展開に重要な役割を占めるのである。この作品では、女の子が男の子に親切にしてやり、自転車に乗せてもらう。ところが冷たい風が吹いてきて、二人共くしゃみをしてしまう。それで結末は、

自転車は、風をきってはしりました。

まえにのっているのは、少年でした。うしろにのっているのは、頭にハギの花をさした、かわいい子ダヌキでした。

何とも言えぬユーモラスな幕切れだが、この幕切れのためには、法則の存在が前提とされている。ユーモアということも、ファンタジーとの関連で少し触れておきたいことである。無意識の圧倒的な力に耐えてゆくため、ファンタジーの作家は強靱な意識をもたねばならない。このような意識の強さが、余裕をもたらし、そこからユーモアが生まれてくる。余裕のないところにはユーモアは生じない。ファンタジーとユーモアという点では、庄野英二『日光魚止小屋』が思い浮かんでくる。作者とキツネたちとの手紙や会話のやりとりは、どこか真面目なうちに底の抜けたところがあって、ユーモアが漂っている。佐藤さとるは、「ハイカラな作風だが、その底には江戸以来の日本人のユーモアが漂って」いると評している。鈴木隆『月見草と電話兵』は、非情さとユーモアが共存しているような作品である。戦争体験からこのような作品を生み出した作者は、よほど強靱な精神をもった人なのであろう。

ファンタジーの論理

宮沢賢治『月夜のでんしんばしら』は、よく知られている名作である。鉄道線路の横の平らなところを、恭一はある晩に歩いていた。すると、シグナルが「がたん」とさがるや否や、電信柱が軍歌を歌って大行列を始めるのである。この作品を好きな人は、「ドッテテドッテテ、ドッテテド」と行進する電信柱の姿に心を奪われる。しかし、「電信柱なんか行進するはずがないじゃないの」とばかり、こんな作品を頭から馬鹿にしてしまう人もあるだろう。まったく非合理極まりない、というわけである。

このようなゴリゴリ主義者も、事と次第によってはファンタジーの世界にひきよせられてくる様子が、大石真『テングのいる村』にうまく描写されている。この作品もなかなか素晴らしいが、紙面の都合で割愛して、ともかく、ファンタジーはそれほど非合理なものか、という点について考えてみよう。

おなじみの『不思議の国のアリス』のなかで、ハトが首の長くなったアリスを見て「蛇だ」という。アリスは自分は女の子であって蛇ではないと言い張る。ハトはアリスに卵を食べたことがあるだろうという。アリスは正直に食べたことがあると答える。そこで、ハトは、女の子というのは蛇の一種である、と結論する。「アリス」の作者は数学者だけあって、奇妙な論理を使いこなしている。

蛇は卵をたべる
アリスは卵をたべる
故に、アリスは蛇である

もちろん、この結論は間違いである。これは論理としてはまったくおかしい。「卵をたべる」という述語部分が等しいとき、両者は等しいと結論づけるので、これは述語論理と呼ばれている。論理的に間違っているが、このような論理構造のなかに、「卵をたべる」ものに対するハトの恐怖感や警戒心を読みとるならば、納得できるところがある。つまり、ハトにとって相手が「卵をたべる」か否かは己の存在にかかわる重要事なのである。

こんな風に考えると、「人間は風にそよぐ葦だ」などという言い方をしていることが、よくあることに気づく。

これは、「風にそよぐ葦は……である」、「人間は……である」、「故に人間は風にそよぐ葦である」という述語論理における、「……」の部分を印象的に訴えるための表現なのである。つまり、述語論理は論理的には間違いであるが、印象的なことを相手に伝えたり、感動をもたらすためには潜在的に用いられているのである(8)。

ここで『月夜のでんしんばしら』に戻ってみよう。宮沢賢治はこの作品で、電信柱が大行進を行うものであると主張している。この作品から「電信柱は行進する軍隊である」という命題を与えられたとする。それに対して、読者は自分で心のなかに述語論理を組み立てねばならない。

兵隊は一列に並んでいる
電信柱は一列に並んでいる
故に、電信柱は兵隊である

これはこれでもいいかもしれない。しかし、これではまったく物足らない。宮沢賢治が言いたかったことはこんなことではない。とすると、われわれはどのような述語論理の構成を『月夜のでんしんばしら』に対して考え出すべきであろう。そもそも、あの作品のなかから、「電信柱は行進する軍隊である」などという命題を取りあげてきたこと自体を問題とすべきではなかろうか?

このように考えはじめると、とどまるところを知らない状況に追いこまれてくる。つまり、ひとつのファンタジーがわれわれの考えを刺戟し、それはわれわれ自身のファンタジーを呼び起こしさえするのである。素晴らしいファンタジーは、常に何らかの課題をもって読者に挑戦してくる、とも言えるのである。それは物語としてはちゃんと完結していても、完結した後もなお読者の心を動かし続ける力をもっているのである。

今江祥智『小さな青い馬』には、一匹の青い馬が登場してくる。そして、いったいこの馬は何ものなのかという問いを読者に投げかけてくるのである。のぼるはお母さんの顔を知らない。のぼるの小さいときに母親は死に、彼は踏切番の父と一緒に、鉄道線路を見おろす山の上の家に住んでいた。お父さんが夜勤の日は、のぼるは一人で寝るのだが、時にお母さんが夢に出てくるので嬉しかった。

夏のある夜、のぼるは鉄道線路の上を歩きながら、信号の色の変化に心を動かされ、「黒い馬、白い馬、赤い馬、青い馬、」と言いながら枕木の上を歩いていたら、「青い馬」と言ったとき、「まるでさっきの信号の光が、そのまま馬になったみたい」な青い子馬があらわれる。驚くべきことに、この馬は人間と話ができて、「ノボルクン、ワタシノコトヲケッシテヒトニイッテハナリマセン。イエバ、オシマイデスヨ」などと言う。

夜になると、青い子馬がのぼるを訪ねてくる。馬と楽しく時をすごすことで、のぼるは、目に見えて元気になり、夢を見ずにぐっすりと眠った。のぼるは子馬に次郎という名をつけた。そして、のぼるは次郎のことは、お父さんにも秘密にしておいた。ある時、お父さんが病気になったが、のぼるは次郎に乗って医者のところに行き、事無きを得た。のぼるが町へ薬を取りに行ったりするのがあまり早いので、父親が驚く。それに対して、のぼるはつい「馬でいくんじゃけんのう！」と言ってしまい、父親にすべてを話した。父親は「神さんのおつかいかもしれんで」と、次郎にお礼のために上等の草を用意したりしたが、それ以来、子馬はピタリとこなくなった。

のぼるは残念に思ったが、自分はこんないい父がいるし、「それに、おれは男の子なんだに！」と我慢する。のぼるも来年からは小学校だと言われた夜、久しぶりに母親が夢に出てくる。「のぼるちゃん、もう学校へゆく年になったね」と笑いかける母の目は、馬の次郎の目と同じであった。

この作品を読んで、果してこの青い子馬は何なのだろうと誰しも思うであろう。そして、多くの人が、馬＝母、という等式を思い浮かべるだろう。先ほどの述語論理の方法を使うと、

母はのぼるをやさしく保護してくれる。
子馬はのぼるをやさしく保護してくれる。
故に、母は子馬である。

ということになるだろうか。それに母と次郎は「同じ目」をしていた。しかし、それなら、馬が次郎という雄馬なのはどうしてなのだろう。なぜもっとやさしい母親の姿をした動物になって出て来なかったのだろうか。このように考えてくると、子馬はすなわち母親であるという等式は、少し浅薄なように思えてくるのである。

たましいのあらわれ

せっかく述語論理などという方法を用いてみたが、これによって、小馬は母である、とか、電信柱は兵隊である、と言い切ってしまうことに問題があるのではなかろうか。そのように、割り切ってものごとを考える考え方に抗するところにこそ、ファンタジーの重要な特性があるのではなかろうか。はっきりと割り切って考えるならば、そもそも、馬が人間の言葉を話すはずはないし、電信柱は行進するはずがない。とすると、「馬はXである」、「電信柱はXである」という文の、Xのところによほどの言葉を入れるのでなくては、ファンタジーの本質を理解できないということになるだろう。このXは途方もない存在につながるものではなかろうか。

筆者は、このXのところに「たましいのあらわれ」という言葉を入れてみたい。と言ってみても、そもそもたましいとは何かということがわからないと話にならない。たましいについていろいろ言い方があろうが[9]、筆者が最近考えていることは、——先に述べた「割り切る」との関連で言えば——人間存在を身体と心とに割り切って考えた場合、どうしてもそこに取り残されるもの、あるいは、身体というものを統合して、一人の人間存在たらしめているもの、それがたましいである、ということである。

人間の行為は、身体的な側面や、心の側面から相当に説明できる。しかし、それらによって説明し切れるものではない。たとえば、『小さな青い馬』の主人公の、のぼるのような子が筆者のもとに「心理相談」で連れて来られるかもしれない。来年は小学校にゆくべきだが身体も弱いし友人もいない。あまり話もしない。どうしましょうかということで相談される。身体検査をすると確かに劣っていることが多い。しかも母親は死亡しているし、父親は一週間ごとに夜勤があって、のぼるは一人で山小屋ですごさねばならない。

こんなときに、「身体的にも」、「心理的にも」どちらから考えても「処置なし」だなどという人がいる。確かに死んだ母は生き返って来ないし、父親に夜勤をやめろとは言えない。それでも、のぼるが成長してゆくことをわれわれはどうして期待できるのか。筆者はこのようなとき、人間にはたましいがあるので期待できる、と思っている。人間が普通に考える身体的・心理的援助法はあまり役立たないかもしれない。しかし、のぼるのたましいには期待できる。実際、この話では青い子馬がのぼるを育ててくれるのである。その馬こそ、のぼるのたましいが送りこんできたものではなかろうか。

こんなことを言うと、馬鹿なことを言うな、人間と話をする青い馬など居るはずがないじゃないか、という人もあるだろう。しかし、このように割り切って考える人は、のぼるのような子に対して何の援助もできないであろう。筆者が最近お会いする人は、一般的には誰もがあきらめたり見放したりしている人である。そんなとき、たましいの存在に対する確信が筆者を支えてくれる。そして、嬉しいことに、期待し続けていると、思いがけない展開が生じてくるのである。誰もが見放していた、のぼるのような子の心にだんだんと、やる気がでてきたり、活動が生じてくるのを見ると、他人の力ではなく、その子のたましいのはたらきによって救いが生じてきたとしか考えられない。そのような不思議なことをイメージで表現するなら、子どもを助けてくれる青い子馬でしか表現できないということになる。

たましいそのものをわれわれは知ることができない。たましいは何かにつけて明確にきめつけることに抵抗する。これがたましいだときめつけた途端に、それは消え去ってしまうだろう。たましいそのものは捉えられないが、たましいのはたらきそのものは、常にわれわれの周囲に起こっており、それをある程度把握して他人に伝えるには、ファンタジーというのが極めて適切な手段となるのである。

あるいは、人間のたましいは常にファンタジーを人間の心のなかに送りこんできていると言うべきであろう。それは、あるとき、一郎にとっては犬丸太郎という姿となるし、えみちゃんにとっては、ドンという猫になる。恭一にとっては、電信柱の大行進という姿となってそれがあらわれてきたのである。

ファンタジーをたましいのあらわれとして見るとき、ファンタジー作者からわれわれは実に豊かなメッセージを受けとめられるように思う。このような考えに立って、今後はファンタジー作品を一作ずつ取りあげて論じてゆきたい。

注

（1）佐藤さとる編『ファンタジー童話傑作選』１・２、講談社文庫、一九七九年。今回に取りあげる作品は、特に断らないかぎり本巻に所収されているものである。読者も本巻を読んでおいて下さると幸いである。
（2）「もう一人の私」については、下記を参照されたい。河合隼雄「児童文学の中の「もう一人の私」」、『〈うさぎ穴〉からの発信』マガジンハウス、一九九〇年。〔本著作集第六巻所収〕
（3）トーキン、猪熊葉子訳『ファンタジーの世界——妖精物語について』福音館書店、一九七三年。
（4）オットー、山谷省吾訳『聖なるもの』岩波書店、一九六八年。
（5）ブッシュ孝子、周郷博編『白い木馬』サンリオ出版。この少年像については、河合隼雄『影の現象学』思索社、一九七六年、に論じてある。〔本著作集第二巻所収〕
（6）いぬいとみこ『木かげの家の小人たち』福音館書店、一九七六年。
（7）佐藤さとる「私のファンタジー」、『児童文学一九七三—二』聖母女学院短大児童教育学科。
（8）述語論理に関する、このような考えは、市川浩『身の構造』青土社、一九八四年、に拠っている。
（9）河合隼雄『宗教と科学の接点』岩波書店、一九八六年、第一章「たましいについて」を参照されたい。〔本著作集第十一巻所収〕

一　キャサリン・ストー『マリアンヌの夢』

病いの意味

人間は時に病気になる。短いときもあれば長いときもある。長期にわたる病気で休んだときなど、随分と損をしたと思う。他人に遅れをとってしまうのだ。しかし、よくよく考えてみると、その病いが自分の人生全体の流れのなかで、大きい意味をもっていると思われることがある。一見、損をしたように見えるけれど、長い目で見た場合、得たところの方が大であると思えるのである。このような考えを拡大して、筆者は、およそ病いはすべて意味をもっている、と考えるほどになった。ただ、本人には残念ながらその意味があまり見えないこともあるようだが。ここで病いという場合、筆者は体の病いも心の病いも共に含めて考えている。

病いの意味を考えさせる児童文学作品は実に多いが(主人公が病気あるいは病弱である作品がいろいろ思い浮かぶのだが)、キャサリン・ストー『マリアンヌの夢』(猪熊葉子訳、冨山房、以下の引用は同書による)はその中でも傑出した作品であろう。

主人公の少女、マリアンヌは十歳の誕生日を特別楽しみにしている。子どもにとって誕生日がどれほど大切かは、既にピアスの『まぼろしの小さい犬』を論じたときに述べた(1)。マリアンヌにとっては、十歳という二けたの年になることと、十歳になると乗馬の稽古を許されるという二点で、特に誕生日を楽しみにしていた。ところが、乗馬の練習が終ったときから急に気分が悪くなり、誕生日のせっかくの御馳走も食べられないほどになった。診察に来た医者のバートン先生の見たても厳しく、結局、彼女は誕生日から長い病いの床につくことになってしまったのである。

マリアンヌの病気は思いのほか長びいた。三週間ほどして、気分のよい日、マリアンヌは退屈しのぎに何かしようと、お母さんがマリアンヌのひいおばあさんから伝えられて持っている裁縫箱の中を整理していると、小さい鉛筆が出てきた。それはマリアンヌにとって、「さあ早く字をかいてください、絵をかいてください、と呼びかけてくるような種類の鉛筆だった」。マリアンヌはその鉛筆をとって、「いつも絵をかくといえば決まってそうするように、まず一軒の家をかいた。窓が四つあって、玄関が一つある家だった」。ついで煙突をかき、家のまわりに柵をかき、家の外には一面に高い草をかいた。草原のなかには、ごろんとした大きい石をかき加えておいた。

マリアンヌはもうそろそろ起きて登校できるかと期待していたのに、医者のバートン先生はむずかしい顔をして、「これからもう六週間、場合によっては、もっと長く寝ていなくちゃならない」と宣言した。マリアンヌは学校に行きたいと必死で抗議したが駄目だった。マリアンヌは医者が立ち去った後で、わっと泣き出し、枕がびしょびしょになるまで泣いた。彼女は残念で仕方がなかったのだ。

確かに、この病気はマリアンヌにとって不幸なことに違いなかった。十歳になると乗馬ができると楽しみにしていた少女が、何か月も寝て暮らさねばならないのだ。しかし、後の話の展開に示されるように、この病いはマリアンヌの成長のために必要なことであったのだ。病いは人の目を自分の内面に向けさせる。人間は成長してゆくためには、外的にも内的にも仕事を成就させてゆかねばならない。これらはバランスを取りながら行われることもあるが、時にどちらかに重みがかかることがある。病いは内面の仕事の充実のためにおとずれてくることが多い。

医者に病気の長期化を宣言され、悲しい気持に沈んだ夜、マリアンヌは夢を見た。マリアンヌはだだっ広い草原に居たが、かすかに煙の出ている方向に歩いてゆき、そこに一軒の家を見つけた。その家は壁はかしいでいるし、のっぺりとした感じの奇妙な家だった。突然、風が吹きはじめ、ざわめき、それまで静まりかえっていたすべてのものが生き生きと動きはじめ、マリアンヌは恐ろしくなってきた。

「あの家へ入らなくちゃいけないわ」とマリアンヌは思う。あの家には人が居るのかといぶかるうちに、「だれかをあの家の中に入れなさい」という声のない答が返ってくる。ともかく、「あたし、あの家に入らなくちゃ!」と声に出して言った途端、彼女は自分の声で目を覚ましたのである。

夢は人間の内界の経験そのものである。そこにはそこだけにはたらく必然性がある。マリアンヌはなぜだか知らぬが、夢の中の一軒家に「入らなくちゃ」と決心するし、「だれかをあの家の中に入れなさい」などという命令まで聞くのだ。夢のなかに生じてきた風はいったいどこからきたのか。それによって、すべてのものが生気を帯び、マリアンヌの夢体験を生き生きとしたものとさせる風。考えてみると、このような風は外界でも吹いている。さっと風が吹くことは、われわれの精神の在り様が突然に変化するのに対応していないだろうか。それによって、自分の目に映る世界の様相が一変するのである。

夢の家

二日後、マリアンヌは自分が夢に見た家は、まさに自分があの鉛筆で描いた家であることに気づいた。そこで、彼女は自分をなかに入れてくれる人として、一人の少年の像を上の窓の一つに描き入れた。少年の顔は悲しそうな表情に描けてしまったが、そのままにしておいた。マリアンヌは、もし「同じ夢」を見たら、今度はこの少年が家に入れてくれる、と嬉しくなったが、果してそんなことができるのか疑わしかった。そこで、母親に相談してみたが、どうもそんなことはできそうにないことのようだった。

「あなた、もう一度見てみたい夢があるの」と母親に尋ねられたとき、マリアンヌは「ええ」と言ったものの、すぐに話題をそらして、母親に夢のことを尋ねられるのを避けた。どうして、マリアンヌはそんなことをしたのだろう。それはその夢のことを秘密にしておきたかったからだ。人間は成長するためには秘密をもたねばならない。もちろん、それには危険がつきもので、下手に秘密をもつと命取りになってしまう。にもかかわらず、秘密をもつことは必要なのだ。マリアンヌは母親と話し合いながら、とっさの判断で、自分の夢を秘密にしておいたのである。大切なものは自分の力で守らねばならない。

マリアンヌのそのような態度がよかったのか、彼女はうまく「続き」の夢を見ることができた。彼女が夢のなかで例の家の下までゆくと、「窓の一つから男の子の顔がマリアンヌを見下ろしていた」のだ。しかし、彼女と少年の話はスムーズにはすすまなかった。マリアンヌが少年に下に降りてくるように言うと、「ここには階段がない」と彼が言うのである。階段がないのにどうして彼がそこに居るのか。彼はいかにして生きているのか。マリアンヌにとっては解らないことばかりだ、と彼女がいぶかしげに問いかけると、少年は次のように言った。

「でもきみだって、どうしてここへ来ちゃったのかわからないんだろう?」

「それじゃ、ぼくとたいして変わりゃしないじゃないか」

この会話はなかなか意味深長である。確かに階段のない家の二階に少年が一人で居たりすると、「どうして来たのか」と問いたくなってくるし、説明や理由をききたくなってくる。しかし、誰かが私に向かって、「どうしてそこに居るのか」、「どこから来たのか」と問いかけてきたとき、私は本当に答えられるだろうか。私がこの世に「居る」ということは、階段のない二階に居るようなものではなかろうか。私はどんな階段を登ってここに来て、どんな階段を用いて、次にはどこに登り(あるいは、降り)ていくのだろう。夢のなかでは、知らず知らずのうちに根源的な問いが投げかけられていることが多い。しかし、それに気づかぬときは、あまりにわけがわからぬので、いらいらしてしまう。マリアンヌも少年との不得要領な会話に嫌気がさして、彼に対して「階段もない、ばかげた家の中にいればいいでしょ。だれも来なけりゃ、あなた、飢えちゃうわ。それだけのことよ。そうなればいいのよ」と捨て科白を残して立去るところで夢は終る。

夢のなかのこの家はいったい何なのだろうか。われわれは自分のたましいそのものを見ることはできない。しかし、夢のなかの家は自分のたましいの在り方を示してくれているように思う。それはマリアンヌの描いた絵に従っているのだから、たましいなどという必要はなく、彼女の意志によるものだという人があるだろう。確かにそれはマリアンヌの描いたものによっている。しかし、たとえば、家のなかの少年はマリアンヌの意志によって行動しているのではない。彼は彼なりに自律的に行動している。ここがたましいの顕われ方の面白いところである。マリアンヌが病気になったり、ふと絵を描いたり、つまり本人の意志や行為が、たましいの顕われ方を規定すると共に、たましいはたましいで自律的なはたらきをもつ。そして、両者のぶつかりのなかで愛が創造されるのである。たましいはそれに関心を向けない人には、その姿を顕わさない。あるいは、常にいろいろな形で顕われているのだが、見えない人にはさっぱり見えない、と言うべきだろう。

マリアンヌのところには、お母さんが頼んだ「家庭教師」のチェスターフィールド先生が、勉強を教えに来る。マリアンヌは、予想に反して若くて美しい女性の先生を見て、すっかり気に入ってしまう。先生は他の病気の子たちにも教えていて、マークという頭のよい少年の話をしてくれる。マークは体の一部が麻痺する病気にかかったが、今ゆっくりと回復しているところだと言う。マークは勉強はよくできるが、回復のための体の訓練は熱心でないらしい。それを聞いて、マリアンヌは自分と反対だと言う。「マークは運動をしなくちゃいけないのに、やりたがらない。あたしは寝ていなくちゃいけないのに、起きたがっているんだわ。あたしたちを足して二で割れないのが残念ですね。」

心・体・たましい

マリアンヌは退屈しのぎに、例の絵に少し描き足しをした。家の背後に丘を描き頂上に至る細い道を描いた。また画帳の反対側の頁に家の内部を描き、それに階段と二階の踊り場にある時計とをつけ加えた。その後、すぐ眠ってしまってマリアンヌは夢を見た。例の家には時計も階段もあった。彼女は階段を二階にあがってゆき、例の少年に会った。少年と会話しているうちに、彼がその部屋から出たいと感じていること、しかし、病気のために歩けないことがわかった。マリアンヌはふと気がついて、「あなた、マークでしょ」と言うと、少年は肯定した。マリアンヌが自分の名を告げようとするときに目が覚めてしまった。

マリアンヌは夢のなかでマークに会った。実際にはまだ一度も会ったことがないのに！　人間の内界と外界はときどき極めて不思議な一致を示す。これをどう説明したらいいのかわからないが、ともかく極めて不思議なことが存在することは事実である。こんなときに、それはたましいのはたらきだと言ってみても、たましいということがそもそもはっきりわからないことなので、不可解という点では同じことだ。しかし、たましいというわけのわからぬ存在を、われわれの人生の出来事の背後にあるものとして考えてみると、随分考えやすいし、人生の見方が面白くなってくるように思う。マリアンヌの夢のなかのマーク少年も、実際に病気で苦しんでいるマーク少年も、偉大なたましいのはたらきの一部として、不思議な対応をなしているのだ。

マリアンヌは家庭教師のチェスターフィールド先生が好きであった。先生の誕生日に彼女はお小遣いをはたいて九本のバラの花を父親に頼んで買ってもらい、先生の来るのを待った。ところが、先生は遅刻をした。マリアンヌは少しいらいらしてきた。遅れてきた先生は、マークのところに立寄ったためと説明し、マリアンヌのいらいらが高じてきたとき、追い打ちをかけるように、先生はマークに誕生祝いとして貰ったという特大のバラの花束をマリアンヌに見せた。マリアンヌの怒りは頂点に達した。

先生にあげるはずのバラを投げ棄てた。それでも足りないので、彼女は例の画帳を取りあげ、「マークなんて大嫌い、死んじまえばいいのよ」とつぶやきながら、マークのいる窓のところに鉄格子のような線を引き、家のまわりの柵は牢獄のまわりの塀のように高くし、例の大石には、マークを見張っているようにと、それぞれの石に一つずつ目をかき入れた。

マリアンヌの衝動的な行為は早速、次の夢に反映された。マークのいる部屋の窓には格子がつけられ、部屋は暗くなっていた。マークとの会話のなかでマリアンヌは、大切なことに気がついた。彼女があの鉛筆で画帳に描き込むことが、そのまま夢に顕われるということであった。確かに家にしろ、階段にしろ、今度の格子にしろ、すべて彼女の描いたことが夢に出ているのだ。しかし、マークはそんなことを信じなかった。もしすべてがマリアンヌの言うとおりなら、マーク自身はいったいどうなるのか、彼もまた彼女のつくり出したものなのか。これに対して、マリアンヌは、マークが夢の前から、あるいは、夢の外に存在していたので、マークはほんものの人間として認める、と言う。マークは少し喜ぶが、ともかく、何でもかんでも自分の描くとおりにこの部屋のなかが変るというのは、マリアンヌの思い上がりだと攻撃する。マリアンヌはこれに怒ってしまって、もう夢を見るのをやめる。夢さえ見なかったら、家もなくなるし、何もなくなる。マークも死んでしまう、と恐ろしいことを宣言して目を覚ます。

目が覚めても、マリアンヌはまだ怒っていた。絵のなかのマークを消してやろうと消しゴムで消そうとしたが、あの鉛筆でかいたものは決して消せないことがわかった。そこで、黒のクレヨンで窓をぬりつぶしてマークの姿を消し、マークの代りに他の女の子の姿をかき入れた。これでマリアンヌの気持は少し晴れてきた。その後、彼女は夢を見ることがなく、マークのことを忘れられて好都合と思っていた。

ところが、思いがけないことが起こった。マークが肺炎になり、しかも彼は筋肉の動きが悪いので危険な状態になり、入院して鉄の肺を使っていることを、チェスターフィールド先生が話してくれた。マリアンヌの心は混乱した。

マークは「マリアンヌがその絵を黒くぬりつぶしたからといって、死んでしまうものだろうか？　そんなばかなことはありえないように思われた――だがそれにしても、時期が悪かった――すべてが、あんまりぴったりと合いすぎるのだ」。マークの病気に対して、自分に責任があるかどうか、マリアンヌは決めかねていた。しかし、考えているうちに、自分があの画帳に何かをかき加えてゆくことで、マークをよくすることができるのではないか、と思いついた。しかし、また夢を見てマークに会うのは嫌だった。さんざん迷った末に、ともかくマークの病気をよくするために、何かかきこもうと決心したが、不思議なことに、お母さんが片づけてしまって、あの画帳がどうしても出て来ないのである。

マリアンヌもマークも病気である。マークの病気は小児麻痺のようだが、マリアンヌの病名は定かではない。マリアンヌの心の状態が病気の原因なのだろうか。逆に、病気になったのが原因で、マリアンヌは恐ろしい夢を見るようになったのだろうか。その上、外界と夢の世界との関係を考えだすと、これも話が難しくなる。マリアンヌが画帳にかくことが原因で、マークの病気はひどくなったのだろうか。心と体、外界と内界、生と死、など人間が明確に区別をたてている世界は、あんがい互いにいりまじっていて、そこに単純な原因—結果という認識をいれこむと、必ずまちがいが生じてくる。たましいは因果的了解を超えた領域であり、そこでは人間のたてた区別はすべてあいまいになる。人間は時にたましいとの深い接触を必要とするときがあり、マリアンヌは十歳の誕生日を契機として、それを経験しつつあるのだ。たましいとの接触は、心からの通路をとるときは苦悩が、体からの通路をとるときは病気が、そのきっかけをつくることが極めて多い。あるいは、人間は病気や悩みを克服しようとしたり、逃れたいともがいたりすることでもなければ、たましいとの接触などという大変なことはしたがらないのだ、と言っていいかもしれない。

たましいとの接触が生じると、常識的、自然科学的には了解できないことが起こる(ここで、自然科学的に了解できないと言っているので、自然科学に反すると言っていないことに留意されたい)。マリアンヌが調子が悪くなったとき、医者も家庭教師も母親もそれに気づきながら、なぜだかわからず、マリアンヌに「どうしたの」と何度も尋ねるところがある。これに対してマリアンヌの答はいつも「なんでもないっ」であった。事実、たましいの領域の問題は、本人にとっても、ただ苦しいとか不快とか、病気としてのみ意識され、何とも言いようがないことが多い。しかし、マリアンヌは夢のおかげで、たましいの世界で劇的なことが生じ、自分も責任の一端があることを知っていた。そして、賢明にもそれを大人たちに対して秘密にしておくべきことも知っていたのである。たましいのことは「たましいの導者」以外には語ってはならないのである。医者、教師、母親はそれぞれ、マリアンヌの体、知識、心などについて心配してくれ、世話してくれる人であったが、たましいの導者ではなかった。

愛すること

それでは、医者、教師、母親たちはマリアンヌを愛していなかったのだろうか。もちろんそんなことはない。それぞれがマリアンヌとの関係にふさわしい方法によって、彼女を愛していた。しかし、愛しているからといって、たましいの様相が見えるとは限らない。時には、「愛している」と思っている人が、相手のたましいを傷つけたり、圧殺しようとしたりすることもある。

傷つけるといえば、マリアンヌはマークに傷をつけたのではなかろうか。死んだらいいとさえ思ったのだ。マリアンヌはマークを愛していないのだろうか。

マリアンヌは画帳のなかのマークの顔をぬりつぶし、女の子を代りに描いた後で夢を見た。しかし、予想に反して、女の子は居ず、マークは居たし、窓はそれほど無茶苦茶にされてはいなかった。マークと話し合っているうちに、マリアンヌはまたわけがわからなくなってきた。いったいマークと会っているのが夢か現実かわからなくなってきたのである。

この家も、この少年も、ここに流れている時も、すべてがこれまで知っていた世界と同じように、ほんものであるように思われた。それにもかかわらず、同時にほかのちがう場所でちがう人々とともに、もう一つ普通の生活が進行しているということも、マリアンヌにはたしかにわかっていた。マリアンヌは二つの世界に属していた。二つの生活がマリアンヌのものだった。

実際、すべての人は「二つの世界」に属しているのだが、どうしても一つの世界しか見えない人が多すぎるのである。「二つの世界」は、もう少しわかりやすい形で人間に経験されることもある。たとえば、一九〇九年にバーネットが発表した『秘密の花園』[2]においては、主人公の少女メアリは誰も知らない「秘密の花園」を発見し、その世話を熱心にするのである。この花園は彼女にとって「二つ目の世界」であった。そして、その世界を大切にすることは彼女の成長にとって必要なことであった。この作品で、主人公のメアリが十歳の少女であり、話の展開のなかで、病弱で足の立たなかった少年コリンがだんだんと元気になってゆく点も、マリアンヌとマークの関係とまったく同様で、興味深い。おそらく、『マリアンヌの夢』の作者キャサリン・ストーは、『秘密の花園』のことは意識しなかったことと思うが、このような基本的パターンの類似性が存在することは、人間の心理を考える上で極めて重要なことである。興味のある方は、この二つの作品を丹念に比較されると、類似点を数多く発見して驚かれることであろう。

マリアンヌは「二つの世界」の重要性に気づくと共に、マークの存在の重要性をも認識した。「ぼくは死にそうなのかい？」とおびえて問いかけてくるマークに対して、彼女は必死になって、「あなたは良くなるのよ。あたしにはそれがわかってるんだってこと信じなくちゃいけないわよ、マーク。あなたは良くなっていくわ。良くなるのよ。あたしにはわかってるの」と強調する。

次の日、マリアンヌは例の画帳を、ふと本棚のなかに見つけた。本当にある種の「もの」は、自分の意志によって隠れたり、出てきたりできるのではないかと思わされるときがある。いくら探しても見つからないのに、まさによいときに出てくるのである。「もの」は心をもたないにしても、たましいをもっているなどと考えてみると、納得のいく気がするときがある。

マリアンヌは画帳を取りあげ、マークの顔の上をぬりつぶした線を消しゴムで消そうとした。そしてわかったことは、この線や女の子を描いたときは、例の鉛筆ではないものを使ったので消せるのだが、例の鉛筆で描いたものは消せないのである。そして、他のもので描いたものは夢に現われないことも悟ったのである。確かにわれわれの経験することでたましいにまで刻みこまれ、生涯消すことができないものと、簡単に消せるものがあると思われる。消せないものは、それを変更することはできないにしても、それに何かをつけ加えることによって全体の状況を変えることができる。それにもっと素晴らしいことは、たましいそのものの自律性によって、変化が生じてくることである。マリアンヌは自分の意志でいろいろなものをつけ加えることができる。しかし、マークはマークの意志で行動するのだ。マリアンヌはマークと協調はできても、自分の意志によって動かすことはできないのである。

マリアンヌはマークを深く傷つけ、自分も傷つき、相手が死ねばいいとさえ思った。にもかかわらず、マリアンヌはマークの生存を願い、接触を続けることを決意する。たましいの接触は、傷つけ合うことなく行うのは不可能とさえ思われる。それは常に「にもかかわらずなされる決意」に支えられて行われる。相手が自分の思うままになったり、理想を体現しているかの如く思われたりするからではなく、傷つけ合って、死を願いたいほどにもかかわらず、なお関係を続けようと決意すること、それをなし遂げてゆくことを愛と呼んでいいのではなかろうか。

このような内的経験をする間、ひとりの少女を守るために病気ということがある、と考えてもいい。彼女は内界の仕事に従事する間、外的な仕事を免除されるのである。この間、われわれ大人にとって大切なことは、彼女を外側から守り、一切の余計なことをしないことであろう。おせっかいな大人は、何のかのと言ってマリアンヌから画帳の件を訊き出して、「そんな馬鹿な空想をするから、病気がひどくなるのです」などといって画帳を取りあげてしまったりする。それでも、マリアンヌの身体の病気は治るだろうが、たましいの方は、回復の極めて困難な破壊を受けることになるだろう。こんなとき、無理矢理に画帳を取りあげるのを、「愛するが故に」するのだと思う大人もいる。愛するということは難しいことである。

終り、そして出発

マリアンヌはその後、例の鉛筆を使って、マークに必要な毛布、自転車、食糧などを、あちらの世界にもたらすことになる。ところが、マリアンヌの描いた一つ目の石は、だんだん数が増えてゆっくりと動き出し(ここにもたましいの自律性が認められるが)、家のなかに侵入してきそうである。測り知れぬ恐怖のなかで二人は脱出を企図し、マークは自転車によって、自分の足を鍛える訓練をする。このことは外的状況に反映され、病気のマークは大分回復し、歩行のための訓練をすることになるし、マリアンヌ自身もベッドから離れるために少しずつ訓練をすることになる。長い間病床にいると、起きると疲れるし、いっそのことずっと寝ていたいとさえ思うのだが、マリアンヌもマークもそれに耐えて、自分の足で立つ訓練をするのだ。

たましいとの接触を遂行するためには、訓練が必要である。これは絶対に必要なことである。それは体の訓練のときもあるし、心の訓練のときもある。傷つくことによって人間はたましいの存在を知ることが多いと述べた。確かに傷つきやすい人は、他の人よりもたましいに接することは多いのだが、訓練を持続する強さに欠けることが多い。訓練好きの人は傷つかなかったり、傷ついても気にしなかったりして、たましいの存在に気がつかないことが多い。たましいとの接触を遂行してゆくのは難しいことである。

マリアンヌが丘の上に描いた灯台が、光を回転させ、光が照らしている間、石たちは恐がって目をつむることがわかった。この間を利用して、マークとマリアンヌは協力し合って、自転車で灯台にまで脱出する。まったく胸のどきどきする経過だが、ここのところは原作を読んでいただくことにして省略しておこう。ひとつ言及したいことは、ここに語られる恐怖についてである。たましいとの接触には、言い難い恐怖感がつきまとう。それは人間存在にとっての根源的な恐怖と言っていいだろう。

子どもたちもそのような恐怖を体験している。十歳くらいというのは、たましいとの接触が深められる年齢である。このような体験は、子どもたちにとって言語化が極めて難しい。本人にとってもわけのわからぬことだ。それは、今まで何ともなかったのに、急に夜トイレに一人で行くのが怖い、という形で示されたり、あるいは、登校拒否、チックなどのような神経症症状であらわされることもある。小学生に心身症が増えてきたことも最近よく指摘されている。最悪の場合、自殺ということもある。このような本人にとっても不可解な恐怖感を、この作品によって目に見える形で表現したキャサリン・ストーの功績は実に大である、と言わねばならない。彼女はそのような恐怖がいかに克服されるかについても、ここに詳しく物語ってくれているのである。

マリアンヌとマークは脱出に成功し、灯台へ来た。そこで二人は海へ行きたいが、ヘリコプターがいると思った。マリアンヌがうまく描けないので、マークがヘリコプターを描くと言い、そのためには例の鉛筆が入用と言う。マリアンヌは迷った。あの鉛筆をマークに渡すことは何らかの意味で「終り」が来るのにつながることを予感していたからだ。病気の終りは嬉しいことだ。しかし、それは悲しいことでもあるのだ。

マリアンヌは決心し、例の鉛筆で画帳に鉛筆の絵を描いた。そして、「夢の世界で目をさました時、マリアンヌは鉛筆を手ににぎっていることに気づいたのだった」。この文の「夢の世界で目をさました時」という表現が実に素晴らしい。マリアンヌにとって「二つの世界」は同等の重みをもち、思いの外に接近してきているのだ。マリアンヌは思い切ってマークに鉛筆を渡し、マークはヘリコプターの絵を描くことになった。

この頃、こちらの世界ではマリアンヌは病気が相当に回復し、海へ行くことになって準備も始める。マークも元気になって海へ行くとチェスターフィールド先生が教えてくれ、先生との授業も終了となった。すべてのことが、終りへと近づいてゆくのだ。

マリアンヌは海に出かける前日に夢を見た。灯台にマークは居なかった。マークが鉛筆を持ったまま、自分の描いたヘリコプターで出発し、自分を置いてけぼりにしたのではないか、とマリアンヌは思った。しかし、マークはちゃんと手紙を残していた。彼はヘリコプターで海へ行ったが「心配しないで——すぐきみを迎えに来てもらうようにしますから」と書いてあった。鉛筆はどこにもなかった。「マークはマリアンヌを見捨てたのではなかった。マリアンヌを待っていたのだ。マリアンヌを残して行くつもりはなかったのだ。きっとマークは迎えに来てくれるだろう。灯台はもうさびしくも、よそよそしくも、こわくも感じられなかった。そこはもう、避難の場所ではなかった。そこは出発の場所だった。」（傍点引用者）

このようにしてこの物語は終るが、確かにこれはマリアンヌにとって、ひとつの終りであると共に新しい出発を意味していた。海でのマークとの出会いは、また新しい物語のはじまりになろう。たましいは、いかなる終りに対しても、新しい出発をアレンジしているのである。

注

（1）河合隼雄「ピアス『まぼろしの小さい犬』」、『子どもの本を読む』楡出版、一九九〇年。〔本巻所収〕

（2）バーネット、吉田勝江訳『秘密の花園』上下、岩波書店、一九五八年。なお『秘密の花園』については、下記に少し論じた。
河合隼雄『子どもの宇宙』岩波書店、一九八七年。〔本著作集第六巻所収〕

二　ルーマー・ゴッデン『人形の家』

人形の家族

人形というものは不思議なものである。それは人間とそっくりの姿をしていながら、自分の意志によって行動することができない。かつて、イプセンが『人形の家』を発表して、大きいセンセーションを巻き起こしたとき、「人形」は、姿形こそ人間と同じであるが、自分自身の自由意志をもたないものの代名詞として用いられたのだった。

今回取りあげる作品は、イプセンの作と同名である。作者のゴッデンがどこまでイプセンのことを意識して、この題名をつけたか知らないが、イプセンの作品が人形のような人間の話であるのに対して、これは人間のような人形の話が述べられている。ゴッデンという人は、児童文学としては恐ろしい話を思い切って書く人である。『子どもの本を読む』(本巻所収)で既に取りあげた『ねずみ女房』も恐ろしい話だったが、今度の作品も相当に恐ろしいものである。

ルーマー・ゴッデン作、瀬田貞二訳『人形の家』(岩波少年文庫、以下の引用は同書による)は、人形の家族について語りつつ、人間の心の深みに達する真実を物語っている。

「これは、人形の家に住んでいる人形たちのお話です。主役は、トチー・プランタガネットという、小さなオランダ人形です」というのが最初の言葉である。オランダ人形というのは、昔には山づみにして売られていた「一つ一文《もん》」の小さい安物の人形である。しかし、このトチーは随分と長生きをしていて、現在の彼女の所有者であるエミリーとシャーロットという二人姉妹のひいおばあさんの時代から暮らしているのである。

トチーは小さいながら自分に対して誇りをもっていた。それは彼女が上等の木でできていたからである。「トチーは時々、じぶんができたもとの、一本の木のことを考えてたのしむことがありました。その木の中をめぐっていた力と樹液のこと、春になれば芽をめぶかせ、夏には若葉をしげらせ、秋の木枯や冬の嵐のさなかにもその木をじっと立たせていた、あの力と樹液のことを考えました。」つまり、彼女の「生れ」は誇らしいものだった。

エミリーとシャーロットは、他の二つの人形をトチーの父母に見たて、プランタガネットさん、プランタガネット奥さんにしていた。奥さんの方はことりさんという呼名もあった。それに、トチーの弟の小さな人形りんごちゃん、それと飼犬のかがり、これだけがトチーの「家族」であった。しかし、トチーは自分の両親について、「じぶんのからだのできているあの木のことならともかく、ほんとうのおとうさんおかあさんはいないのだと、ちゃんと知っていました」。

考えてみると、不思議な家族ではあるが、「だいたいのところ、みんなはとてもしあわせでした。それは、だいたいのところ、エミリーとシャーロットが、まともな子だったからでした」。

これを読んでいると、人間の家族のことを思わざるを得ない。人間たちは自分が「何からできているか」などということを知らないので、同一の家族などと思って同居しているが、本当のところプランタガネット家の家族のように、父親は瀬戸物、母親はセルロイド、娘は木製で息子はフラシ天製などというのがあるのではなかろうか。というよりは、本来、家族というものはそういうものではなかろうか。それが家族として幸せに暮らすためには、それ相応の努力を必要とする。そのためには、まず自分が何でできているのか自覚することが必要だ。トチーが「もとの木」に想いをいたすのは素晴らしいことだ。そして、自分とはまったく異質のものでできている家族の本体を知り、そこにお互いをつなぐ絆をつくりあげねばならない。その絆は、木と木が、セルロイドとセルロイドとが結びつくような絆では駄目なのである。それがどんな絆であるのかは、物語の進展に従って、おいおいわかってくるだろう。

プランタガネット一家にも悩みはあった。それは彼らが二つの靴の箱のなかに詰めこまれていて、「家」がないことであった。エミリーとシャーロットも人形の家を欲しいと思っているのだが、それは彼女らにとって高すぎたのである。ところで、トチーは百年も昔のこと、エミリーとシャーロットの大おばさんのローラのところで暮らしていたとき、ひとつの「人形の家」に住んでいたことを思い出した。玄関があって居間があって、居間には絨毯が敷かれ暖炉もちゃんとあった。台所に寝室に……とトチーが語るにつれ、プランタガネット一家の人たちは次第に興奮してきた。そんな家があればどんなに素晴らしいだろうと、口々に話し合ったが、それを手に入れるためにはどうすればいいのか。それはまったくの難問であった。

願い

人形たちは家を欲しがっている。そのためにはいったいどうすればいいのだろう。「人形の身であるということは、心配の多い、危険さえ少なくないことです。人形は、じぶんからはえらべません。えらんでもらうほかありません。人形は、じぶんからは何か「する」ことができません。させてもらうほかありません。」人形たちは自分で自分の家を選んだり、買ったりはできないのだ。

しかし、人形にできる凄いことが一つあった。それは「願う」ことである。たとえば、エミリーがトチーのために赤い毛糸のマントを編んでいるとき、トチーは自分のためよりもお父さんのために、マフラーか小さなチョッキでも編んでくれるといいのにと思う。そのとき、「トチーはそのように願うことしかできないのでした。人形は何も話すことができません。でもしばしば人形の願いは口に出していうのと同じくらい強いのです」。もっとも、このときはトチーの願いをエミリーは感じなかったらしく、彼女はプランタガネットさんには何もつくってくれなかった。願いは時に強力である。しかし、それが相手に通じないときは、まったく無力なのである。

ところで、たまたまその頃、エミリーとシャーロットの大おばさんが亡くなり、トチーが住んでいた人形の家は、もしかするとエミリーとシャーロットが欲しがるかもしれない、というので、そのことを問い合わせる手紙が彼女たちのところに着いた。彼女たちは、その家を貰ってもいいだろう、と母親に許可を求めた。彼女たちの願いと共に、それを聞いていた人形たちもそれを願った。

願いは成就し、家が送られてきた。しかし、それは何十年にもわたるちりぼこりとよごれ、かびやさびで汚れ切っており、家具もさっぱり古くなって破損していた。人形たちはこれにはがっかりしてしまった。思わず泣言が口をついて出てくるのだったが、

「泣言をいわないで。願って!」トチーはきびしくいいました。その声音のきびしいせいで、その言葉はいっそうりんと、きびしくきこえて、プランタガネットさんまでが気をとりなおし、みんなはおねがいを始

めました。「エミリーとシャーロットがわたしたちの家をきちんとして、また住めるようにしてくれるように願うのよ。さあみんないっしょに。願って、願って、願うのよ。」とトチーがいいました。

願いは通じた。子どもたちは人形たちを暖炉台の上に置き、人形の家を解体して掃除をはじめた。ほこりをとるためには、バケツの水を三度も取りかえるほどだったが、子どもたちは熱心に仕事をし、それを暖炉台に立って見守っている人形たちは喜んだり、やきもきしたり、願ったりのし通しであった。

「たいした仕事ぶりだわ、シャーロット。」とエミリーはいいました。

「ほんとうに、たいした仕事ぶりだわ。」とトチーがいいました。

「たいした仕事ぶり。」プランタガネット一家がどっとほめそやしました。

「あら、新しいものみたいになったわね。」エミリーが人形の家から数歩うしろへさがっていいました。

こうなってくると、仕事は二人の姉妹と人形の一家が協力してなされているような様相を呈してくる。レースのカーテンが欲しい、ベッドも欲しい、と人形たちは願う。枕も必要だ。しかし、ことりさんは綿ではいやだと思うものの、ことりさんは少し頭がこんがらがる傾向があって欲しいものがちゃんと言えない。そこで、トチーが願い始める。そのとき、シャーロットがだしぬけに「ことりさんには羽根ぶとんがいいと思うわ」と言ったので、ことりさんは有頂天になって喜ぶ。

こんなところを読んでいると、果して人間というものは、自分が信じているほどの自由意志をもっているのかな、と疑問に感じるのである。エミリーとシャーロットは人形の家の整備に一所懸命だ。これはしかし、彼女たちの意志によるものなのか、あるいは、人形たちの願いを生きさせられているのか、果してそのどちらであろう。

われわれ人間が、あの家が欲しいなどと思って、それを手に入れるために節約をしたり、借金をしたり、がむしゃらに働いたりしているとき、それは家が欲しいという自分の意志に従っているのか、「私を買って下さい」というその家の願いに動かされているのか、あるいは、われわれがその存在をさえ気づかない、ある人形の願いに動かされてやっているのか、このあたりの見極めはなかなか難しいのではなかろうか。人形をひとつのものと考えると、人形と同じくこの世のすべてのものは願いをもっており、縦横無尽に張りめぐらせた、ものたちの願いの網の中で、人間はそれらのうちのどれかをキャッチして、動かされて生きているのではないか、などと考えさせられるのである。

人形の世界

「人形の家」は二人の姉妹の努力で随分きれいになった。それをより素晴らしくしたいと人形たちも願ったし、子どもたちもそれに応じて、レースのカーテンが欲しいし、ソファや椅子も上等のものが欲しいと思った。しかし、それらは大変に高価で、姉妹の貯金を合わせた五三〇円では、とうてい買えるはずがなかった。

二人のところに遊びに来た、子ども好きのイニスフリーおばさんがいいことを考えてくれた。目の見えない子どもたちに寄附するための人形の展覧会をおばさんたちが計画しており、それにトチーを出品すれば、その借り賃としてギニ金貨一枚（一、〇五〇円）をあげると言うのである。これだけあれば、人形の家に立派な家具を整えられる。子どもたちは大喜びで同意した。

しかし、トチーは悲しく、いきどおりをさえ感じた。百年も生きてきて、僅かギニ金貨一枚なのか。トチーは暫くの間だけ家を離れるのか、売られてゆくのか、はっきりとは解らなかったようだ。「トチーはひとこともいいませんでした。そしてまるで木から石に変わってしまったように立ちつくしていました。エミリーはトチーをとりあげて、イニスフリーさんにわたすために白い紙につつみましたが、つつむ間、トチーが、エミリーの手に冷たく重く感じられました。みなさんは、おわかりですか？　エミリーは、トチーのみじめな感じをつよく胸にうけましたが、その理由がわかりませんでした。」

トチーが連れられていった夜、りんごちゃんも、ことりさんも、それにプランタガネットさんもなかなか眠れなかった。エミリーもシャーロットも妙に落着かなかった。とうとうシャーロットがおそるおそる姉に向かって、トチーをお金なんか貰わずに貸してあげる方がよかったのではと問いかけ、エミリーもそれに同意する。彼女たちは、トチーが何となく情ない気持でいたことを思い出し悪いことをしたと後悔する。

翌朝二人は早速おばさんにお金を返しに行くと、おばさんは子どもたちの行為を非常に喜んでくれた。そして、それでは人形の家の家具が買えずに残念だろうから、というので、古くなって使えないように思えた家具を磨き、張り替えなどして立派なものにできるか職人さんに尋ねてみようと言ってくれる。

さて、トチーはこんなことをまったく知らず、悲しい気持のままで展覧会に出る。そこにはありとあらゆる人形が集められて、トチーは驚いてしまう。そして、どれもが例外なくトチーより大きいので、彼女は恥ずかしく家に帰りたくてたまらなくなるが、彼女は「もう二度と家に帰れない」と思いこんでいるので、苦しくてたまらなくなるのだった。しかし、百年も経てきたトチーは、「珍品」として特別に陳列されることになった。

トチーの右隣りには、しゅすのドレスを着たロウ人形、左隣りにはフランス製の散歩人形が列べられた。ところが、驚いたことに、トチーの向い側に、彼女がかつてエミリーたちの大おばさんのところで一緒に暮らしたことのあるマーチペーンが居たのである。マーチペーンは子山羊の皮と瀬戸物でできていて、白い花嫁衣装をつけた気位の高い人形であった。マーチペーンは、例の「人形の家」と共に、エミリーたちの大おばさんの家にしまいこんであったが、家が彼女たちに送られてきた時は、クリーニング屋さんに洗いに出され、そこのカウンターに飾ってあったのである。それに目を留めた人が推薦して、彼女はこの展覧会に出たわけである。

マーチペーンはまったく気位の高い女性であった。「わたしを買うにはきっと途方もないくらいたくさんのお金がいるにちがいないわ」と彼女は思った。「マーチペーンのうぬぼれは、しだいにぐんぐん大きくなって、しまいに、その思いあがりが小さな頭にはいりきれなくなるのではないかと思えるくらいでした。」こんなマーチペーンとトチーが仲良くなるはずがない。お互いが好ましくないと思っていたのに、どうした運命のいたずらか、こんなところで出会ってしまったのである。人形の世界もなかなか大変なのだ。

展覧会には女王さまがお出でになった。女王はあの人形、この人形と見て歩かれたが、「マーチペーンが予期していた通り、マーチペーンのまん前で足をおとめになりました」。そして、なんと美しい人形だろうと感心されたが、これが会場内で一番小さいのでしょうね、と言われた。そこで、案内していたイニスフリーさんが、もっと小さいのもあるというので、トチーのところへとお導きした。女王は「まあ！　まだ子どものころ、ちょうどこのような木の人形でよく遊んだものですよ」と感心され、続いてトチーが一番恐れていた質問をされた。

「この人形はお売りになりますか？」

「トチーは全身のふしというふし、木目という木目をかたくして、答えのもどってくるのを待ちました。人形たちの間にささやきがつたわっていきました。」

可哀そうなトチーは、自分が売られてきたものと思っていたのだ。彼女は自分の人形の家族やエミリー、シャーロットに対して、心のなかでさよならをつぶやいた。ところが、子どもたちの心をよく理解していたイニスフリーさんは、「この人形はお売りできないのでございます。ふたりの小さな女の子のとくべつなお気にいりでございますので」と、女王にしっかりとお答えしたのである。女王が立ち去られた後、「トチーの木でできたからだは力が抜け、折れまがるのではないかと思われました。役員のひとりが、声をあげて走りよってきました。「おやまあ!」とその人はいいました。「小さな一文人形がたおれて、テーブルからころがり落ちてしまったわ。」」

人形たちは、トチーは女王さまが買いたいと言われたので喜んでいると思った、しかし「トチーは、女王さまがお買いになれなかったから、うれしいのよ」と皆に言いたかった。エミリーもシャーロットも、どんなことがあってもトチーを手放したくないと思っていることがはっきりしたのである。トチーは「しあわせがからだにみちあふれて、まるでじぶんの木の中に、むかし、春ごとになったように、樹液がみちてからだ中を流れているような気がしました」。けれども、マーチペーンは、トチーの幸せをひどく嫉んでいた。

エミリーとシャーロットは展覧会にやってきて、トチーのことが掲載されている新聞の切り抜きを見せたりした。そんなとき、マーチペーンは瀬戸物でできた歯をぎいぎい言わせてくやしがった。エミリーたちはマーチペーンを見て感心した。特にエミリーが彼女に惹かれたようであった。

展覧会が終りに近づき、人形たちは自分の境遇について語り合った。トチーは家に帰れる嬉しさで気がゆるんでしまって、例の人形の家のことを皆に話をして、羨ましがらせた。ところが、これを聞いてマーチペーンは烈火の如く怒り、それは自分の家だと主張した。「今に見てるがいい。見てるがいい」マーチペーンは、「わたしは、あの家をとりかえしてみせるから」と叫んだ。人間の世界にもいろいろと大変なことが起こるが、人形の世界でも同じことなのである。

ものとこころ

トチーが人形の家にもどったときは、冬だった。エミリーとシャーロットは、イニスフリーおばさんのところに、人形の家のソファと椅子を取りにゆくとき、トチーを連れていった。おばさんのおかげで、古い家具は見違えるように立派になっていて、エミリーが「女王さまの人形の家だって、これ以上のセットはなかったわ」と言うほどになっていた。プランタガネット一家には嬉しいことばかりが続くのだった。

トチーはクリスマスには、ことりさんにはパラソル、りんごちゃんにはビー玉、犬のかがりにはお皿、それからプランタガネットさんには、おもちゃの郵便局が贈物として貰えるといいなと思う。プランタガネットさんは、いい、いい、郵便局長になって毎日働きに行くことになることだろう。トチーは、このようなことが実現するように「願う」ことにした。

クリスマスになると、まったく不思議なことに、トチーの願いはつぎつぎと成就した。ことりさん、りんごちゃん、かがり、プランタガネットさんとつぎつぎ贈物を受け取るたびに、トチーは「いよいよふしぎだわ」、「いよいよすばらしいこと」と感嘆した。しかし、こんなにもよいことばかり続いていいのだろうか。

トチーの願いがすべてかなったと思ったとき、エミリーとシャーロットは小包で、マーチペーンを受け取ったのである。子どもたちの大おばさんのところから送られてきたのだ。エミリーは展覧会場でマーチペーンを見たときから気に入っていたので大喜びである。これに対して、妹のシャーロットはマーチペーンにあまりいい感じを持たず、おずおずと言いかけるが、エミリーに、「このひとは申し分ないくらい美しいわ。わたしたちの人形の中でいちばんね」と言い負かされてしまう。

エミリーがマーチペーンを人形の家に入れこんだので大変なことになってしまった。マーチペーンはこの家が自分の家であると主張し頑として譲らないのだ。マーチペーンとプランタガネットさんは口論する。そのなかでマーチペーンは、自分は子どもたちなんかに興味はないと言い切ってしまう。プランタガネットさんは「でもあの子たちは生きてるんだ！　ぼくたちを生かしてくれるのも、ただあの子たちだけなんだ」と主張するが、マーチペーンは「ふん！」と言った切り相手にしない。子どもに遊んでもらうのが好きではないなどというのは、人形ではない、とプランタガネットさんは言い、怒りのあまり決定的なことを言う、「あなたはものだ」と。

これは考えさせる言葉である。人形がもしものでないとしたら、いったいそれは何なのだろうか。プランタガネットさんに訊いてみると、「人形は人形です」と言われそうな気がする。人形という存在は、ものとこころという難しい問題を解くひとつの鍵を握っているようにさえ思われる。このことを考えるために、人形は人形なのだが、こころの側に強調点をもつのと、ものの側に強調点をもつのとがあると考えてみてはどうだろう。

トチーは子どもたちと心の交流ということによってつながってゆく。それに対して、マーチペーンはその姿や衣装の立派さ、美しさによって子どもの心を惹きつけようとする。そして、そのどちらも人間を魅することには相違ない。マーチペーンが立派になり、人から大切にされるに従って、共に遊ぶのを嫌がり、むしろ、博物館に飾られる方を好むようになるのは示唆的である。人間も立派になり、人から大切にされ出すと、じかに人と接触するのを嫌がり、一種の「博物館」(時に元老院などと呼ばれたりするような)に入りたがる。こんな人はプランタガネットさんに従うと「もの」になっているのかもしれない。

しかし、ものとこころという問題は考えれば考えるほど難しくなる。ことりさんはセルロイド製で頭がカラコロと鳴って、考えがまとまりにくいのである。ことりさんは、掃除をしたり歌を歌ったりしていても混乱してきて、「わたしは、手でうたってるの？　そして声で掃除をしてるの？」と言ったりする。ことりさんにとっては、ものとこころの区別がどうもはっきりしないようにさえ思えるのだが、こんなのこそ本当に人形らしい人形なのかなと思ったりする。ものとかこころとか区別して考えているのは、ひょっとすると人間だけで、本当はそれらは深い次元では思いの外につながっており、人形のことりさんはそんな次元で生きているのかな、と思わされるのである。

エミリーはますますマーチペーンが好きになり、彼女を人形の家の居間に入れ、これまでそこに居たプランタガネット夫妻を屋根裏部屋に移してしまった。ことりさんはそれでも居間にふらふらはいっていって、マーチペーンにいじわるをされる。プランタガネットさんはマーチペーンを憎むが、トチーは憎むのは時間の無駄で、「願わなければいけないわ。わたしは願うの。わたしたちみんなで願わなければいけないわ」と言う。しかし、なかなか変るきざしがなく、エミリーはマーチペーンばかりを可愛がるのだ。そして、エミリーはついに、マーチペーンを一家の主人とし、プランタガネット一家をその召使いにしてしまう。

事態はますます悪化した。エミリーはシャーロットの反対を押し切って、りんごちゃんをマーチペーンの子どもということにしてしまった。人間はやろうと思えば、人形の家族関係など意のままに変えてしまえるのだ。急に境遇を変えられた、りんごちゃんは大変な危険にさらされることになった。りんごちゃんはマーチペーンの居る部屋で、ランプにあまりに近づいたので、火がうつって燃えそうになったのだ。シャーロットは人形の家から焦げる臭いがすると言うが、人形の家があまり好きでなくなっているエミリーは取り合わない。りんごちゃんの危機を感じて、プランタガネットさん、トチーが何とかしようととんできたとき、既にことりさんはりんごちゃんとランプの間に身を投げ出し、りんごちゃんは危うく助かった。しかし、「ぱっとあたりがひらめきました。一すじの、明るい光でした。白いほのおでした。いま、ことりさんのいたところには、もうことりさんの姿はなく、なんの名残りもとどめませんでした。ただことりさんの着ていたものだけが、ふわふわとただよって、じゅうたんの上のりんごちゃんのそばにゆっくりと落ちていきました――」

ことりさんは自らの命と引きかえにりんごちゃんを救い、一瞬の輝きのなかに消え去っていったのである。エミリーとシャーロットは異変を感じて、人形の家のなかを見て、何が起こったかを知った。「ことりさんは、いのちをりんごちゃんにあげたのね」とシャーロットが言った。このことで、エミリーも急に心が変り、人形の家を昔通りにして、マーチペーンは博物館に行ってもらうことにした。

このようにして、人形の家に再び平和が戻ってきた。ただ、以前と異なることは、ことりさんが居ないことだった。トチーは、「ことりさんはしあわせだったんだわ。ああせずにはいられなかったのよ」と言った。おそらく、ことりさんは、ものとしても、こころの交流という点でも、他の人形には劣るところがあったが、たましいの国にいちばん近い存在として、それ相応のはたらきをした後に、一瞬の輝きのなかに、たましいの国へと去っていったのであろう。

心理療法家として

この作品については、まだまだいろいろなことが言えるし、異なった角度から見ることもできるであろう。しかし、筆者は自分の心理療法家としての職業との関連で、どうしても、もう一言つけ加えたいことがあるので、それを述べることにしたい。

それは、この人形たちの姿に、心理療法家と重なり合うものを強く感じた、ということである。これは人形たちの物語である。しかし、最初から最後まで出てくる、エミリーとシャーロットという人間の子どもの物語でもある。この二人の子どもは、この話の経過のなかで、いろいろな体験をし、それなりの成長を遂げている。決定的なところは二点に絞られるが、ひとつは、お金欲しさにトチーを賃貸ししたことを恥じ、お金をおばさんに返すとき、ふたつは、マーチペーンというものの魅力に惹かれていたことに気づき、心の通い合うプランタガネット一家を大切にしようと考え直すとき。もちろん、この間には人形の家を掃除したりするような努力も含まれている。

エミリーとシャーロットの二人は、明らかに物語の展開と共に成長を遂げている。ここにあって彼らの成長を助けたのが人形たちである。しかし、人形たちは何かを「する」ことによってそれを成し遂げたのではなく、ただ願うことによってそれを行なったのである。ここのところに、心理療法家との本質的な類似性が感じられるのである。

たとえば、エミリーとシャーロットが人形の家を受け取って、それがあまりに汚くなっているので驚くところがあった。そんなときに、人形たちのできることは、その掃除を手伝うことではなかった。彼らはただただ願ったのである。心理療法家も同じことである。ある子に学校に行って欲しいと思い、シンナーを吸うのをやめて欲しいと思うときがある。しかし、われわれにできる唯一の本質的な仕事は「願う」ことだ。しかし、ここで大切なことは、あきらめずに願い続けることなのだ。

そうすると、不思議なことがよく生じる。イニスフリーおばさんがよいときに登場したり、女王さまがいいことを言って下さったり、あるいは、ひょっこりと郵便物が届いたり。これらは本当にうまく生じてくるのだが、別に人形(心理療法家)が意図的にしたことではない。それは「願い」に沿って自然に起こるのである。

もちろん、願いは通じないときもある。それに願いが怖いほど通じて、こちらが有頂天になりかかったとき、もっとも悪いことが生じることさえある。マーチペーンが郵便で送られてきたときがそれに相応するだろう。

心理療法家も誰かを憎みたくなるときがある。「あのお母さんがあれほど冷淡でなければ」とか、「何ときつい先生だろう」とか、「こんな人さえ居なかったら万事うまくゆくのに」、と思うときがある。しかし、実際はトチーの言うように、「憎むのは時間の無駄」で、ただ願うことのみが大切なのである。

心理療法家は、ただ願ってばかりいるのだろうか。ここで、マーチペーンの存在が重要になってくる。マーチペーンは願ったりしない。彼女の「もの」としての魅力が人間を動かすのである。心理療法を受けることによって、学校へ行かない子が行くようになった。仕事をしなかった人がよく働いてお金をかせぐようになった。このようなことも心理療法の魅力であろうし、このような魅力が人を動かすのも事実である。しかし、それにのみ頼り、それを自慢にしはじめると、その療法家はマーチペーンのようになるだろう。もちろん、うまく出世して博物館入りを達成するかもしれない。しかし、そのためには多くのこころのつながりを犠牲にしなくてはならないだろう。

こんなことを考えながら読んでいたので、ことりさんの死は、本当に衝撃的であった。心理療法家という仕事が、命がけの仕事であることを、あらためて思い知らされたような気がした。確かに、この仕事のために命を失った人が居ないとは言えないのである。

それでは、心理療法家は人を救うためには、自分の命を投げ出さねばならないのだろうか。われわれはこの物語を文字どおりに、単純に読む必要はない。心理療法家と人形とを重ね合わせて読むにしろ、一人の心理療法家のなかには、たくさんの人形が住んでいるのだ。どれか一つの人形になり切る必要はない。プランタガネット一家のみならず、マーチペーンも住んでいる。考えてみると、子どもたちの真の成長のためには、マーチペーンも必要だったのである。これら多くの人形たちが、治療者のなかで生まれたり死んだりして、その全体の流れのなかで治療が進んでゆくのだろう。

三　A・リンドグレーン『はるかな国の兄弟』

不思議なお話

リンドグレーン『はるかな国の兄弟』（大塚勇三訳、岩波書店、以下の引用は同書による）は、リンドグレーンの数多くの名作のなかでも傑出したものであろう。数年前にスイスのチューリッヒの児童書専門店に行って、何か素晴らしい本を推薦して欲しいと言うと、店員が即座に一冊の本をもってきた。見ると、『レヨンイェッタ兄弟』とある。あれ、こんな本あったのかなと一瞬思ったが、すぐに『はるかな国の兄弟』の原名であることを思い出し、この本は既に日本で訳されていて読んだことがある、と言うと、「そうか、やはりいい本はよく読まれるね」と非常に嬉しそうであった。

リンドグレーンの作品のなかで、本書は私のいちばん好きな本である。しかし、取りあげて論じるのはなかなか難しい本で、とうとう思い切って書くことにしたが、未だにその全体像を把握したとは言い難い。もっとも、名作になるほど、すべてを読みつくすことなどできるはずもないのだから、自分のわかっている範囲で言えることを言うことにしよう、と決心して筆を執った次第である。

この話は不思議な深さをもっている。本書を第三章あたりから読み出す人があったら、これを面白い冒険物語として読みすすんでゆくであろう。実際に、単なる冒険物語としてもなかなか素晴らしいのだが、最初からこの本を読んできた人は、それを「死後の世界」のこととして読むのだから、冒険物語をハラハラしながら読んでいるだけには終らないものが、常に心の底で動くのである。本書に示されたような深さをもつ人だからこそ、『長くつ下のピッピ』のような底抜けの作品を書くことができたのであろう。本書を読むと、ピッピのよさがよりよく理解される気がするのである。

この本は次のような言葉ではじまる。

> では、これから、兄さんのことを話します。ぼくの兄さん、ヨナタン・レヨンイェッタのことを、ぼくは話したいのです。これは、まるでお話のようだし、ほんのちょっとおばけ話みたいにもおもえますが、それでも、すっかり、ほんとうのことです。

この話の語り手、つまりヨナタンの弟カールは、ずーっと病気で寝ていて、足がまがっていて歩けず、もうすぐ死ぬことがわかっている十歳の少年である。気が弱くて怖がりのこの少年に比して、ヨナタンは非常に立派で非の打ちどころのないような少年である。ところで、一足とびにこの本の結末のところにまで行くと、そこでは、カールが傷ついて動けなくなった兄のヨナタンを背負い、崖のふちから暗闇のなかに一歩を踏み出すところで終っているのである。つまり、わかりやすく言えば、カールは兄のヨナタンと心中するのである。しかし、おそらく、この本を読みすすんできた読者であるならば、おそらくここで「心中」とか「自殺」とかいう言葉さえ思い浮かばないのではなかろうか。この本について「最後は主人公の自殺で終る」とか、「兄弟心中の話」などと言う人はまずあるまい。しかし、この話において、最後に兄弟が心中するのは事実なのである。

それではどうしてそうなのかと言うと、この話の展開に従って述べると、カールとヨナタンは死後の世界ナンギヤラにおいて冒険をし、最後はそこよりももっと素晴らしい国、ナンギリマに向かって最後の飛翔を遂げるところで終りとなるのである。その体験をカールはナンギリマからわれわれに語っているのである。つまり、この物語の視点は、死後の世界ナンギヤラの、そのまた死後の世界、ナンギリマにある。われわれは物語を読みすすんでゆくうちに、その深い視点の方に目を移してゆくので、この話の最後が、この世の視点からすれば、自殺であったり心中であったりすることさえ忘れてしまいそうになるのである。しかし、そこまで忘れてしまっていいのだろうか。

新聞を見ると、時に中学生の自殺などが報道され、「母親に叱られて」とか「宿題を忘れて」とか御丁寧に「原因」まで記されていることがある。しかし、これは俗人の妄想であって、実のところは、勇気ある一人の少年がナンギリマに向かって飛翔したのかもしれないのである。こんなことを言うと、自殺礼讃と思われそうだが、この作品にしても、ナンギリマに至る前にナンギヤラの世界があり、そこは別に素晴らしい国とばかりは言えないのであり、主人公は相当な苦労をせねばならず、ナンギヤラの世界の記述にこそ、この作者も力を入れているのである。このようなことを考えながら、作者が「すっかり、ほんとうのことです」と言う、この不思議な話を読んでゆくことにしよう。

死後の世界

主人公のカール・レヨン（レヨンはライオンを意味する）は、既に述べられたように十歳の少年で死期を間近にひかえて、ベッドに横たわっている生活をしている。彼が眠っていると思って母親が近所の人と喋っているのを聞き、彼は自分の死期の近いのを知る。そのことを母には知られたくなかったが、兄のヨナタンには打ち明ける。自分の運命を悲しみ、死を怖がるカールに対して（カールをヨナタンはクッキーと呼んでいた）、ヨナタンは、「ねえ、クッキー、ぼく、それはそんなにおそろしいこととおもわないよ」と話しかける。「すてきなことだ」とさえ彼は言う。死ぬと人はナンギヤラに行く、「そこはまだ、野営のたき火とお話の時代」で「朝から夕方まで、それに夜中までも、冒険がつづく」のである。そして、クッキーはそこに行くと、「すぐに元気で強くなり、それに、きれいにだってなるだろう」とヨナタンは言うのである。

ヨナタンは「お話の王子のようでした。その髪は金のようにかがやき、こい青の美しい目はほんとにきらめくようだし、歯はきれいで白く、足はすらりと、まっすぐでした」。その上、やさしくて強く、何でもできるし、クラスで一番だというのだから、まさに理想の少年である。これに対して、弟のクッキーの方はその影の部分を全部背負わされているような感じである。ただ、大きい救いはこの兄弟が無類の仲良しであり、ヨナタンはクッキーに対しても、ナンギヤラのことなど話をして慰めてやれることである。このためクッキーの気持も落着くが、それでも自分が先に死んでヨナタンが来るのを待つのがつらいと言うと、ナンギヤラは地上の時間と異なっているので、たといヨナタンが九十歳まで生きても、クッキーは二日くらい待てばいいのだと教えてくれる。

ところが、思いがけない運命が二人の上にのしかかってくる。突然の火事でクッキーが逃げ出せずにいるとき、ヨナタンは燃えさかる家にかけこみ弟を背負って三階からとびおりる。ヨナタンはその場で息を引きとるが、クッキーは助かるのである。これを知ったヨナタンの担任教師は、新聞に記事を寄せ、イギリスのリチャード一世が獅子心《ライオンハーテッド》王と呼ばれていたことにちなんで、ヨナタンにレヨンイェッタ（獅子心《ライオンハーテッド》）の名をおくる。

町の人たちがヨナタンの死を嘆き、「ぼく（クッキー）が代りに死んだほうがよかったのに、と思わない人はひとりもいません」というつらい状態のなかで、この薄幸な少年は生き続けねばならない。彼は「泣くなよ、クッキー、ナンギヤラで、また会おう！」というヨナタンの最期の言葉を頼りにして生きているものの、それも何だか不確かなことに思えてきたとき、一羽の真白なハトがやってくる。それはヨナタンの魂だった。ハトはヨナタンが既にナンギヤラに住んでいて、「サクラ谷」の「騎士屋敷」に「レヨンイェッタ兄弟」という表札まで出して、クッキーの来るのを待っているというのである。クッキーは嬉しくてたまらなくなった。今夜にもナンギヤラに行けそうに思う。そこで母親宛に次のような簡単な書き置きをする。

> 「泣かないで、母さん！
> ナンギヤラで、また会いましょう！」

> それから、あれが起こりました。あんなにふしぎなことに、ぼくはであったことがありません。まったく突然、ぼくはふっと門のまえに立っていて、緑色の札の字を読んでいたんです。……《レヨンイェッタ兄弟》

クッキーはすぐヨナタンに会い、二人はふざけ合い、小川で泳いだ。クッキーの体は普通になり、すっかり元気だった。サクラ谷はサクラの花で埋まっていて、限りなく美しかった。彼らの騎士屋敷も素晴らしく、グリムとフィアラルという立派な馬が二頭、彼らのために飼われていた。何もかもが最高であった。彼らはそのうちお母さんが来たら、一緒に住もうと話し合う。

こんなに楽しい死後の世界があり、しかもヨナタンのようにそのことをこの世に居るときから知っている人は、どんなに幸福だろう。死を怖がる病気の弟を心から慰め、また、彼の命を救うために敢然と行動したのも、ヨナタンが死後の世界の存在を知っていたからであると言える。しかし、話はそれほど簡単ではない。もし、ナンギヤラがこれほどいいところだったら、ヨナタンはクッキーが早くそこに行けるように、火事のときに彼を助けずに死なせた方がよかったのではないだろうか。また、彼らの父親はクッキーが二歳のときに、海へ行ってしまったきりで、その後行方不明とのことだが、彼はナンギヤラには居ないのだろうか。未だこの世のどこかに居るとしても、ヨナタン兄弟は母親がそのうちに来ることを期待しつつ、父のことをまったく不問にしているのも不思議なことである。このような疑問が湧いてくるのだが、それはそれとして、実のところ、ナンギヤラもクッキーが最初に感激したほど、何もかもがいいところでないことがわかってくるのである。そこには、相当な悪が存在していた。それはひょっとして、この世よりも凄まじいと言えるかもしれないのである。

冒険

サクラ谷の騎士屋敷での生活は実に快適であった。何もかもがそろっているし、ヨナタンとクッキーは騎士の服を着て、馬を乗りまわして遊ぶのである。クッキーがこのナンギヤラで生きている時代は凄く古いのだろうとヨナタンに問いかけると、彼は「ある意味では、そういえるかもしれないね」と肯定しつつも、「でも、これは、若い時代ともいえるかもしれないよ」とつけ加える。

彼らは散歩中に、ソフィアという女性に会う。ソフィアはヨナタンに、パンやミルク、蜂蜜などをくれる。その代りにヨナタンは彼女の庭園の世話をしてやるのである。ソフィアのすすめで二人はその夜、「金のオンドリ館」という宿屋を訪ねる。そこの亭主、ヨッシをはじめ一同は兄弟を暖かく迎えてくれ、皆で歌を歌ったりして楽しくすごす。クッキーはそのなかになじんでゆきつつ、ソフィアが皆から特別に尊敬されていること、彼女が何か秘密の心配をもっていることを感じとる。

ヨナタンはソフィアのことを冗談まじりに「ハトの女王」と呼んだりしたが、彼女はたくさんのハトの世話をしていた。クッキーはすぐにそのなかの一羽が、ヨナタンの魂を乗せてあちらの世界にまで訪ねてきてくれたことを想い出した。ソフィアのハトは、サクラ谷の隣の「野バラ谷」との間の交信にも役立っているのだが、そのうちの一羽が何者かによって射殺され、「サクラ谷の中に裏切り者がいる」とヨナタンとソフィアは悲しむ。事情のわからないクッキーにヨナタンが説明してくれたところによると、野バラ谷もサクラ谷のように平和な村で以前は往来があったが、その隣にあるカルマニヤカに住むテンギルが部下を従えて、野バラ谷を乗っとり、続いてサクラ谷をも支配しようとしている、というのである。

死後の世界にも、悪者や裏切り者があり、それとの戦いが必要だったのだ。

ソフィアはテンギルに対する秘密の戦いの指導者であり、ヨナタンと野バラ谷のオルヴァルが彼女に協力してきたが、何者かの裏切りによって、オルヴァルはテンギルに捕えられた。テンギルはカトラという恐ろしい怪物を配下にしており、オルヴァルは「カトラの洞」に閉じ込められていると言う。そこで、ヨナタンはオルヴァルを救うために、悲しむクッキーを残して一人で野バラ谷へと行ってしまう。ソフィアもヨナタンもテンギルと戦おうとするだけに強くて、怖いということをしらぬのに対して、クッキーは弱虫で、二人のように勇ましくなりたいと願いながら、いつも怖がってばかりいる。こんなこともあって、ヨナタンはクッキーを連れずに野バラ谷へと向かったのである。

ある日、クッキーはヨナタンが助けを呼んでいる夢を見る。「ぼく、行くよ」とクッキーは思わず叫んでベッドから飛び起きて、暗闇のなかにとび出していったが、結局はまたベッドにもぐりこみ、自分の弱さ、みじめさに打ちひしがれる。翌朝になってもどうしていいかわからなかったが、ヨナタンが出てゆくとき、「ときには、危険なことだってやらなきゃならないことがある。そうしなければ、もう人間じゃなくて、けちなごみくずになってしまう！」と言ったことを思い出し、ヨナタンを救うために一人で出かけることを決意する。彼は愛馬のフィアラルに乗り、野バラ谷へと向かう途中狼に襲われたりしながら、途中で見つけた洞穴で野営する。

そこへ、テンギルの部下、ヴェーデルとカーデルがやってきて、クッキーが洞穴に居ることも知らず、サクラ谷の「裏切り者」と連絡のために会おうとする。クッキーはサクラ谷の住人ヒューベルトが怪しいと思いこんでいたのに、そこに現われたのは、何とヨッシであった。「金のオンドリ」の亭主で、あれほど親切にしてくれたヨッシが裏切り者だったのである。これにはクッキーはまったく驚いてしまった。テンギルの部下たちは、焼きごてでヨッシにカトラ印を焼きつけ、それが仲間の印になると言った。クッキーは彼らの会話から、ヨナタンが未だテンギル一味に捕われておらず、彼らは必死になってヨナタンを探していることを知った。

朝になって、クッキーはとうとうテンギルの部下、ヴェーデルとカーデルに見つかるが、自分は野バラ谷の者で、おじいさんと住んでいるとうそをつく。それでは本当かどうか調べようというので、二人はクッキーを連れて野バラ谷に帰る。野バラ谷はテンギルの命令によって高い壁で囲まれ、誰もそこへは自由にはいってゆけぬようになっていた。門番に対して合言葉を言わねばならないのである。ヴェーデルたちはクッキーを町のなかに引きいれ、どこにおじいさんが居るのか言えと迫ってくるので、クッキーは困ってしまう。

ところが奇跡が起こった。一軒の家の前で一人のおじいさんがハトにえさをやっていて、そのハトのなかに一羽の真白なハトがまじっているのをクッキーは見たのである。彼はおじいさんにとびつき、「助けて！　ぼくを助けて！　ぼくのおじいさんだっていってよ！」と言い、おじいさんは咄嗟の機転で、クッキーのおじいさんのようにふるまい、彼を助けてくれた。彼はマティアスと名のり、しかも、彼の家の秘密の部屋にヨナタンをかくまっていることを教えてくれたのである。

さて、このようにしてクッキーの冒険が続いてゆくのだが、既に述べたようにこんな冒険物語に夢中になっていると、これが「死後の世界」の出来事であることを忘れてしまうのである。実際、ナンギヤラを「死後の世界」などと呼んでいいのだろうか。死後の世界は極端によい極楽と、極端に悪い地獄とに分かれているのではないだろうか。ナンギヤラではサクラ谷は平和であるが、それをおびやかすテンギルのような悪者が存在している。この物語を読んでいると、ナンギヤラとはこの世のことであり、最初に語られている世界はその前世のことであって、最後に語られるナンギリマというのが、来世のことかなどと思わされる。言うなれば、われわれはナンギヤラの世界に生きているのだけれど、ヨナタンのように見透すことのできる目をもっていないので、前世のことも来世のことも考えられないままに、平和と戦いとにあけくれしているのかもしれない。

あるいは、こんな考え方もできるであろう。自分の心のなかにもヨナタンのような部分とクッキーのような部分が対になって存在している。一方は怖がりでびくびくして他人に頼りたがるが、一方は強く自律的で洞察力に満ちている。そのような「自分」が対をなしながら、自分の心の奥深いところを探ろうとする。心の深層と言っても、それは次元の異なる深さがあり、次元が変るときには、われわれは「死」の体験をしなくてはならない。深い層はどうしても「古い」形をとって顕われやすいので、そこの体験は昔の物語的なものになるが、それは将来の可能性も含むものとして、ヨナタンの言うとおり、それは凄く古いものだが「若い時代とも言えるかもしれない」のである。

このような心理的考察は、まあ、あってもなくてもよさそうなことで、われわれとしては、ともかく物語に沿って話をすすめることにしよう。

悪との戦い

クッキーはマティアスにかくまわれていたヨナタンに会うことができた。彼らはお互いの情報を交換し、クッキーはヨッシが裏切り者だったことを告げ、それは早速ハトの通信によってソフィアに知らされることになった。ヨナタンはテンギルの圧制ぶりをいろいろと教えてくれた。暗くなってからの外出は禁止されているし、口笛を吹くことも許されていない。野バラ谷の人たちは農作物もどんどんテンギルに召しあげられて、食うや食わずで生きている有様である。

マティアスはテンギルに対する反乱の中心人物となっており、ヨナタンと二人で密かに抜穴を掘り、それによって野バラ谷を取りまく壁の外に出られるようにしているところである。ヨナタンはテンギルのお尋ね者で、かくまっている者は死刑になるし、テンギルの家来たちはしょっちゅう見廻りにやってくるので、なかなか大変である。このあたりのエピソードは面白いけれど、すべて省略しておこう。

ある日、テンギルが家来を連れて、カルマニヤカから野バラ谷へやってきた。ヨナタンはクッキーにテンギルを見にゆくことをすすめる。「なぜって、そうすれば、きみにも、もっとよくわかるからだよ。……どうしてこの谷の人々がつらい仕事をして、腹をすかして、死んでいき、そしてみんな、この谷をもとの自由にもどしたいという、ただ一つの考えと夢をもちつづけているのか、そのわけがわかるよ」とヨナタンは言う。確かに、どんなに恐ろしくとも、悪の姿を直視することが必要なときがあるのだ。

テンギルは野バラ谷のすべての男を自分の前に並ばせ、彼が人差し指で指した男はカルマニヤカに奴隷として連れてゆく。彼らはこき使われて最後には怪物カトラに喰われてしまうのである。これに反抗するものは、たちまちにしてテンギルの部下に斬り殺される。この圧制に対して、野バラ谷の人は何もできないのだ。

このようなところは、ナチスのユダヤ人に対するときの姿を想い起こさせる。ナンギヤラは「お話」の国でも何でもなく、この世に、しかも、比較的近い時代にもっと凄まじい形で存在したとも言えるのである。

マティアスやヨナタンの機転と努力によって、地下道を使ってヨナタンとクッキーは野バラ谷の外に出て、カトラの洞に捕われているオルヴァルの救出に向う。その夜、彼らはカトラの恐ろしい姿を見る。ヨナタンはクッキーに、「あれは、はるかな大昔の夜のいつか、その洞の奥で眠りこみ、そのあと幾千年ものあいだ眠っていたので、もうだれひとり、あれがいることを知らなかった。ところが、ある朝、あれは目をさましたんだ」と説明する。カトラはテンギルの城に侵入し、テンギルの部下を殺すが、テンギルは偶然にも彼の吹いた戦いの角笛をカトラが怖がることを知り、それ以後、カトラを自分の言いなりに動かすようになったのである。そして、今、カトラは鎖につながれて、カトラの洞に住んでいる。

二人の野営しているところへ、一匹のキツネがとび出してきて、そのために彼らはオルヴァルの捕えられている洞穴に至ることができる。クッキーはこんなにうまくゆくなんて、「こういうなにもかもは、お話の大昔のころから、もう決められていたのかも」しれないと思う。話がうまくできすぎているのだ。しかし、果して本当にすべてがうまくできていたのだろうか。

二人はオルヴァルを救い出すが追手に追われる。一頭の馬にオルヴァル、他の一頭にヨナタンとクッキーが乗っていたが、二人乗りではどうしても遅くなるので、クッキーは降りて茂みに隠れ、オルヴァルとヨナタンは追手を振り切って野バラ谷に帰る。一人残されたクッキーの前にソフィアとヨッシと、はじめにクッキーが裏切り者と誤解していたヒューベルトが現われる。ヨッシはソフィアをうまくだまし、テンギルの手に渡そうとしているところであった。そこで、クッキーがヨッシの胸にカトラ印のあることを指摘して、裏切り者であることを明らかにし、逃げようとしたヨッシは、カルマ滝という滝の方におちこんでしまう。

次の日、オルヴァルやソフィアを中心として、テンギルへの反抗の戦いがはじめられる。テンギルはついにカトラを連れて戦いに来るが、ヨナタンがテンギルから例の角笛を奪ったので、味方の勝利となり、カトラはヨナタンに従うことになる。

ヨナタンとクッキーは角笛を吹きつつ、カトラを連れて、洞穴の鎖につなぎとめるために山を登る。ところが、カトラの息が馬にかかり、馬がおびえたときにヨナタンは角笛をおとしてしまう。カトラは喜んで二人を追いこんでくるが、ヨナタンのおとした岩にあたり、カトラは滝へおちこんでゆく。滝のなかには大昔からいるもう一匹の怪物カルムが住んでいて、二匹は戦いの末相討ちして死んでゆく。カトラのような悪は人間の直接の力によって滅びることはないかもしれない。それに相応する悪との戦いによってのみ姿を消してゆくのであろう。もちろん、それに至るまでには、ヨナタンのしたような人間による多くの努力が必要ではあるが。

長くてつらい戦いの日は終った。しかし、クッキーはその戦いで死んだマティアスのことを思って悲しんだ。これに対してヨナタンは、マティアスは既にナンギリマに居る、と思いがけないことを言い出したのである。「ナンギリマでは、おそろしいお話の時代じゃなくて、たのしいお話の時代で、遊びごとでいっぱいなのさ。そこでは、人々は遊ぶ。そう、もちろん仕事もして、どんなことでも助けあう。けれどみんなは、いっぱい遊んで、歌って、おどって、お話を話すのさ」とヨナタンは説明する。ナンギリマに行くとマティアスはリンゴ園をもっていて、そこで一緒に暮らせるというのである。

不意にヨナタンは、彼がカトラの炎を浴びたため、身体が動かなくなっていることを告げる。決してそれは治らない。「ただ、もしぼくがナンギリマに行けさえしたら！」とヨナタンは言う。しかも、ヨナタンはあの火事のとき、ヨナタンがクッキーを背負って庭にとびおりたときのことを思い出し、今度はクッキーがヨナタンを背負って崖の下へとびこむことを提案する。もちろん、それは死を意味する。しかし、地面についたとたんにナンギリマからの光が見えるはずだとヨナタンは確言したのだ。

クッキーは怖いと思いつつ決心を固める。前に兄がそうしてくれたように、今度は自分がする。「それで、はじめて公平ってもんだよ」と彼は言った。それでもクッキーは怖かった。「こわいのかい？」とヨナタンはきく。

「ううん、……ああ、ぼく、こわいよ！　だけど、それでも、ぼくはやるよ、ヨナタン、ぼくは今やるよ、……今、……そのあとは、ぼく、もうけっしてこわがらない。もうけっして、こわがら……」

「ああ、ナンギリマだ！　そうだ、ヨナタン、そう、ぼくには光が見える！　光が見えるよ！」

ここで、この壮大なお話は終りとなる。あまり筆者の考えをはさまず、話の筋をそのまま追うようにしてきたが、話そのものがもつ圧倒的な力を味わって欲しかったからである。

勇気

ここまで話を読みすすんでくると、死にさえすれば誰もがナンギリマに行けるような単純なものでないことがわかる。死後の世界は地獄・極楽などという以上に、もっと細かく分かれているのではなかろうか。ナンギヤラで人々は「死刑」を恐れていたし、ヨッシはカルマ滝に姿を消したが、ナンギヤラで死んだ人が皆ナンギリマに行くのではなさそうである。

この物語は弱虫で怖がりの少年クッキーが、怖れを知らぬ勇者へと成長してくる過程を描いているもの、としても読むことができる。そのときに常に彼を導いたのは兄のヨナタンであった。ヨナタンは怖さを知らぬ人である。しかし、それは既に述べたように、死後の世界に対する確実な知によって支えられているものであった。怖さを知らぬヨナタンは、おそれを知らぬテンギルと対照的である。テンギルは平気で人を殺した。ヨナタンは、実はテンギルとの戦いのときでさえ、「私は人を殺せない」と言っているのである。ヨナタンがテンギルの部下が溺死しそうになるのを助けるところがある。なぜそんなことをしたのかという問いに対して、「あれがほんとによかったかどうか、ぼくにはわからない」とヨナタンは答えている。しかしそれに加えて「だけど、人にはやらなければならないことがあって、それをしなければ、もう人間じゃなくて、けちなごみくずでしかなくなる」と言っている。ヨナタンの勇気は、自分の運命に従って生きる強さによっても支えられている。そして、人の運命を尊重する限り、ある人の命を永らえる方に努力するのが、人間の務めというものであろうか。運命などと言い出すかぎり、ともかく一般論は述べられなくなるものだが。

この冒険物語に測り難い深さを与えているのは、その前後に述べられた、二人の兄弟のこの世での話と、ナンギリマへの展望である。既に述べたように、ナンギヤラの世界をこの世のことと考えてみるなら、この世のその前とその後の生活に対する想いが、この世の生に限りない深さを与えてくれるのである。もちろん、そのような次元でこの世を見るとき、そこには人力によっては勝つことのできぬカトラのような悪が存在することも認識しなくてはならないであろう。しかし、人力によって太刀打ちできないので、悪は消滅しないとも言えないのである。カトラとカルムの相討ちのようなことも生じるのである。死に対する自覚をもって人間が生きているとき、そこには「何もかも前もって決められていたのだ」と思いたくなるような不思議なことが生じる。というよりは、物事のそのような側面がよく見えるようになる、と言っていいのかもしれない。人間にとって、死ほど運命を感じさせるものはない。「何もかも決まっている」ように見えるなかで、人間としてできる限りのことをすること。怖くてたまらなくとも、するべきことをやり抜くこと。これらのなかで、弱虫のクッキーは最後には「小さな勇ましいクッキー」と呼ばれるようにまで成長していったのである。

この話は、人間の心の深層へとはいりこんでゆく冒険の過程として読めることは、既に述べたとおりである。

確かに無意識の世界は「お話」に満ちており、古くてまた若い時代なのである。その「お話」は現実を拡大して、より確実に見せてくれる一方で、どこか現実離れもしている。たとえば、この話のなかで、レヨンイェッタ兄弟の父親については、冒頭に一行触れただけなのである。「父」不在の兄弟がいかに勇気をもつようになるのか、それもこの物語が問うている課題なのである。マティアスというおじいさんが居たし、ソフィアという女性の指導者が居た。しかし、最初は信頼できるように感じられた、「おやじ」役のヨッシは途方もない裏切り者だったのだ。父不在はナンギヤラまで持ちこされている。これも現代の状況を反映していることではないだろうか。

物語全般を通じて、ヨナタンは常にクッキーを導いているようだった。しかし、最後の最も大切なところで、ヨナタンをナンギリマへと導く役を担ったのはクッキーの方だった。このことは極めて大切なことのように思われる。怖さを知らぬヨナタンと、怖がってばかりいるクッキーと、この二人が常に離れずに行動したからこそ彼らはナンギリマに至ることができたのだ。われわれが無意識の世界を探索するときも、ヨナタンとクッキーのペアは必要なのではなかろうか。

四　ポール・ギャリコ『七つの人形の恋物語』

はじめに

ギャリコには『さすらいのジェニー』や『トンデモネズミ大活躍』などの児童文学の名作があり、愛読者も多いことであろう。筆者もこれらの作品を感心して読んだが、もうひとつ取りあげて論じるまでには至らず、ギャリコの作品で、自分が読んだなかのいちばん好きなものである『七つの人形の恋物語』(矢川澄子訳、王国社、以下、引用は同書による)を取りあげることにした。この書を児童文学として認めるのか、と異論もあろうかと思うが、中学生以上であれば読んで感激することだろうし、少しくらい破格でも、ともかく自分のいちばん好きなのを選ぶべきだと考えて、これに決定した次第である。

ギャリコという人は大変な才能の持主であったろうと思われる。簡単には取りあげ難い非合理な素材を、実にうまくまとめあげて完成度の高い作品に仕立てあげてゆく。それにはまったく感服するのだが、そのあまりに立派な才能のために、私はもうひとつ好きになれずにいるような気がする。

この物語におけるひとつの重要なポイントは、人形たちが「たびたび妙に自分勝手に動きはじめ、彼(人形使い)のいうことをきかなくなる」ところにある。人形は人形使いの意志どおりに動くものなのだが、時に妙なことが起こり、人形たち自身が勝手に行動し、その動きこそが、この物語をすすめてゆくのである。このことは、文学における作者と作中人物の関係についても言えるであろう。作中人物は人形のように作者の意志によって動いているだけではなく、彼ら自身の意志で行動をはじめるのである。この両者のダイナミズムによって創作が行われる。ここで作者(人形使い)が強すぎると、立派な話や面白い話ができるかもしれないが、そこには創造ということが欠如してしまう。作中人物(人形)がまったく勝手に動き出したら、作品はできないであろう。

ギャリコはこんなことは百も承知である。知っているからこそ、このような素晴らしい人形の物語を書いたのだ。しかし、ギャリコの才能が傑出しているために、彼の作品は、結局は彼の力で実にうまくまとめあげられたという印象を与えてしまう。こんなところに、筆者の不満があるのだが、そんなことを抜きにして、やっぱりこの作品は好きなので取りあげることにしたのである。筆者の同僚の山中康裕氏もこの作品が好きで、王国社刊の本には、同氏が解説を寄せておられる。筆者の論も大分似通ったものとなるが、物語の筋に従って、考察することにしよう。

八方ふさがり

話はまったくの八方ふさがり、絶望の淵に立たされた女性のことから始まる。

時は春、ところは現代のパリ、ひとりの若い娘がいましもセーヌ河に身投げしようとしていた。

それはやせてぶざまで、大きな口と黒いみじかい髪をした女の子だった。からだはもともとふっくらして肉づきよかったはずなのに、全身骨と皮のありさまだ。顔立ちには愛嬌があるけれど、いまは飢えとみじめな失敗にやつれはてている。目は何かにとりつかれたような風情で、大きく、くらく、うるんでいた。

これに続く説明で、この若い女性が孤児でムーシュ(蠅)というあだながあり、芝居で身を立てようとパリに出てきたが、ひどい挫折を味わった末、「飢え死にするか身を売るしかない」状況に追いこまれていることを、われわれは知るのである。これはまさに八方ふさがりの状態である。

しかし、人間というものは八方ふさがりの状態のなかでこそ、たましいの現実に触れることが多いのではなかろうか。もちろん、たましいというものは捉えどころが無いもので、何時どのようにして、それが顕現してくるかは単純に法則化はできないが、八方ふさがりのときか、八方破れのときに、たましいの現実に触れることが多い、とは言えそうに思う。

死を決意した彼女に対して、不思議なことに人形が話しかけてくる。キャプテン・コック一座の人形のひとり、「にんじんさん」が彼女の状態を一目で見抜いて、さりげなく声をかけてくる。ここから彼女たちと人形との交流が生じ、八方ふさがりの彼女の世界が他に対して開けてくる。しかし、このような人形との対話が成立したのも、彼女のまったく絶望した状態のおかげではないだろうか。彼女が新しい勤め口のために道を急いでいたり、貰った給料で何か買物に出かけるところだったら、人形は声もかけなかったろうし、たとい声をかけたとしても、彼女はそれに耳を貸そうとはしなかったであろう。

人形たちのことは後で述べるとして、それでは人形使いのキャプテン・コックはどんな状態にあったのか。ムーシュが人形たちに元気づけられて生きることを決意し、有頂天になったときに、彼女は人形使いのキャプテン・コックに会った。彼女はその姿を見たとき、「さながら心臓につめたい手をのせられたような思いであった」。彼には「あたたかみややさしさというものがおよそみとめられなかった」。

彼の本名はミシェル・ペエロといい、パリの貧民窟の出身で、父親は不明で母親は街娼。しかも、彼が六歳のとき母は殺された。そんなわけで、「半生を通じてミシェルはだれにも親切にされたりやさしくしてもらったりしたことがなく、自分の方でも世間に対してはそのように仕返ししてきた。しんから冷笑的で、男であれ、女子供であれ、神であれ、まるで見向きもしなければ敬意も示さなかった。三十五年間を通じて一度だって、物であれ人であれ何かを愛したという思い出がなかったのだ」。

彼の場合は八方ふさがりと言うよりは、「八方ふさぎ」と言うべきかもしれない。自ら心をふさぎ他と交わることを拒否することによって、自分を守り、生きて来られたのだ。他からのはたらきかけに対して、拒否する力をもってこそ彼は限りない不幸にもめげず生き抜いて来られた、と言えるだろう。その八方ふさぎの男性が、八方ふさがりの女性に心をひかれた。これはまさに天の配剤と言うべきではなかろうか。しかし、どうしてそんなことが起こり得るのだろうか。誰に対しても心を閉じている男が、ムーシュのような「やせてぶざまで、大きな口と黒いみじかい髪をした女の子」に対して関心をもつことなどあるのだろうか。あくまでも冷たい彼は「絶望した少女の一大軍団がセーヌへむかってひたすら突進していったとしても、眉ひとつ動かさなかっただろう」し、「女も、死も、死んだ女も平然と見送ってきた」はずなのだ。

その秘密は、人形たちにあった。死に急ぐムーシュに最初に声をかけたのは、人形のなかの一人、にんじんさんだった。それでは、ミシェルと人形とのつき合いはどうしてはじまったのか。彼は戦争中ドイツ軍の捕虜となり、その収容キャンプのなかで、「のろわれた人生ののろわれたこの時期に、ミシェルははじめて七種の人形を彫り、着物をきせ、生命をふきこんで同囚の人々のおなぐさみに供した」。人間とはつき合わぬ彼も、人形との関係に生きる道を見出そうとしたのだ。そして、「兵隊たちをどっと笑わせるような卑猥なせりふをなるべく避ければ避けるほど、代わりに人形それぞれの個性が生き生きと躍動しはじめることをさとった」のである。

これは大変重大なことだ。簡単に他人の笑いを引き出すような方向を拒否したときに、自分のつくり出したものは個性を発揮しはじめるのだ。先に、人形と作中人物との類似性について述べたが、文学作品の作中人物も、単純に読者の興味につながってゆくことを拒否してこそ、その個性を発揮する。

ミシェルは別にそれほど小難しく考えているわけではなかった。人形たちが自分勝手に動き、彼の言うことをきかなくなるときがあっても、彼は「こうした現象を重大視して気に病むようなことはたえてなく、ただ単純にそんなこともあるものだとみとめていたし、それはそれなりに、ふだん彼の生きているような日常の次元とはおよそ縁遠いところで、一風変わった満足をもたらしてもいたのだ」。

確かに、ムーシュに人形たちが声をかけたおかげで、日常の次元をこえたたましいの次元へと、この八方ふさがりの女の子と、八方ふさぎの男とは導かれてゆくのである。しんから冷笑的で、他人に対してひたすら心を閉ざしてきたミシェルは、彼自身さえ思いがけぬ深い次元に対して開かれていたのである。

人形たち

ここで七つの人形たちを紹介することにしよう。セーヌ川へと直行するムーシュを最初に呼びとめたのは、「赤毛の少年で、だんご鼻で、耳がぴんとつったっている」にんじんさんだった。にんじんさん相手にムーシュが話をしているところへ「金髪の巻毛で、大きなぱっちりした眼に、ふくれっつらの小さな口をした」ジジが現われた。そして、「にんじんさん、あんた、まさかあの子がきれいだなんて思っちゃいないでしょうね」と言う。彼女はどうも嫉妬しているらしい。彼女が消え失せると、次に「長いとんがった鼻をし、皮肉なうすわらいをうかべ」て、貪欲そうな眼をした狐のレイナルドが出てくる。ムーシュは「あんたみたいな不愉快な人、はじめて会ったわ」と言うのだが、彼が「心は子猫みたいなのに、悲しいことにだれも信じちゃくれない」と言うのを聞くと、その訴えの切なさにわれ知らず心を動かされ、「信じるわよ、もちろんよ」と叫んでしまう。八方ふさがりだったムーシュの心は、人形たちを通じて、もうこんなに開かれたものになってくる。

狐の次には、「もじゃもじゃ頭の、見るもおぞましい、しかし何かこう悲痛な表情をたたえた巨人」のアリファンファロン、つづめてアリと呼ばれている人物が登場する。巨人は容貌が恐ろしいのに人なつこく、ムーシュが彼を怖がっていないのを知って、「頭をちょっとかいて欲しい」と頭をもたせかけて甘えてくる。それを見て狐のレイナルド氏まで「ぼくも」とせがんでムーシュの肩に頭をもたせかけてくるので、彼女は胸を打たれる。人形たちは外見に似合わず、人なつこいのである。

五番目は、「しかつめらしい顔つきのペンギンで、鼻めがねからは黒いリボンをぶらさげていた」。彼は狐の紹介によると、アカデミー会員デュクロ博士で、「ついいましがた、人類捜査学会の例年午餐会からもどったばかりでして」などと、気どったことを言う。

これらの人形とは別に、そこに現われた重要な人物がいる。それは「ぼろぼろになったセネガル兵の軍服をきた、片目の黒人で、大きなゴムみたいな顔に、つるりとはげた頭をしたしわくちゃの老人」ゴーロである。ゴーロはキャプテン・コックにやとわれて、人形の世話をしたり、一座の移動用の自動車を運転したり、それにギターを弾いて人形たちの歌の伴奏をしたり、要するに必要なことは何でもしているのである。

レイナルドはテナーで歌が歌えるので、ムーシュに合唱を申し込む。ゴーロのギターに合わせ、それにデュクロ博士のバスの合いの手も入れて歌いはじめると、付近の人たちが聞きに集まってきて、歌い終った後には相当な喜捨を仰ぐことができた。こんなことでムーシュの心もほぐれかけたとき、六番目の人形、「眉のつりあがった中年女で、上っ張りをつけ掃除キャップをかむり、ぞうきんを手に」した門番のミュスカが現われてくる。ミュスカはいかにもゴシップが好きらしく、他の人形たちは「人間のくずよ、あいつらを信用しちゃだめよ」と話しかけてくる。

最後に現われたのは、「四角い鉄縁のめがねをかけ、靴下の帽子に革エプロンをかけた老紳士」ムッシュ・ニコラで、彼はおもちゃの製造や修理をやっていると言う。ニコラはムーシュを見透かすように、さぐるようなたわるような目で見ていたが、その悩みを打ち明けてごらんと言った。ムーシュは「ほとばしる涙とともに胸のなかのわだかまりがときはなたれ」、人形を相手に「彼女の試練と失敗の物語が感動すべき率直さでぶちまけられたのだった。相手が人間だったら、ムーシュもとてもこんなふうには告白できなかったろう」。あまりにも悲しい告白を聴くときは、人間よりも人形の方がいいときもある。もっとも人形の種類によりけりだとは思うが。

ニコラはムーシュの話を聞いた後で、自分たちの仲間にはいるようにすすめる。しかし「表向きの責任者」はにんじんさんなので、にんじんさんにあらためて頼むことになる。彼はうれし涙にむせんでいるムーシュに許可を与え、彼女はキャプテン・コック一座に仲間入りをする。

にんじんさんが許可をしたと言っても、もちろん人形芝居の座長、キャプテン・コックの意志が最終的なものになるはずだ。ところが面白いことに、コックはこんな女の子が死のうと生きようと無関心だったのに、自分でもよくわからないまま、「人形たちの意志」に従うことにしたのだ。

さて、ムーシュの一座への加入は大成功であった。「にんじん氏はジジと恋仲であったが、強欲な母親のマダム・ミュスカが、金持でほらふきの老いぼれデュクロ博士と彼女をむりやり結婚させようとしている」などという、おきまりの芝居をするのだが、ムーシュはそのときにぶっつけ本番で、臨機応変に説明役、案内役、お守り役、しかり役などをつとめてゆくのである。ムーシュは「まず自分自身をわすれて目の前のことに没頭してしまえるという才能をそなえていたのだ」。そして、彼女自身が人形たちを信じ切っていたからか、観客をすぐさま芝居のなかの虚構の世界のなかにさそいこんでしまうのである。こんなわけだから、第一回目から大成功で、ゴーロの集めてきた喜捨は、コック一座が今まで得た稼ぎ高をはるかにこえるものとなった。

大いにもうかって、キャプテン・コックは安ホテルに自分の一室と、ムーシュのために階上の召使専用部屋をとることができたし、今までにない、ぜいたくな夕食をとることさえできた。しかし、コックは不機嫌でムーシュに当り散らし、意地悪をするのだった。

座長の苛酷と言ってもいいほどの意地悪にもかかわらず、ムーシュと「七つの人形たちとのあたたかい交情は日ましにぐんぐん深まるように思われ、ほどなくムーシュは彼らの性格や、その長所短所を知りつくしてしまった」。がんばり屋で野心家のにんじん君、尊大でほらふきだが間抜けのデュクロ博士、見栄っぱりでわがままなおぼこ娘のジジ。ちなみに、彼女だけはムーシュに親切でなかった。ムーシュをいちばん頼りにしているのが、巨人のアリファンファロンである。彼はめっぽう気がやさしくて頭のめぐりが悪いので、いつもみなのカモにされ、ムーシュの庇護を求めてくるのだ。マダム・ミュスカは人生経験もあり、常にムーシュの肩を持って忠告や警句をとばし、舞台裏のゴシップを教えてくれた。「とはいえ、ムーシュがもしいちばんの気に入りをあげろといわれたら、おそらくレイナルド氏ということになったろう。」それは、彼がずるくて性悪なのだが、自分でもそれに気づき、真人間になりたいと、あまり効果があがらないにしろ努力していたからである。ムッシュ・ニコラは「公正無私と同時に親切の調剤師でもあった」が、ムーシュは時に心の奥底の秘密まで見透かされているようで、少々こわくて苦手だった。

この楽しい人形たちを独自な存在として信じ、それと真剣につき合うことは、ムーシュにとって、「いままで克服しきれなかった人生の嵐からの避難所」としての重要な意味があった。しかし、考えてみると、彼らはただ一人の人間、キャプテン・コックによって動かされているのではなかったか。この問題をいったいどう考えればよいのか。

人形使い

ムーシュも人形たちを動かしているのはキャプテンだと気づいていたが、彼女はつとめてその考えを無視するようにしていた。「どうしてあの男に、あの創作ができるなどと信じられただろう?」昼間に彼女の会うキャプテンは人情のかけらも感じさせぬ人間だった。彼は人形たちの示す愛らしさや親切心などとは、むしろ正反対の性格を示していた。

日常的に接するキャプテンと、舞台裏に存在し姿を見せぬキャプテンと、ここに明確な分裂が生じていた。二人をつなぐ軸上に七つの人形が現われ、それとのつき合いを通じて、ムーシュは軸上を動きまわりながらも、隠れた存在としてのキャプテンに直接触れることはできなかった。

巡業を続けていたある夜、キャプテン・コックはムーシュの部屋に侵入した。もちろんそれには彼のみだらな欲求も関係していた。しかし、「ムーシュのおとなしさや無邪気さ、心のきよらかさが、彼にはたえざる責め苦になって」いて、「彼女を自分のいるところまでひきずりおろし、自分の同類にしてやらなくてはおさまらなかった」のだ。

ムーシュはキャプテン・コックの闇討ちに、手むかいもせず声ひとつあげなかった。彼は闇のなかからあらわれ、闇のなかで彼女を犯し、闇のなかへと引き返していった。傷つき、汚され、恥じ入っている彼女をのこしたまま。

ムーシュはコックがまったく愛情ぬきで、ただ肉体だけの関係を強いていったことを、たまらなく悲しく、恥かしく思った。彼女の恥かしさに輪をかけたのは、「これほどのおそろしさ、むごたらしさにもかかわらず、自分はあえてゆずってしまったのであり、このときの、このことゆえに、自分は永遠に彼のものになってしまったということが、本能的にさとられたからであった」。

しかし、人形たちは前にも増して親切になった。ムーシュは彼らによってどれほど慰められたか(そして、人形たちは他ならぬキャプテン・コックによって動かされているのだ!)。ムーシュのおかげで芝居は常に大成功なので、一座も豊かになり、安ホテルに泊まれるようになった。キャプテン・コックは二部屋をとるむだをはぶき、ムーシュと一部屋に泊まることにした。こうして、ムーシュは知らず知らず、夜も昼もコックに所有されることになった。

「ある意味では、コックは、ムーシュから自分の求めるもの、しぼりとれるだけのものをのこらずしぼりとりつつあった。」ムーシュのおかげで金はもうかるし、夜は彼女をわがものにしていた。ところが、このことによって彼は深刻な葛藤を味わうことになった。コックがいくら彼女を恥かしめ引きずりおろそうとしても、人形たちの暖かい心がその傷を癒し、ムーシュの純真さが保たれ、他ならぬその純真さこそがお客を惹きつけ、一座を発展させているのだった。コックはたまらなくなって浴びるほど酒を飲み、へべれけになって部屋に帰ってくることもあった。そんな彼をムーシュはやさしく介抱し、それがまた彼にとっては苦しみの種となった。

彼がムーシュにつらくあたればあたるほど、七つの人形たちは翌朝ムーシュにやさしく親切にしてくれた。コックにも、人形たちのふるまいにはどうにも手のほどこしようがないらしかった。

そこには自己への道に深く足を踏み入れた者が必ず体験せねばならない、強烈な自己破壊と自己救済の葛藤が存在した。

葛藤にたえられなくなったコックは、もう一段と破壊の程度を強くした。コックは街の女を連れ込んできて、ムーシュに部屋を出ろと言ったのだ。ムーシュは茫然として街をさまよったが、とうとう巡業用の自動車のなかに居るゴーロのところにたどりついた。泣きじゃくるムーシュをゴーロはやさしく慰めてくれたが、つと自動車を出てゆくと、驚いたことに、にんじんさんとレイナルドを連れて帰ってきた。二人は口をきかなかったが、ゴーロは「こいつら、いつだってあんたが好きなんだから」と説明してくれた。二人の人形をかき抱いて、ムーシュは心が慰められると共に、コックに対する憎しみに心がかきたてられるのだった。ゴーロは人を憎まないほうがいい、憎らしくなったら歌を歌えばよい、と子守歌を歌ってくれた。ムーシュは人形をかかえ、幸せに酔って寝入ってしまった。

一方、コックは自ら街の女を連れ込んだものの、やるせなさは消えず、女を早々と部屋から追い出してしまった。「はっきりしていることはただひとつ、ムーシュのあの素直さ、あのやさしさ、あの犯しがたい気品、そしていまこのベッドからたたきだしてやった女と同次元まで彼女をおとしめることの不可能さが、自分をかぎりなくいらだたせるということばかりだった。」

以後、コックは宿に泊まるときは、ムーシュと部屋をわけて、できるだけ没交渉でいられるようにした。新しい関係が成立するまでに、関係が一度絶たれることが必要なときがあるものだ。そして、キャプテン・コックの深い分裂を癒すためには、人形ではなく、もう一人別の人間の登場を必要としたのである。

キャプテン・コック一座の芸はますます有名となり、ついにニースのヴァリエテ劇場のショーの一部として登場することになった。そして、そのショーに出演するアクロバット師の男性、バロットがムーシュに惹きつけられる。「根は善良で単純だけれど、おつむの少々足りない自惚れ屋のこの男は、いまや生まれてはじめて自分以外のものに恋してしまったわけなのである。」

バロットはムーシュを誘い、ダンスをした。彼は彼女に将来は彼のアシスタントになって欲しいと言い、二人は楽しみに時を忘れ、明け方の四時まで踊ったのである。バロットはもともと由緒あるサーカス一家の出で、ムーシュに対しても同業者同士としての敬意を欠かさぬようにこころがけ、ホテルまで送ってきたときも、あたたかく手を握りしめるだけで別れていった。それを知ったコックは大いに怒り、二人一緒に居るところを見つけたら二人の骨をへし折ってやると宣言した。

翌日、デュクロ博士は人形一同を代表して、ムーシュに香水を贈った。生まれてはじめての香水をつけて、ムーシュはバロットとのデートに行った。しかし、待ちかまえていたキャプテン・コックはムーシュの頬に一発をくれ、バロットに向かっていった。バロットの軽業で鍛えた体は、コックの予想をはるかに上まわっていて、コックはたちまちに打ちのめされ、床にのびたきり、目をまわして立てなくなった。思えば、このようなシーンをどれほど望んだかもしれぬムーシュは、実際の光景を目のあたりにすると、「ただ悲しみに胸ふさがれ、咽喉《のど》元がうずくのが意識されるばかりであった」。憎しみの対象の失墜は、深い悲しみを呼び起こすものがあった。

それでも、ムーシュのバロットに対する気持は強くなる一方で、とうとうバロットのプロポーズを承諾した。ムーシュは彼の誠意とやさしさに心打たれた。バロットとの楽しいデートは、キャプテン・コックとの悪夢と好対照をなすものだった。「バロットはきれいで、親切で、ムーシュに同情してくれており、愛していけない理由はどこにもなかった。」

自己への道

契約の切れる月末には、ムーシュが劇団を離れ、バロットと結婚するという申し出を、コックは「皮肉な顔に一種奇妙な表情をたたえて」聞き、黙って行ってしまった。芝居は契約満了まで続けられたが、人形たちの悲哀の感情はひしひしとムーシュに伝わってきた。彼らはこの一年の間に彼女の一部になり切っており、彼らと別れることは、ムーシュにとって耐え難い悲しみであった。

とうとうその日が来た。ムーシュは皆と顔を合わせるのがつらいので、明け方四時頃にそっと一人で荷物をまは、それぞれの人形たちが起きて全員で話し合っているのだ。長い話し合いの結果、ムーシュが居なくなっては生きていても仕方がないので全員死んでしまおうということになる。「生存をやめるのにご賛成のかたは、はいといってください」というにんじんの提案に、ジジだけが「ノウ」と言ったが、他はすべて「はい」と言った。

「ノウ」と言ったジジは、小屋のわくからステージへとおとされ、も抜けの殻となった。ムーシュはもうたまらなくなり、小屋の前に行って全員に話しかけた。考えてみるとこれは話のはじまりと関係がまったく逆転している。つまり、人形が自殺を決意し、それにムーシュが声をかけている。このような意味ある逆転関係は、自己への道を歩むとき、もっとも決定的な瞬間によく生じるものである。恋人のところへは行きたいが人形たちと別れるのはつらい。ムーシュは人形たちと話し合っているうちに、彼女が人形たちを心から愛していながら「あの人だけはいやでいやで」たまらなかったと言う。しかし、すぐそれに続いて重大な告白をする。「好きだったの。あの人を、会った最初から好きだったの。好きなもんで、何もいやとはいえなかったのね。あの人はあたしをうばって、お返しにくれたものはただ悲しみと苦しみばかりだったわ。……あたしの愛は憎しみに変わったわ。そしてあの人を憎らしく思えば思うほど、あんたたちみんなを愛するようになったの。」これに対して、にんじんは決定的な質問を投げかけた。「だけど、ぼくらってだれなんだ。」これに続けて、ムッシュ・ニコラはもっと詳しく説明した。男というものがいかにいろいろなものになり得るか、一人の男が七つの人形によって示されるそれぞれの属性をもち、そのひとつひとつをムーシュは愛したのではなかったか。そして最後にニコラは「悪は善なしでは生きられないんだよ」と言い、「おれたちみんな、きみなしでやっていくくらいなら死んだ方がましだ」と言ったとき、その声色はまったくニコラとは異なるものとなっていた。ムーシュはそれを聞くや否や人形の背後にある幕をひきむしり、そこに隠れていた人形使い、ミシェルをかき抱いた。

二人が「たがいに死ねよとばかり、かたくだきあった」とき、ミシェルのなかの深い分裂も癒されたのである。この物語はミシェルという何に対しても心を閉ざしている人物が、あらゆる人や物にまでつながってゆこうとする隠された自己を見出してゆく過程を描いたものとして読みとることができる。簡単には癒し難いこの分裂は、現代人のすべてに通じるものがあると言ってよいだろう。ミシェルは七つの人形をつくり、それらをすべて自分の思うままに動かせると考えた。確かに、現代人の自我は実に多くの手段をもち、多くのことを支配できる。しかし、ミシェルが人形たちのもつ自律性に気づき、その動きを許容したところから、彼の自己への道が開かれてくる。

七つの人形は最後のところでムッシュ・ニコラが解説してみせるように、ミシェルという男のいろいろな属性であり、それらはそれなりの自律性をもつものの、ある程度、ミシェルの支配に従うものである。しかし、ミシェルの分裂を癒すためには、これらの人形だけでは不十分で、ミシェルにとってもっと他者性を強く有するムーシュという女性が必要であった。ムーシュに対するミシェルの強い葛藤はよく了解できる。変化しようとする彼にとって彼女は絶対必要であり、変化を嫌う彼にとって彼女は生かしておけないほどの存在であった。

彼女をおとしめるために、ミシェルが肉体の関係をまずもったことは深い示唆を与える。彼を拒むために命をかけず、なぜムーシュがそれを許容したかは、彼女の最後の告白に明らかである。彼らのこの関係を、バロットとムーシュの関係と比較するとよく解る。バロットは心の関係にとらわれすぎて、たましいのことまで考え及ばないのだ。たましいの課題は苛酷なことを強いることが多い。そこには絶望や死がつきまとい、実際に、少しの差で、死や極端な破壊が訪れるのである。もっとも汚れた関係のなかにムーシュが苦しみ、ミシェルも自己嫌悪に陥っているとき、たましいは背後で作動していた。そして、そのことは人形たちの動きとして顕在化され、彼らを救いに導いたのである。

ミシェルはバロットによって徹底的に叩きのめされることが必要だった。しかし、最後にムーシュと結ばれたのはバロットではなかった。人形ではなく人間として登場した、バロットとゴーロの存在についても、自己への道の必要な補助者として、われわれはよく考えてみる必要があるだろう。ゴーロが存在しなかったら、破滅が生じたのではなかろうか。

この物語を、ムーシュという女性の自己への道を歩む過程として読みとれるだろうか。そのような観点から見ても多くの示唆は得られるだろう。しかし、この物語はギャリコという「男性の目」を通じて描かれている点が非常に明瞭で、ムーシュもあくまで「男の目」から見た女性として描かれているように思われる。女性の観点から考えるときは、また他の作品を探す方がよさそうに思われる。

五　フィリパ・ピアス『トムは真夜中の庭で』

家を離れて

フィリパ・ピアス『トムは真夜中の庭で』（高杉一郎訳、岩波少年文庫、以下の引用は同書による）は、児童文学作品の傑作中の傑作と言っていいだろう。従って、この作品についてコメントする人が多く[1]、筆者も既に他に簡単に論じたこともあるので、屋上屋を架すことになりそうだが、やはり、ファンタジー作品を論じる上で、これは見逃すことができないので、取りあげることにした。

話は主人公の少年トムが、せっかくの休暇を家族と離れて暮らさねばならぬので、くやし涙を流しているシーンからはじまる。ファンタジーの作品で、主人公が家族から離れて暮らさねばならぬ状況から話がはじまることは多い。たとえば、少女を主人公とするファンタジー作品の傑作である、アリスン・アトリーの『時の旅人』の場合もそうである。主人公の少女ペネロピーは病弱のため転地療養することになり、家族と離れて大伯母のところに来て、ファンタジーの世界にはいりこむことになる。子どもたちにとって、家族はその日常生活を守る役割をしてくれている。その「守り」から離れたとき、子どもたちは非日常の世界の体験をすることが多いのである。そして、そのような子どもの体験について、親は何も知らずにいることが多い。

トムは休暇中に弟のピーターと、裏庭で、そこにあるリンゴの木の枝と枝のあいだに家をつくったりして遊ぼうと楽しみにしていたのに、ピーターがはしかになったために、隔離されることになって、アランおじさんとグウェンおばさんのところにあずけられることになったのである。トムはピーターと遊べなくなって不満だったし、「おじさんたちが庭のないアパートに住んでいることは知っていた」。庭もないし、子どもも居ない。そんなところで休暇を過ごして、楽しいことがあるだろうか。

アランおじさんのアパートは昔の大きい邸宅をアパートに改造したものだった。別にみすぼらしくも汚くもないが、アパートの玄関にはいると、「その邸宅の中心がうつろで、さむざむとして、死んでいる感じなの」だった。玄関には大時計があり、それはこのアパートの大家さんで、三階に住んでいるバーソロミューおばさんのものだった。その大時計はまことに正確だが、鳴るときはでたらめなのが特徴的であった。言うなれば、この大時計は二種類の「とき」を示していたのである。

われわれの日常生活に時計は欠かせないものである。多くの約束には「何時」ということが伴い、それは時計で計られる時間によっている。「日の出の頃」とか「一番星の輝く頃」とか「朝顔の咲きはじめる頃」とか、によって約束をすることは、先進国の人間にはないだろう(果たして、それが「先進」なのかどうかはともかくとして)。「とき」というものは、そんなことよりももっと不思議な性格をもっている。日常生活にのみ縛られている人にとっては、思いもよらない「とき」が存在することを、トムは「家を離れた」孤独のなかで経験することになる。

ある晩、トムはなかなか眠れなかった。そこで、ふらふらと寝室の外に出て食料品貯蔵室を探険しているところを、おじさんに見つかってしまい、説教されたあげく、いったんベッドにはいったら以後出歩かないことを強引に約束させられてしまう。

無理に約束させられるほど、人間はそれを破りたくなるものだ。トムはともかく自由になりたかった。トムは「自由になりたいというじぶんのあこがれが胸のなかでふくれあがり、部屋のなかで大きくふくれあがり、しまいには爆発して壁をつき破り、じぶんをほんとうに自由にしてくれるのではあるまいかと思った」。このような凄まじい内面の高まりに呼応して、不思議なことが起こった。階下の大時計が、十三時を鳴らしたのだ。


このできごとは、トムになにか変化をもたらした。トムは勘でそれがわかった。……邸宅ぜんたいが息をころしているように思われ、くらやみがトムにこう問いつめているように思われるのだ。――おいでよ、トム。大時計が十三時をうったよ。きみは、いったいどうするつもりなんだ？

おじさんとの約束もあるし、トムは大いに迷った。しかし、十三時ということが、トムを勇気づけた。ともかく大時計の針がどうなっているのかを見るために、トムは階下にある時計のところまで降りていった。

庭

時計をよく見るため、月光をさし入れようと裏口のドアを開け、「そこにひろがっている風景を見たトムは、最初はびっくりして、やがて腹の底からふんがいして、いつまでもじいっと見いっていた」。何と、そこには素晴らしいひろびろとした庭が存在していた。トムはそれに驚くと共に、裏にはガラクタなんどがあるだけと言っていたアランおじさんが嘘をついたと思い、腹を立てたのだ。

それはともかく、庭は何とも言えぬ力でトムの心を惹きつけた。「いますぐにも、トムはその風景のなかにひきずりこまれそうだった。それほど、その風景はくっきりと魅力のある姿で目のまえにひろがっていた。近くに立っているイチイの木のふとくて短い針のような葉から、すみっこにある三日月型の花壇で咲いているヒヤシンスのそりかえった花びらにいたるまで、くっきりと見えていた。」

トムが「庭」を見たときの感激は、児童文学の古典であるバーネットの『秘密の花園』において、主人公の少女メアリがはじめて「秘密の花園」に足を踏み入れたときの感激に比することができるだろう。メアリは十年間誰もはいったことのない「秘密の庭」に魅了され、それが彼女の心の癒されてゆく契機となる。この作品について他に論じたとき、「すべての少女はその内界に「秘密の花園」をもっていると言うことができる(2)」と述べたが、これは拡大して、「すべての人はその内界に「秘密の庭」をもっている」と言えるだろう。死ぬまでに一度もその庭の存在に気づかぬ人は不幸な人である。しかし、トムのように生き生きと、それを体験する人も珍しいであろう。

「あくる朝、目をさましたとき、トムはひどくしあわせな気もちになったが、なぜだかわからなかった。」実はそれは「庭」の存在に触れた効果だったのだ。トムはもう家族と離れた孤独で淋しい少年ではなくなっていた。家族ではなく、「庭」が彼を支えてくれているのだ。トムは最初は、庭の存在をおじさんが隠していると思い怒っていたが、自分で実際調べてみて、日の光のもとではそれがまったく存在していないという驚くべきことに気づかされた。庭の存在は十三時という特別な「とき」を前提としているのである。

トムは自分の不思議な体験を手紙に書き、ピーターに知らせることにした。秘密は大切なものであればあるほど、誰かと分ち合いたくなるものだ。しかしまた、それは他にひろがってはならない。トムは手紙の上に、「ヨンダラ、モヤセ」と書きこんだ。これ以後、トムからピーター宛の手紙には、いつもこの注意書きが書かれることになる。これはまったく賢明である。秘密が秘密でなくなったら、その効力は失われてしまうのだ。

トムは毎晩のように、十三時になるのを待って庭園へと出てゆくようになった。庭は時によって春であったり夏であったり、時刻もまちまちであった。トムはそんなことにお構いなく庭のなかを歩きまわり、大好きな木登りをして楽しんだりした。庭園の季節の変化をあまり不思議と思わなかったトムも、ある晩に、雷が落ちてモミの木が燃えながら倒れるところを見たのに、次の晩に、その木がまるで何でもないかのように、もとの姿で立っているのを見て驚いてしまった。トムはどう考えてもわけがわからないので、一度倒れた木が元通りになることがあるか、とアランおじさんに質問して、「時計をあとへもどさないかぎり、できないね」と言われ、しかもそんなことは誰にもできないと言われる。不可能と言われても、トムはそれをはっきりと見たわけだから、いったいどう考えていいのか困ってしまう。

ここで答を先に言ってしまえば、トムの「庭」でのすべての経験は、バーソロミューおばあさんの夢の世界にトムがはいっていったのだという設定になっている。バーソロミューさんは自分が子どもだった頃を毎晩夢に見ており、その当時は、ここは大邸宅でトムが見たような庭があり、そこでバーソロミューさん(ハティと呼ばれていた)は、よく遊んだのだ。バーソロミューさんの夢は必ずしも昔の時間どおりになるわけはないので、雷に打たれて倒れた木が次には立っていたりするのである。

もちろん、こんなことが実際に起こることはない。にもかかわらず、どうして多くの人がこの作品を好きになったり、感動したりするのだろう。それはこの話が、人間のたましいの真実について語ってくれるからであろう。

バーソロミューさんは後でわかるように孤児だった。それが今は夫とも死に別れ、まったくの一人で年老いて暮らしている。その彼女にとって生き生きとした経験をもたらせてくれるのは、自分が幼い時に遊んだ素晴らしい庭を夢見ることであった。一方、少年のトムは、せっかくの休暇を家族から離れ、庭もないアパートで一人すごさねばならない。彼は自分の庭で弟と遊びたいと思って、胸を爆発させるような想いでいる。その二人のたましいが、不思議な「庭」で出会ったのである。見ず知らずの二人の孤独な人間のたましいが、ひとつの場を共有したのだ。そして、二人共、孤独が癒されることを感じた。

このような不思議な「たましいの庭」は、誰もが持っているのだが、そこに至ることが難しかったり、そこに居るのに気づかなかったりする。大家さんであるバーソロミューさんは、どうも他の人たちからけむたがられる存在であるようだ。彼女の内面にこんな素晴らしい「庭」が存在することを誰も知らず、ともかく彼女を敬遠してしまう。もし誰かがトムが来る以前に、バーソロミューさんに向かって、「この古い時計はいつ頃からあるのですか」と話しかけてみたり、おばあさんにお茶でも出して、「おばあさんは、子どもの頃、ここに住んでいたのですって」と問いかけたりしたら、ひょっとするとバーソロミューさんの豊かな「庭」を垣間見ることができたかもしれない。しかし、現代人は日常生活で忙しく動きまわる「時間」はもっていても、たましいのことにかかわる「暇」などはないのである。そんなときに、トムがうまくやってきたのだ。

少女ハティ

トムは庭園で子どもたちが遊んでいるのを見るようになった。ヒューバート、ジェームズ、エドガー、の三人の少年と、それより年少のハティという少女がよく遊んでいたが、ハティだけがトムを見ることができて、他の少年たちはトムを見ることができなかった。トムがハティには自分が見えると気づいて、自己紹介したとき、ハティは「ハティ王女です。――わたし王女よ」と言った。

はじめトムは、ほんとうにハティは王女かもしれないと思った。

ハティの目がとてもあかるくて、しっかりしている上に、あかいほおと、黒い髪の毛と、きちんとした威厳がくわわると、どことなく王女らしいところ――よく絵本にでてくる女王のようなところが感じられた。

トムは半分信じかけるが、どうも怪しいと思い、それならハティの両親は王と女王であるはずで、その王国はどこにあるか、と問いかける。それに対して彼女は、「わたしはここでとらわれの身。姿をやつした王女です。ここには、わたしのおばだといいふらしている人がいますが、あれはおばではありません。わたしにひどくつらくあたります。あの男の子たちとわたしはいとこだといわされていますが、いとこではありません。さあ、これでわたしの秘密はぜんぶ話してあげました。これからは、わたしを王女さまとよびなさい」と言う。

ハティはもちろん王女ではない。しかし、彼女の話は半分ほんとうで、彼女が慈善施設にあずけられていたのを、ジェームズたち三人の少年の母親が、自分の死んだ夫の姪だからというのでひきとったものの、厄介者のような扱いをしているのが実状である。ジェームズはハティに好意的だが、他の二人は母親の態度を反映させて、ハティを小馬鹿にしているようなところがある。ハティはこのようにかわいそうな子であるが、独立心をもって生きているのである。

このようなファンタジーを読むとき、ハティを主人公に見たてて、トムを彼女のたましいの国のなかの住人と考えてもいいし、その逆にトムの方を主人公として考えてもいい。たましいの国の住人はたくさんいるが、そのなかでも特定の異性がある時期に重要となることが多い。それが女性の場合であれば、たましいの王国の王女というように感じられることもある。そんな点で、ハティが王女と名のり、トムもそれを信じそうになったことがよく了解される。

たましいの国の王女や王子は、夢に現われるときもあるし、現実に生きている女性や男性が、その役を担って登場するときがあり、そのときは抗し難い魅力を感じさせる。このような異性の存在に気づくのは、人によってその年齢が異なるが、多くの子どもがそれを経験するのは、十歳くらいであろう。トムの年齢は明確に書かれていないが、だいたい十歳くらいと考えてよいのではなかろうか。

さて、トムとハティは庭園のなかでいろいろと楽しい遊びをする。少年たちが弓と矢をつくってロビン・フッドごっこをするのを見て、ハティは自分もしたいと思うが、女の子なので難しくてつくれない。それを知って、トムが作り方を教えてやる。残念ながら、トムは自分の手でものを持ったり、切ったりはできない(その代り、しまっているドアを通り抜けたりはできる。つまり、幽霊のような存在なのである)。ハティは苦心しながらもトムの指図に従って弓をつくるが、自分の力ではつるを張ることができない。そこで、園丁のアベルに張ってくれるように頼む。アベルは弓のけずり具合を見て、女の子にはできそうにない仕事と思ったのだろう。ハティが自分でやったのかどうかを確かめ、誰かに教えてもらったのかと訊く。ハティは、「だれかさん」に教わったとごまかすが、アベルは、「めんどうなことにならないように気をつけてくださいよ」と忠告する。

ハティは喜んで、でたらめに空にむけて弓を射ていたが、そのうちの一本は温室の屋根のガラスを割った。幸いにも園丁のアベルが早く始末をしてくれたので、ハティは誰にも怒られずにすんだ。しかし、トムとハティの遊びの結果、がちょうが庭園のなかにはいりこんできて荒らしたときは、アベルもかばいようがなかった。ハティのおばさんはカンカンに怒って、「おまえがいけないんだ」と、ハティにどなった。

ハティのおばさんは、ハティを慈善施設から引きとってやったのに、とんでもない恩知らずで、「金はかかるし、おばさんやいとこたちの恥さらしになるうそつきで、できそこないだといった」。トムはハティをかわいそうに思うが何もできない。ハティの親がどうしてハティを引きとりに来ないのだろう、と思うが、そんなことも生じない。トムは悲しんで泣き出してしまった。皆が居なくなって、トムは疲れてうとうとして目覚めると、そこには、ハティの半分くらいの大きさの少女が喪服を着て泣いていた。トムははじめ事態が飲みこめなかったが、ふと、その少女がまちがいなく、もっと小さい頃のハティであることに気がついた。父母に先立たれ、貧乏で孤児のハティが冷たいおばさんに引きとられて悲しんでいるのだ。トムは何もできないまま、彼女のそばを離れたが、それ以後、ハティに対して両親のことをたずねてからかうようなことはしなかったし、ハティが自分は王女だと言っても、ひやかしたりしなくなった。

「庭園」のなかでは、時間はまったくめちゃくちゃな順序で動いていた。ハティが急に幼くなったり、倒れた木が元通りになっていたり。しかし、トムのアパートの生活では、時間は普通に進行し、トムは家に帰らねばならぬときを迎えることになる。そこで、トムはもっとここに居たいと言って、アランおじさんと、グウェンおばさんをびっくりさせる。はっきりとわけはわからないが、トムが居てくれることは、二人とも――特にグウェンおばさんは大歓迎である。早速トムの家に連絡し、滞在を延長することになった。

トムのお母さんはおそらく、驚きあやしんだことであろう。期限がくれば喜び勇んで帰ってくると思っていたトムが帰りたがらないのだから。しかし、ピーターはその秘密を知っていた。トムは今や自分の家族よりも魅力のあるものの存在を知ったのである。庭と、そして、その庭の住人、ハティとを。

二人二脚

せっかく延ばした滞在期間もすぐに終りに近づいてきた。しかし、トムはうまい具合に風邪をひいて、また数日間は滞在できることになった。彼はピーターに手紙を書き、「とてもありがたいよ。――はしかのつぎぐらいにありがたい」と言ってやった。確かに病気が有難いこともある。しかし、ピーターのはしかをトムは今は有難がっているが、はじめのうちは最高の不幸のように思っていたのだ。「有難い」病気になりながら、その意味がわからず不満に思っている人は、あんがい多いかもしれない。

トムはハティに木登りの方法を教えてやり、ハティは大喜びだった。あるときは、トムが高い煉瓦塀に登り、そこから見える景色をハティに教えてやった。アベルが走ってきて、塀に登りたそうにしているハティをおさえてしまった。後でわかったことだが、アベルにだけは実はトムが見えていたのである。

トムはハティを誘って、彼らが「セント・ポール寺院の階段」と名づけている木に登り、そこに「家」をつくりはじめた。トムの便りでそのことを知ったピーターも庭のリンゴの木に家をつくり出した。それを見て、母親は、トムが帰ってきて手伝ってくれるとよいのにね、と言った。彼女はトムが帰りたがらないことに何かを感じとっていた。それに、ピーターがトムが帰って来ないなら、自分がアランおじさんのところへ訪ねていってトムに会いたい、と言い出したので、彼女はますます不可解な気持に包まれる。

子どもたちにとって、お母さんはいちばんいいものであるし、母親もそのことを確信している。しかし、子どもの成長につれて、母親はその確信がどこかでゆらぐ不安と淋しさを体験しなくてはならない。そのこと無しで子どもが真に成長することはない。

「セント・ポール寺院の階段」という木のなかの家の建造は急ピッチですすめられた。ハティにとって、それこそが「自分の家」であった。ハティが夢中になって作業をしているうちに、木の枝が折れて落下した。トムは木から下りて傍に行ったが、どうしようもない。アベルがとんできて倒れているハティを抱きかかえ、邸宅の方へと運んでいった。トムがそれについてゆこうとしたとき、アベルがふり返り、彼にはトムが見えていたのだと言った。そして、「おまえは、これまで何度もこの子を殺そうとした。父親も母親も家庭もないこの子を――まるで無邪気な罪のないこの子を、弓と矢だの、包丁だの、煉瓦塀だの、木のなかの家だの、いろんなわるだくみをして殺そうとしたんだ！　さあ、とっとと失せやがれ！」と叫んだ。アベルはトムを地獄から出てきた幽霊か悪魔のように思っていたのだ。

このことは、トムをハティのたましいの国の住人として考えてみると興味深い。外見から見ると、ハティはただのお転婆の少女で、まるで男の子みたいな遊びをする、包丁で木を削って弓矢をつくったり、塀に登りそうになったり、木のなかに家をつくり、果ては木が折れて落ちたりする。これらすべての遊びは危険なもので、大人から見ると禁止したくなるようなことばかりだろう。しかし、考えてみると、それはハティがたましいの国の住人の男の子と一緒にやっていることなのだ。ただ、他の人にはそれが見えぬので、ハティは男の子のような遊びをする、ということになる。

このようなこともハティの成長のために必要なのだ――とたましいは思っているらしい。たましいの要請は何らかの危険性を伴うことが多い。時には命にかかわるときもある。

ハティにしても打ちどころが悪かったら死んだかもしれぬ。だから、アベルはトムに向かって、「この子を殺そうとした」と非難したのだ。それにしても、どうしてアベルにだけトムが見えたのだろう。それは、この屋敷内で彼だけが本当にハティを愛していたからだろう。孤児で家族一同から冷たくされている少女に、この園丁は人知れず同情していたのだろう。ひょっとしたら彼も孤独な運命を生きてきた人かもしれない。アベルのこのような守りがあったからこそ、トムの出現がハティの成長に役立ち、ハティに破壊的に作用しなかったのかもしれない。トムの母親の守りのおかげで、トムが不思議な「庭」の体験をしつつ、あちらに留まることなく、こちらに帰って来られたように。

トムは傷ついてベッドで療養中のハティを見舞い、ハティの部屋が他ならぬ自分が現在滞在している部屋であることに気づく。あちらの世界とこちらの世界が交錯しはじめたのである。このようになってくると結末が近づいていると考えられる。あちらの世界がだんだんと消えてゆくか、あちらの世界の方が強くなって、こちらに戻って来られなくなる(死を意味する)か、である。

ハティは床板を一枚はがし、そこに秘密の隠し場があることを教えてくれる。ハティは彼女の「宝物」をそこに収めていたが、そのなかの一つ、自分の両親の写真を見せてくれる。そして自分が王女だと言って、うそをついたことをトムが覚えているか、と言う。ハティにとって、王女の世界に住むことはもう必要でなくなってきたのだ。トムという強力な心の支えを得て、王女などという幻想による支えは不必要となったのである。

トムはピーターから、「気をつけろ。おかあさんが、今週のおわりになったら、トムをうちにかえしてくださいって、グウェンおばさんに手紙を書いたよ」という警告文を受けとる。その日は火曜日だから、あまり日は残っていない。

トムはこの不思議な現象の秘密を握るのは、あの大時計に違いないと思い、ハティ――もう随分と成長して娘さんのようになっていた――に頼んで、大時計のなかを調べてもらった。文字盤には天使の絵が描かれ、黙示録からの引用で、「もう時間がない」と書かれていた。「もう時間がない」それはトムの今の状況にぴったりの言葉である。

次の日、トムが庭園にゆくと季節は冬だった。誰も居ないので外に出てゆくと、スケートをしていた一人の娘さんが居た。それがハティだった。そのハティにスケート靴を一足、あの秘密の場所に入れておいて欲しいと頼んで、トムは別れる。トムは自分の部屋――ハティの部屋――の秘密の場所から、そのスケートを取り出して、木曜日の夜にハティに会いに行った。その日は特別に寒い日で、川が完全に凍結していた。ハティはトムに、スケートでその川をずっと下流まで滑ってゆくことを提案し、トムは同意した。

それはまったく素晴らしい旅であった。二人はどんどんと滑った。ハティは「マフがなくなろうと、はしたないといわれようと、おばさんにどなられようと、かまったことではないとでもいうように、ただ笑っただけだった」。これは、まさに二人二脚の旅だ。二人は一体化していた。他から見る限り、とてつもなく勇敢な娘さんが、一人で――男性のエスコートもなく――いかにも楽しそうに滑ってゆくのである。女性の方でこのような勇敢な一人旅――実は二人旅――を経験された方があることだろう。そのとき、自分でもわけがわからぬほど強くなるものである。

夢見ること

スケートの旅でハティとトムとが一体感を感じたとき、そろそろ終りの時間が近づきつつあった。下流まで滑っていき、さてどうして帰ろうかというとき、うまくハティの知人の青年——バーティ二世と呼ばれる——が馬車で通りかかり、ハティもトムも乗せてもらった。ハティと青年の楽しい会話のなかで、トムは退屈し眠ってしまうし、ハティの心はバーティ二世に奪われていた。実のところ、これが機縁となって、ハティはバーティ二世つまりバーソロミューさんと結婚したのである。トムはハティの成長を支え、彼女がこの世での伴侶を見出したときに、消え去ってゆく運命にあったのだ。

金曜日の夜も、トムは出かけていった。しかし、もう庭園はなかった。あわてたトムは何かにぶつかってガチャーンと音をたて、時計の下で泣きじゃくりはじめた。誰かが階段をおりてくるのに気づいて、トムは金切声をあげ、「ハティ！　ハティ！」と叫び、その声でアパート中の人が目を覚まして大騒ぎになった。

トムが寝ぼけたのだということになり、アランおじさんが八方あやまって収まったが、トムはバーソロミューさんのところに一人であやまりに行かされることになった。おずおずとあやまるトムに対して、おばあさんはトムがびっくりするようなやさしさで、「わからないかね？　あんた、わたしをよんだんだよ。わたし、ハティですよ」と言った。はじめ、トムにはそれが何のことかわからなかった。おばあさんは説明をはじめたが、トムはその内容よりも話し方の方に気をとられた。「キラキラかがやいている黒い目は、たしかにハティの目だった。そのうちにトムは、あの庭園のなかの女の子を思いださせる身ぶりや、声の調子や、笑うときの表情などがおばあさんのなかにあるのに気がつきはじめた。」おばあさんはまぎれもなくハティだった。

おばあさんの話で何もかも了解し、トムとおばあさんは仲良くなった。しかし、もうトムは帰らねばならない。次にはピーターを連れてくるとおばあさんに約束したとき、「トムは、けっきょく、じぶんははやくうちへかえりたくてしかたがないのだということがわかった。うちじゅうで、ぼくをあたたかく迎えてくれるだろう」。確かにその通りだ。トムはこれまで同様に家族と共に楽しく暮らすだろう。しかし、トムはそれまでのトムとは一味違った子になっているはずである。彼は家族以外に自分を支えてくれる「庭」があることを知っているからである。

「もう時間がない」と黙示録のなかで、天使は言っている。確かにたましいの世界では時間の流れは日常とまったく異なっているけれど、時に「終り」が来るようである。トムにとっての「庭」の時間は終り、彼は家族の住む世界へ引き返してゆく。しかし、トムにとって必要な「とき」が来たとき、それはまたトムに意識されることになるだろう。

それにしても、「夢見ること」は何と大したことだろうと思う。バーソロミューおばあさんは親類もないし、周囲の人からは何となく敬遠されている。そのおばあさんが夢を見ることによって、一人の少年トムの傷ついたたましいの癒しを成し遂げたのである。この体験は、トムにとって今後の成長全体を支えるほどのものとなったであろう。

一人の老人が何もすることもなく寝てばかりいるとき、それは何の「役に立っている」のだろうなどと思われることがある。本人でさえそう思っているときもある。しかし、バーソロミューさんは、ただ寝て夢を見ているときに、他の誰もができなかったこと、トムを本当に支えてやること、ができたのである。アランおじさんもグウェンおばさんも、もちろんトムの孤独を癒してやろうと一所懸命であった。しかし、この世での目に見える必死の努力は、たましいには通じないことが多い。

逆の方から見れば、トムという存在は、バーソロミューおばあさんの測り難い孤独を癒したのである。この世で暇なく働いている大人の見方からすると、あまり役に立たないと思われている子どもや老人が、ただ存在すること、夢見ることによって、大人のできない重要なことをしている。このことをわれわれは忘れないようにしたい。フィリパ・ピアスは、その「作者のことば」の最後に、「おばあさんは、じぶんのなかに子どもをもっていた。私たちはみんな、じぶんのなかに子どもをもっているのだ」と述べている。これにつけ加えて、私は「子どもたちのなかに大人も老人もいるのだ」とつけ加えたい。そうでなかったら、バーソロミューさんとトムがこれほども通じ合うことはなかったであろう。たましいの国の「とき」は円環的、全体的で、直線的な流れから自由になっているはずである。

注

(1) たとえば、上野瞭『現代の児童文学』中央公論社、一九七二年、にはトムが取りあげられ、特に「ふしぎな世界」への「通路」の存在という重要な視点が示されている。これはこの作品を論ずる上で極めて大切なことであるが、既に拙著『子どもの宇宙』〔本著作集第六巻所収〕で取りあげて論じたので、今回はこの点については割愛した。

(2) 河合隼雄『子どもの宇宙』岩波書店、一九八七年。

六　メアリー・ノートン『床下の小人たち』

小人

人間の持つファンタジーのなかで活躍する重要な人物として、小人というのがある。人間とまったく同じだが、体だけは非常に小さい存在、それを何と呼ぶかはいろいろだろうし、それに対する人間の態度もいろいろだろうが、ともかくそのような「小人」は、時代や文化の差をこえて、ファンタジーの世界で活躍し続けてきた。伝説や昔話などを調べてみると、おそらく世界中のほとんどの文化が、小人のイメージをもっていることがわかるのではないだろうか。

児童文学のなかでも、小人は人気者である。わが国の土壌はファンタジー作品をつくり出しにくく、優秀なファンタジー作品が少ないのは残念であるが、日本の児童文学のなかで際立っているファンタジー作品として、いぬいとみこの『木かげの家の小人たち』、佐藤さとるの『小人シリーズ』と、どちらも小人が登場してくるのは偶然のことではないだろう。われわれの住んでいるこの世界に「小人」を一緒に住ませ、それを大切にしているうちに、素晴らしいファンタジーが生まれてきたのであろう。

日常生活のなかで、何かあるもの、消しゴムとかヘアピンとか、そんなものを確かに置いておいたと思うのに、ふと無くなっているのに気づく。家族に聞いても誰も知らない。まさか、そんなものが盗まれるはずはない。そんなときに、「小人」がこっそり持っていったのだと考えると、腑におちる。あるいは、夜おそくなって、片づけものなどたくさんあるときに、面倒になって眠ってしまうとき、朝になって起きてみると、それが全部片づけられていると、どんなにいいだろう、そんなことを夜のうちに、こっそりとやってくれる「小人」でも家に居てくれると、どんなに素晴らしいだろう、という空想も多くの人が持つものであろう。

あるいは、歩きなれた道を急いでいるとき、思いがけない石ころにつまずいてころんだりすると、いたずらものの「小人」が、そんなことをやらかしたのでは、と思うと納得がいくときもある。ころんだ自分の姿を、どこかに隠れて見ている小人が、クックッと忍び笑いでもしているのではないか、と思うときさえある。

小人だが普通の人間よりも強い、という話もある。一寸法師の話がその典型である。背の高さが一寸の人間が鬼を退治する。このような話は洋の東西を問わず、昔話にたくさんある。親指太郎などという名をもつ、小さい人間が冒険を重ねてゆく。このような話が特に子どもたちに好かれるのは、子どもは大人に対して、自分たちを「小人」として位置づけることもできるわけだから、自分が同一視している小さいヒーローが活躍する話を聴くのを喜ぶためだろうと思われる。

このようにいろいろとわれわれのファンタジーを誘い出す力を「小人」のイメージは持っており、そのために数多くのお話が生み出されてきた。われわれも自分の家に、あるいは自分の傍に小人たちが居ると想像してみてはどうだろう。そのことは、われわれの生活を随分と豊かにしてくれるに違いない。簡単には目にすることのできぬ存在が、われわれの身近に居ると考えてみることは、自分の生き方を異なった視点から見ることを可能にしてくれる。読者の皆さんも自分の周囲に小人が居ると想像してみられては、いかがであろうか。

既に述べたように、小人に関する話は実にさまざまあるのだが、ここに取りあげるメアリー・ノートン『床下の小人たち』(林容吉訳、岩波書店、以下の引用は同書による)では、作者が思いがけない発想をつきつけてくる。それが「借り暮らし」というアイデアである。われわれの日常の生活の下に、「借り暮らし」をしている小人たちが居る。このことは実に多くのことをわれわれに考えさせてくれる。では早速、物語に即して考えてゆくことにしよう。

借り暮らし

この小人の話は、ケイトという女の子に、メイおばさんという人が話をする、という構成になっている。ファンタジーの世界に日常世界から一足跳びにはいってゆくのは難しいので、まずこのような日常的な場面から話がはじまり、そのなかでファンタジーの世界が語られる「枠物語」の形式は、よく用いられる手法である。そして、その「枠」としてどのようなものを用いるかも、物語とは関係のないようでありながら、随分と大切なことである。

話の聞き手になる少女のケイトについては次のように語られる。ケイトの家の居間は昼過ぎになると、「こうした部屋につきものの、あわい光がみちてくるように思われるのです。そして、そのときには、部屋に、ある種のかなしさといったものがただようのですが、ケイトは、子ども心に、そのかなしさがすきでした」。このことは、ケイトの感受性の豊かさをよく示していると思われる。そのケイトがメイおばさんに、かぎ針の編み方を教わるのだが、編み物は、「ファンタジーの絵巻を織り出す」仕事につながっている。そこで、ケイトが編み棒をなくしたと言ったとき、おばさんが「この家にも借り暮らしの人たちがいるのか」と思わず口走ってしまったので、おばさんはケイトに小人の話をしなくてはならなくなったのである。

メイおばさんによると、彼女の弟が子どもだったころ、リューマチになって一学期間、学校を休んだとき、いなかの大おばさんの家に住むことになり、そこで小人たちを見たのだと言う。おばさんと弟はインドで育てられたせいもあって、特に弟の方に変ったところがあり、「たぶん、わたしたちがインドで育って、ふしぎな話や、魔法や伝説のことをききなれていたせいなんだろうけど――なにか、あの子には、ほかの人には見えないものが見えるのじゃないかって気がしたね」というわけで、弟さんの話もひょっとすると作り話かも……という疑いを残したままで、メイおばさんの小人の話がはじまる。

弟の居た、大おばの家には、大おばのソフィが二十年来、けがをして寝たきりだし、その他には料理人のドライヴァおばさんと、庭師のクランプファールが住んでいた。その家の床下に小人たちが住んでいた、というのである。

小人たちは両親と女の子が一人の三人暮らしである。父親はポッド、母親はホミリー、十四歳の女の子はアリエッティという名であった。この小人たちは「借り暮らし」をしていた。つまり、自分たちの生活に必要なものは、すべて人間の世界から「借りて」くるのである。これを読んで筆者はメアリー・ノートンの発想の素晴らしさに、思わずうなってしまった。古来から、小人たちには人間にはない何らかの魔力のようなものがあると考えられがちであった。あるいは、たくさんの黄金を持っていたり、ともかく普通の人間が羨ましがるようなものを何か持っていると考えられた。ところが、どうであろう。この小人たちは特別に何の才能も何の財産も持っていない。すべてが人間から借りてきたものばかりである。

借りものばかりで暮らしているからと言って、小人たちがまったく卑屈でないところが、また注目すべきところである。アリエッティは人間の男の子――メイおばの弟――に会ったとき、借り暮らしについて説明し、「人間ってものは、借り暮らしやのためにあるのよ――パンが、バターのためっていうのと、おんなじよ！」と説明している。それは「盗み」ではないか、という男の子の疑問に対しても、アリエッティは「わたしたちのすることを、盗むっていうんだったら、暖炉が、石炭入れから石炭を盗むっていってもいいことになるわ」と答えている。

アリエッティの答は、身勝手もいいところだと思う人もあろう。人間を中心に考えると確かにそう言えるだろう。しかし、少し視点を変えるならば、人間がにわとりの卵を食べるとき、それは「盗み」なのか「借り」なのか、あるいはそのどちらでもない何かなのか、言うのが難しくなってくる。にわとりを中心に考えると、それは盗み以外の何ものでもないであろう。盗みと言うのが嫌であるなら、われわれ人間も「借り暮らし」をしていることを認めざるを得ないのではなかろうか。小人たちのことを身勝手などと言ってはおれないのである。

さて、小人たちの生活の方に話を戻すことにしよう。父親のポッドは有能な「借りや」だったが、リューマチの男の子がこの家に来て泊まっていることを知らなかったために油断をして、子どものままごと用のコーヒーカップ――小人にはちょうどのもの――を借りようとしているところを「見られ」てしまったのである。小人たちにとって、「見られる」ことは運命的な出来事である。その結果、人間が何をやり出すかわからないからである。猫を飼いはじめるかもしれない。床の下の大掃除をしようなどと思いつくかもしれない。これらのことは小人たちにとっての死活問題である。人間の何気ない行為が彼らの生命をおびやかすのだ。

ポッドとホミリーは、ともかく「見られた」ことを娘のアリエッティに話すことにした。アリエッティはそもそも「借りる」ことがどれほど危険で難しいかも知らないし、床下の安全な世界に両親に守られて生きてきたのだが、どうしても現実の厳しさをこの際に教えておくべきだと親たちは考えた。そこで二人はアリエッティを呼び出し、ホミリーが「あんたは、上のこと知ってるわね?」と重々しく切り出した。そして、前はこの家に住んでいたヘンドリアリおじさんが、人間に「見られた」ために移住しなくてはならなかったことを話した。「移住」と聞くとアリエッティは顔を輝かして、「おもてで遊んだり……ひなたぼっこをしたり……」と言いかけ、それは下品な趣味だとホミリーにたしなめられる。世の中はそれほど甘いものではない。ヘンドリアリの移住先はアナグマの巣で、そこで彼らは随分と不自由な生活をしているはずである。人間の家のなかに住んでいるように豊富に「借りる」ものがないからである。

しかし、アリエッティは移住したいと言い張った。そして、両親が思ってもみなかったことを言い出した。つまり、彼女はこんなところに「とじこめられてるのが、いやだ」と言い出したのだ。ポッドとホミリーにとって、もっとも安全で幸福な家庭と思っていた床下の家を、娘は「とじこめられてる」と表現したのだ。たくさん居た小人たちは少しずつ身の危険を感じて「移住」してしまい、残っているのはポッド一家だけなのだ。これでは少女のアリエッティが「とじこめられてる」と言うのも無理はない。「話し相手も、遊び相手もいないし、見るものは、ほこりと廊下だけ」とアリエッティは嘆く。ホミリーはそれを聞いて、ゆっくり一息ついてから、「この子のいうことは、ほんとうです」としっかりした声で言った。

安全と冒険と

人は安全とか安定を欲する。しかし、いつまでもそれに安住しておられないのが特長だ。せっかくの安全を自ら破って新しい体験をしたいと思う。しかし、それには危険がつきものである。この矛盾する二つの傾向の間に適切なバランスを保ってこそ、意義ある生き方ができるのである。

ところで、アリエッティは外へ出ることを主張し、はじめはそれを非難していたホミリーが、それが本当だと認めたとき、アリエッティの言ったことが面白い。本文を引用してみよう。

　アリエッティの目が、大きくひらきました。「ううん、そうじゃない――」と、いいかけました。ほんとだといわれて、どきっとしたのです。いいえ、正しいのはおとうさんたちで、子どもじゃない。子どもは、なんだっていえるし――ちゃんと知ってるわ――いうのがたのしいのよ。どんな、まちがったことといったって、だいじょうぶだってこと、子どもには、いつだってわかってるんですもん。

この親子の対話は実に見事である。安全を願う親と冒険を願う子との対立は時代や文化の差をこえて、あちこちに見られる現象である。そんなときに、時に子どもたちは、「まちがったこと」を言ってみたいものだ。それはアリエッティが言うように、まちがっていることを子どもも知っているのだが、言うのが「楽しい」のだ。それはどうして楽しいのだろう。それはやはり、まちがいにしろ大切な真実を内包しているからである。従って、後者の方にのみ注目するならば、ホミリーの言うとおり「この子のいうことは、ほんとうです」ということになる。そして、ホミリーのその一言が、アリエッティの子どもの本心を語る言葉を引き出している。そして、このような真剣な対話のなかから、この一家は次のような結論を出してきた。

アリエッティは女の子だけれど、父親について「上」にゆき、借り方を習うことになった。今のうちに習っておかないと、両親にもしものことがあればどうなるのか、とホミリーは主張するのである。もちろん、ポッドが「見られた」ので、暫くは慎重にしていなければならないのだが、実はアリエッティの外出はポッドの方は気に入らなかったけれど、ホミリーに説得されて、とうとう承知したのであった。

このような親と子の対立や対話が一歩誤ると、まったく危険な方向に行ってしまうことを、われわれはよく知っている。子どもが家出をしてしまったり、あるいは逆に、子どもがいつまでも両親に依存するようになってしまったり。その点で、ポッド一家の対話は、われわれの学ぶべきことをよく示してくれている。子どもは冒険をしなくてはならない。しかし、アリエッティの冒険はそれほど生やさしいものではなかった。

あの会話以後、三週間の慎重な「待つ」期間を経て、ついにポッドはアリエッティを連れて、「借り」に出かけることになった。目的は台所のタワシがすりへったので、その材料を借りにいくためである。くつふきからタワシにする繊維を少し借りてくるのだ。アリエッティはポッドについて心臓をどきどきさせながら、はじめて「廊下」をとおり「第一の木戸」まで来た。ポッドは第一の木戸の留金に使っている安全ピンをうまく操作して開け、大時計の下の穴までやってきた。そこからは「外」の世界だ。アリエッティはポッドの言うとおり、さっと走っては何かに隠れて、くつふきのところまでゆき、繊維を引き抜く仕事を手伝った。

ポッドが他のものを借りにいっている間、アリエッティは一人になり自由を満喫した。「陽の光、草の葉、やわらかく流れる空気」それらすべてが彼女にとっては、よろこびに満ちあふれた感情をひきおこすものとなった。あまりの楽しさに彼女は警戒心を忘れ、「男の子」がすぐ傍に来たのに気づかなかったのだ。アリエッティがふと気づいたときは、大きい大きい「目」が彼女の近くにあって、見下ろしていた。

「なによりもいけないこと、なによりもおそろしいこと、わたしは《見られ》たんだ」とアリエッティは恐怖におののいた。男の子も彼女も互いに警戒し、男の子は彼女を杖でぶちそうにした。しかし、そこは子どもと子ども、何となく打ちとけて話し合ったのだから有難いことである。ここで、既に紹介した「借り暮らし」についてのアリエッティの説明があり、男の子は「それは盗みだ」と言い、アリエッティに笑われる。

アリエッティは「借り暮らし」の生活を詳しく話をするし、男の子は自分がリューマチのため両親のもとを離れてここに来ていることなどを語った。それに人間というものがどれほどたくさんこの世に居るのかを一所懸命に話したが、これはアリエッティにとっては信じ難いことであった。彼女が信用しないので、男の子は言いつのっているうちに、とうとう、小人などはだんだん死に絶えて、「いつか、きみが、世界じゅうにのこった、たったひとりの借り暮らしやになるのさ！」とまで言ってしまう。アリエッティの怒りと悲しみに触れて、男の子は何とか機嫌を取ろうとし、ヘンドリアリおじさんが住んでいるというアナグマの巣のところに、アリエッティの手紙を届けてやろうと約束する。彼女が手紙を書いて、くつふきの下に隠しておけば、それをもって男の子がヘンドリアリおじさんの住むところまで持っていってやろうと言うのである。アリエッティがやっと機嫌を直し、男の子が彼女に本を読んでもらおうと、本を取りに家に戻っているとき、彼女は父親に呼ばれて帰ることになった。

ホミリーは二人が無事に帰ってきたので大喜び、お茶とお菓子が調えられ、楽しいはずの会話がはじまったが、アリエッティは何かとんちんかんの応対をする。それは当然のことだ。彼女の最初の冒険は、あまりにも凄い冒険になってしまったのだ。「見られる」どころか、彼女は「上」の人間と会話をし、おまけに手紙をことづける約束までしてしまったのだ。まったく断絶していた二つの世界は、思いがけない子どもたちの行為によって、つながることになってきた。しかし、それは何をもたらすことになるのだろう。

二つの世界

アリエッティは早速ヘンドリアリおじさんに手紙を書いた。お元気かとたずね、自分は借りものを習いはじめたという簡単な手紙である。しかし、ポッドが次に借りものに出かけるまで、四日間もその手紙をくつふきの下に隠すのを待たねばならなかった。やっと目的を達して帰ってきたアリエッティは、母親が「上」の世界のドライヴァおばさんが庭師のクランプファールと話し合っていたのを聞き、男の子が三日続けてくつふきをめくりあげるので、馬鹿なことをするとドライヴァが怒っていたのを知った。男の子は約束を果たそうと努力してくれている。三日間も駄目で、四日目も見てくれるだろうか。

その晩、アリエッティは「上」の世界の話を聞こうと必死だった。そして、男の子がどうやらアナグマの巣へ行って何かしていたらしいことがわかった。その後で居間に行くと、父親が「上」に行っていることがわかった。寝たきりのソフィ大おばさんは、毎晩上等のマデーラ白ブドウ酒を飲み、ある程度酔ってくると、小人の幻覚が見え、それと話をするのを楽しみにしていた。実は、頃合を見はからってポッドが現われ、ソフィとの会話を楽しんでいるのだが、おばさんはそれを酔の効果と信じているのである。この日も父親が楽しみに上に行っていると知ったアリエッティは急に思いついて、自分も上に行き、男の子の寝室へとはいっていった。

男の子はびっくりしたが、アリエッティの手紙をアナグマの巣に置いてきたこと、次にゆくと返事が置いてあったことを話す。ヘンドリアリおじさんはそこで元気に暮らしていることがわかったのだ。二人が話し続けているところへ、ポッドがやってきた。彼は「おそろしいほどしずか」に、「さあ、帰ろう」と言い、二人は「下」

の世界へと帰った。

ポッドもホミリーも、自分たちの存在を人間に知られてしまったことにおびえ切っていた。アリエッティは、すべての事情を話し、借り暮らしやの小人の絶滅を防ぐために、何かしようとしたのだと言う。「わかるでしょ！　わたし、種族を救いたいと思ったんですもの！」と彼女は叫んだ。しかしそれに対する父の答は冷たかった。しきたりに構わずに変なことをして、それは種族を救うためと言ってみたところで、その結果、自分たちは根絶やしになるだろう、と。それにいちばん大切なことは、アリエッティが何もかも男の子に喋ってしまったので、自分たちの住居がわかってしまったことである。「借り暮らしが《見られ》る——あったさ。借り暮らしが、つかまる——たぶん、あったろうさ。だがね、どんな借り暮らしにしろ、住んでるところが人間に知れたってことは、ついぞ、あったためしがないんだ。」親たちの恐怖と嘆きは強くなるばかり、とうとう、ホミリーは「なんて、しょうのない、わるい子なんだろう！」と泣きわめき出した。

アリエッティは、それでもひるまなかった。「わたし、人間がみんな、そんなにわるいとも思わないし——」と頑張ってみる。ポッドはあくまで冷静であった。彼は「つまりは、だれだっても、人間から、ほんとに、いいことをされたってためしがないってことさ」とアリエッティをたしなめるのだ。親と子は意見の相違を何ともできないまま、ともかく一晩眠ることになった。

親と子、保守と革新、これらの対立は常に生じる。どちらが正しいなどと、われわれは簡単に決めることはできない。一歩誤れば、どちらが勝つかなんてことは吹飛んで、両方共に破滅してしまうのである。

その夜、皆が寝静まった頃に大変なことが持ちあがった。ポッドとホミリーの寝室の天井が何者かによってそっくり取り去られたのである。ホミリーは金切声をあげたが、ポッドが背中をたたいて「おやめ」と叫んだので、やっとおさまった。びっくりしてやってきたアリエッティも共に、上を見あげると、そこに男の子の顔があった。彼がネジ回しで床板を、つまり小人たちの天井をこじあけたのだ。ホミリーは何とか威厳を保って、男の子に「もとに、おもどし！」と命令した。しかし、彼のしたことは思いがけないことだった。彼は人形用の上等の食器だんすを中に入れてくれたのだ。それに、人形の椅子の素晴らしいのも入れてくれた。その後で、男の子は床板を元に戻しポッドが頼んだように、かるく釘を打ちこんで何もなかったようにした。

「それから、みんなの生活に、きみょうなことがはじまりました。夢にも考えられないような借り暮らし――まことに、黄金時代でした。毎日、夜になると、天井があいて、宝物があらわれました。」男の子は毎晩のように、じゅうたん、石炭入れ、寝台、ストーブなどをつぎつぎと入れてくれた。彼がグランドピアノを持ってきたときは、ホミリーは応接間をつくって欲しいと頼んだ。まさに黄金時代である。アリエッティは、こうした財産のお礼に、男の子に本を読んでやった(彼はインドで育ったので、あまりうまく本が読めないのである)。

アリエッティの勇気のおかげで、思いがけない幸福が小人たちにもたらされた。男の子もそれを見て満足だった。しかし、ものごとには限度ということがある。昔の人形の家のこまごましたものだけだったらよかったのだが、「応接間」をつくったために飾りものが欲しくなり、男の子は「上」の飾り戸棚のガラスケースに入れてある、銀製の高価なものを持ちこみはじめた。

飾り戸棚のなかのものが少しずつなくなるのに、最初に気づいたのはドライヴァであった。彼女は犯人を見とどけるために、夜中に目覚ましをかけ、そっと起き出してきた。男の子はいち早く逃げたものの、床板の下から光が四角にもれてくるのを怪しんで、そこをひきめくると、小人たちが居た。ドライヴァは悲鳴をあげ、三人の小人はさっとどこかに隠れてしまった。

ドライヴァは「巣だ」と叫んで、床下に足を入れてひっかきまわし、いろんなものがそこから出てくるので驚いてしまった。「盗まれた」ものがたくさんでてくるのだ。彼女は、これは警察沙汰だと憤慨した。ドライヴァが寝室に引きあげるや否や、男の子が現われ、三人の小人を救い出し、どこかにかくまって翌日は移住させてあげると話し合っているとき、ドライヴァが再びやってきた。事情を説明して「借り暮らしの小人」を助けようとする男の子の気持を、ドライヴァはまったく無視して、彼を勉強部屋に押し込み、戸に錠をおろした。男の子はベッドにもぐりこみ、胸がはりさけるほど泣いた。

共存の難しさ

せっかくの黄金時代も一挙に終りになってしまった。こうなると、子どもは無力だ。ドライヴァは、ねずみをいぶり出す人を連れてきて、猫までかり出し、小人を退治しようとした。しかし、急に親のところに旅立つことになった男の子の機転で、小人たちは何とか脱出、ともかく、移住への道へ旅立つところで、この物語は終りとなる。

この話を読んでつくづく思うのは、二つの世界の共存の難しさである。借り暮らしも大変だ。しかし、せっかく因襲にとらわれぬ子どもたちの力によって、よりよき共存の可能性が見つけ出されそうになったとき、それは実のところ破局へとつながってしまったのだ。男の子の善意は、破局を招くことの原因となったと言えないこともないのだ。

『床下の小人たち』には、続編があって、『野に出た小人たち』、『川をくだる小人たち』、『空をとぶ小人たち』

と続き、驚くべきことに、第四冊の発表の後、二十一年もの長期間の後に、一九八二年、『小人たちの新しい家』が発表される。著者の七十九歳の作品である。

今回はこれらの作品について言及できず残念であったが、いずれも小人たちの冒険を生き生きと描いていて、傑作の名に値するものである。読者が是非お読み下さるようにおすすめしたい。ところで、この第五作の最後に意味深い言葉がでてくる。いろいろな冒険の後で、小人たちが安全になってやれやれというとき、一人の小人が、「本当にぼくたち安全かねえ？　いつまでも？」と問いかけ、答のないままで終りとなるのだ。

これはいろいろな解釈ができるであろう。まず言えるのは、既に「安全と冒険」のところで述べたように、人間はいつまでも安全な状態にとどまっておれないのだ。だから、少しくらいの安全な状態で、やれやれなどと言っておられない、と考えられる。しかし、この全部の作を読んできて、しかも、二十一年後に作者がどうしてもこれを書かざるを得なかった気持などを推しはかってみると、ここは、現代の人間世界に「本当の安全などあるのだろうか」と作者が問いかけているようにも思えてくるのである。確かに、現代人の危機についての認識は誰しも大なり小なり感じているところだ。それでは、作者はどうして、人間のことではなく、小人の不安について述べたのだろうか。

筆者は、この小人たちが、最初に指摘したように何の魔力ももっていないことに心を打たれた。昔は不思議な力をもっていた小人たちがどうして、このように無力になったのか。筆者の推察では、それは昔に比して人間があまりにも力をもつようになったからではなかろうか。人間は空を飛ぶこともできる。たくさんの黄金を土のなかから掘り出すこともできる。自分の寝ている間に機械に仕事をさせることができる。要するに小人の魔力は全部、人間に吸いあげられたのだ。小人たちは人間たちの棄てたガラクタや、置き忘れたようなものを、そっと借りて生きるより仕方がなくなってきたのだ。

昔は人間よりもはるかに不思議な力をもっていたが、人間の科学の力によって追いやられてゆき、忘れ去られようとしているもの、それは、人間のたましいではないだろうか。人間はそれを見ることができない。目には見えないが、それは人間にとって極めて大切なものではなかろうか。ところで、小人はどうだろう。それは実のところ、居ても居なくてもあまり変りはないが、少し厄介なくらいにさえ思われる。しかし、ノートンの作品を読んでいて、小人の絶滅を願う人があるだろうか。誰しもその存続に加担したくなるのではなかろうか。何も役に立っていないのに、それを失うことは重大な損失と考えざるを得ない。ここに述べたことは、すべてたましいのことと考えると当てはまるように思われる。

ソフィ大おばさんが酒を飲んだときのみ、小人が見える。しかも彼女はそれを幻覚と信じている。と言うのもなかなか意味深い。現代人は、酩酊したときとか、幻覚としてしか、たましいの存在を見ることができないのだろうか。いや、子どもは例外であった。子どもでもすべての子というわけにいかないだろう。男の子が病弱だったこと、親もとを離れていたことも、小人を見ることができるための前提だったかもしれない。彼は小人の存在を知り、それを助けようとする。彼は彼のできる限り——というよりは限界をこえて——小人たちにつくそうとした。このことがよくなかったのではなかろうか。彼は自分の方を知らず知らずのうちに、たましいより優位においていなかっただろうか。

日常世界とたましいの世界との共存の仕方は、なかなか微妙なものがあるようだ。昔は、おそれの感情が二つをつなぐ橋となっていたようだ。おそれをなくした現代人にとっては、時々確かにあったものがなくなるような不可解さ、借り暮らしを許容する不注意さ、これらを橋として、こちらからつながるなどというのではなく、あちらがこちらに向かってやって来やすいように生きるのが、せいぜいのところではないだろうか。男の子の例が示すように、熱心に援助し過ぎるのはよくないらしい。この微妙なバランスの難しい人は、ソフィ大おばさんのように上等のマデラ白ブドウ酒を飲む手もあるようだが、それほどの上等のブドウ酒を適度に飲むのも難しいことで、結局は、ドラッグに頼るなんてことにもなるのであろう。われわれ凡人にできることは、何かが無くなったとき、怒ったり、熱心に探しまわったりせずに、小人たちがそれをどう利用しているのかなどと考えて楽しむくらいのところであろう。

七　M・マーヒー『足音がやってくる』

日常と非日常

マーガレット・マーヒーの『足音がやってくる』(青木由紀子訳、岩波書店、以下の引用は同書による)と、『めざめれば魔女』の二作を読んだ。どちらも名作で、現代に生きる少年、少女の苦悩がよく描かれていると思ったが、本書では、前者の方について論じることにした。

主人公のバーナビー(バーニーと呼ばれている)は八歳の男の子。本の書きはじめは、「何の前ぶれもなく、ごく普通の金曜日に、バーニーは世界が傾いて、どちらを向いても足もとの地面がどんどん下り坂になってしまうような気がした。そしてまた幽霊が自分にとりつこうとしていることがわかった」とある。今どき幽霊の話でもあるまい、と言う人もあろうが、この本は幽霊や魔法使いが大切な役割を演じるし、『めざめれば魔女』では、題名どおり魔女のお話、と言っても現代の魔女のお話である。マーヒーの作品の特長は、このような非日常的、超自然的なことが、「何の前ぶれもなく、ごく普通の日」に生じ、しかも読者にそれほどの違和感を感じさせないところにある。彼女の作の絵本『ロバートのふしぎなともだち』(ほるぷ出版)では、「ロバートという、小さいふつうのおとこの子が、がっこうから、かえろうと」して、ふとふり向くと、河馬が一匹ついてくるのである。

しかも、この河馬は翌日は四頭に増え、日と共にだんだんと増えて、四十三頭にまでなるのである。これはまったく途方もないことだ。しかも、ロバートはわざわざ「ふつうの子」と書かれていて、別に特別のことはなさそうなのである。

現代の日常の世界に非日常の超常的な現象が突然に侵入してくる。いったいこれはどうしてなのだろうか。確かに、昔は魔女や幽霊が活躍していた。しかし、魔女にしろ、幽霊にしろ、そうめったやたらに「ふつう」のときに出て来るのではなく、出現するにはそれにふさわしい時と場所を心得ていたものである。昔は日常と非日常とをわける秩序があった。これに対して現代はどうだろう。いや、現代もお祭りはある、と言う人があるかもしれない。しかし、たとえば、お祭りでみこしをかつぐとき、みこしのなかに神さまが乗って居られると確信している人が何人居るだろう。端午の節句に、柏餅やちまきを食べるとして、それが日常生活では考えられぬ「ごちそう」と感じている家庭がどのくらいあるだろうか。非日常の世界は現代は実に色褪せている。これに対して、飛行機が墜落して、四百名の人が死んだとか、突然に一人の男が銃を乱射して、十四人の女性が殺されたとか、二つの国を隔絶していた厚い壁が、一夜のうちに取り壊されたとか、という話を日常のこととして、毎日のように知らされるのである。こんなことに比べると、学校の帰り道に、ふとふり向くと、河馬がついてくるくらいのことは大して変なこととも言えないのではなかろうか。

人間存在というのは無限のひろがりをもっている。「私」という人間のもっているものをすべてさらけ出したら、どんなに凄いことか。そのごく一部分をさらけ出しただけで、十四人もの人が死んだりするのだ。このような恐ろしい部分は、「非日常」の世界にうまく閉じこめ、それを「神」という絶対的な存在に頼って、何とか鎮めてもらい、日常の世界ではそれなりの秩序をもって生きる工夫を、人間は昔からやってきた。単純な論理で考える限り理解不能な、儀式や祭りやタブーなどをたくさん行なってきたのも、このためである。

しかし、現代人はそのような伝統的な工夫をほとんど拒否してしまった。そんな非合理なことなどしなくとも、すべて自分で考え、自分の判断でうまくゆくと思うようになった。その結果、非日常と日常の世界は思いがけぬほどの相互浸透を行い、これまでの多くの非日常の世界が俗化されると共に、日常世界に非日常性が侵入してくることになった。このような現代に生きる子どもたちは大変である。その大変さをもっとも端的に示すなら、「ふつうの日に何の前ぶれもなく、幽霊に取りつかれる」ということになるだろう。

バーニーは実のところ、日常の世界でも思いがけない経験をしていたのだ。バーニーが生まれたときに母親が死に、父親と姉二人の家族のなかで大きくなったのだが、一年ほど前に突然に、クレアが家にやってきた。クレアは父の再婚の相手、つまり、バーニーの継母であった。「クレアが家にやってきたことはすばらしい驚きだった。学校から帰ってくると抱きしめてくれて、学校はどうだったと聞き、……ピクニックや思いがけないパーティーを計画したり、難しい宿題を手伝ったりしてくれる。」バーニーは思いがけない幸福を手に入れたのだ。

この幸福なバーニーの前に、四、五歳の子どもの幽霊が現われ、しかも、それは「バーナビーが死んだ!」と宣言した。バーナビーはバーニーの本名だ。彼がギョッとしたのも無理はない。幽霊は、「バーナビーが死んだ! ぼくはとってもさびしくなるよ」と繰り返し、バーニーは驚きと恐怖で混乱したまま、家に走り通しに走って帰った。

家族

バーニーが走って帰れる「家」をもっているのは嬉しいことだ。こんなときに守ってくれる家族をもたないために、子どもたちがどれほどの苦しみのなかに突きおとされることか。極端なときは、自殺する子もあるだろう。筆者はそのような気の毒な子どもによく会っているので、家族の守りの大切さを痛感することが多い。

家にたどりついたバーニーを迎えたのは二人の姉だった。やせて、無口なトロイと、太めでお喋りのタビサ。タビサは小説家になろうとして、自分の周囲に起こることはすべてメモにして、その準備をしている。何でもかんでも喋りたい少女である。バーニーが自分の身に起こった不可解な事件をどう説明しようと思案しているうちに、タビサの方が先に、親類のバーナビー大叔父さんが死んだことを告げた。バーニーは実はこの大叔父さんの名を貰っていたのだ。タビサの言葉を聞いた途端、バーニーは耳のなかで幽霊の声を聞いた。バーニーのあまりの動揺の激しさに、トロイは大叔父さんは、もう老齢だったのでと慰めようとするが、バーニーは「ぼくのことだと思ったんだ」と言うなり、失神して倒れてしまった。

バーニーをクレアがやさしく世話してくれ、「バーニーは世話をしてもらえる楽しさだけのために、実際より気分が悪いふりをしようかな、と思った。……クレアが家に来る前はたいしてやさしくされたり世話を焼かれたりしたことがなかったのだから、今その埋め合わせをしたっていいはずだ」。この文には、八歳の少年バーニーの気持がよく表わされている。

バーニーは元気になり夕食のときは、バーニーの気絶をめぐって、家族がそれぞれ勝手に喋っている。バーニーはあの嫌な幽霊の記憶を忘れて気をとりなおすために家族の顔を見つめ、「その代わりばえのなさをありがたく思った」。確かに、「代わりばえのない」家族が居てくれるということは、有難いことである。さもなければバーニーのような子は、たちまち異常の世界に引きこまれてゆくだろう。と言っても、家族はいつもいつも不変の安全のためのみに存在しているのではない。むしろ、家族との関連を通じて、われわれは日常の世界を離れる体験をすることもあるのだ。

バーニーたち姉弟には、三組の祖父母があった。父方と、クレアの方と、それに、亡くなった実母ダヴの方と。ダヴの両親、スカラーの祖父母、およびそれに関連する親戚は、バーニーたちにとって、「いわばスペアの親戚」であった。このようなスペアの親戚が、思いがけない体験をさせてくれることが——よかれ悪しかれ——多いものだ。

バーニーの母ダヴの父、つまり祖父ベンには男兄弟が多く、ガイ、アルベリック、バーナビーの三人の大叔父が居た。この兄弟の母、つまりバーナビーの曾祖母は、「恐るべき老婦人で、小柄で痩せた魔女さながら、つくりは弱よわしいがひどく気性の激しい人だった」。このひいおばあさんを、バーニーたち姉弟は大嫌いだった。このスペアの家族の写真を見ているうちに、皆から忘れられた、もう一人の大叔父が居ることがわかった。コールという名で、何となく家族からうとんじられていたが、大人になったとき家出をして、行方不明だという。その大叔父の顔はバーニーに似ているので、バーニーは何だか気味悪くなる。「小説家」志望のタビサは、家族内の新事実の発見に興奮している。

バーニーたちの家族五人は、ともかく、大叔父の死の弔問ということで、久しぶりにスカラー家を訪ねる。ひいおばあさんを筆頭に祖父母、大叔父たちとバーニーたちの間に交される会話、キス、これらの描写がニュージーランドの「家族」の在り方をよく示している。やさしくキスしてくれる大叔父、「陰気なキス」をする、ひいおばあさん、彼女は誰に対しても、少しずつ嫌味なことを言う。しかし、彼女以外は、それぞれが親しい家族関係をつくろうと意識的に努力しているところが、よくうかがわれる。帰りの車にのりこむ時、クレアは子どもたちには人前で申し分ないふるまいをしてもらいたいし、「そうやってわたしがどんなに立派な継母かみんなに知ってもらいたい」のだ、と言っている。このような努力は、日本人の言う「世間の目を気にする」のとは異質なものだが、彼らがこのようにして、家族関係の維持に努力を払っていることを、われわれ日本人はよく知っているべきである。日本人は個人主義ということを誤解して、個人主義的に生きている外国の家族など、それぞれが勝手なことをしている、と思っているが、それは誤りである。意識的努力という点で言えば、あちらの方が日本人よりはるかに、家族関係をよくするための努力をしていると言っていいかもしれない。

魔法使いと家族

家族一同が努力していても、関係がいつもうまく保たれるとは限らない。事実、コール大叔父は家出してしまっている。このことをどう考えればいいのだろう。この点について、祖母は、「コールには悪いところなんてまったくなかったわ。ただとっても想像力が豊かでね、自分のお母さんの決めた規則のとおりに暮らさずに、その想像力の命ずるままに生きたのよ」と言っている。コールは母親(つまり、バーニーのひいおばあさん)に嫌われ、それで家出をすることになったのだ。

家族の関係がうまくゆかなくなることの大きい原因として、著者のマーヒーは「魔法使い」ということを持ち出してくる。コールは「悪い」人間でも何でもなく、「魔法使い」だったと言うのである。マーヒーによると、家族一同が全部魔法使いなのではなく、ある家のなかに、ときどき魔法使いの系統をひく人間が生まれ、その人間はどうしても家族との関係がうまく持ちにくいというのである。しかし、現代において、魔法使いだということは、いったいどういうことなのだろう。作品にかえって、それがどのように記述されているかを見ることにしよう。

バーニーの一家がスカラー家を訪問し、皆が居間で話し合っていたとき、バーニーは一冊のスクラップブックを見ていた。すると、前日に幽霊が出てきたのと同じように、ブーンという嫌な音が耳にひろがりはじめた。必死になってページをめくっていると、前日に見た子どもの幽霊の姿そのままの写真があり、驚くべきことに、そこに「眼に見えないペンを握った眼に見えない手がバーニーのために特別のメッセージを書いて」、それは「バーナビーが死んだ！　ぼくはとってもさびしくなるよ」と読めた。バーニーは驚きのあまり、紅茶をこぼしてしまい、クレアが後始末にとんでくる。これを見ていたタビサは呆れかえり、バーニーがペンも何もなしに字を書いて、魔法みたいだと言うが、クレアは「魔法なんて言うのはやめてちょうだい」とピシャリと言う。クレアにとっては、先にも述べたように、「わたしがどんなに立派な継母かみんなに知ってもらいたい」ことに一所懸命なのである。

継母であろうとなかろうと、母子の間のこのような突然に生じる意識の隔絶は、どのような家庭でも生じることである。「立派な母」として皆に認めてもらいたい母は、まさに「日常」の真只中に生きているのに対して、子どもの方は「魔法」とまで言わぬにしても、非日常性に捕われている。このような意識の隔絶が子どもにとって修復し難い傷として経験されることもあるし、母親の強力な日常性が、子どもの守りとして作用することもある。いずれにしても紙一重の差と言っていいだろう。

バーニーは幽霊に取りつかれた恐ろしさを、本当はクレアに打ち明けたいのだが、妊娠中のクレアに心配をかけ、自分の実母のようにお産のときに死ぬようなことになったりしてはたまらないので、言うわけにはいかない。それでも一人で耐えることができなくなって、タビサに打ち明けた。タビサは幽霊が自分に取りついてくれればよいのに、自分は平凡で退屈な毎日にあきあきしているなんて勝手なことを言うが、部屋を出てゆきかけて急に戻ってきて、「ぎごちなくバーニーを抱きしめ、耳にキスを押しつけ」て出てゆく。タビサも弟の苦しみを知り、何とか助けてやりたいと思っているのだが、どうしていいかわからないのだ。

驚いたことに、その翌日はスカラー家の人たちが何気なくバーニーの家を訪問してくる。誰もそれと言わないが、バーニーが大叔父のコールとよく似ているので、関心をもって見に来たらしい。そして、実は、心配になったタビサが後でガイ大叔父にバーニーのことを相談した際にわかったことだが、コールはスカラー家の魔法使いで、バーニーがその後継者になるらしい、と誰も予感しているのだ。しかも、コールは死なずに生きていて、亡くなったバーナビーとだけは密かにつき合っていたこともわかった。

バーニーに取りついているのは幽霊なのではなくて、魔法使いのコール大叔父がバーニーに対して魔法を使って、交信してきているのだ。コールはバーニーに自分たちは仲間同士だと呼びかけ、バーニーは「ぼくはこの家の子だよ」と答えるのに対して、「わたしたちのような者は家族を持てないってことが」最後にはわかるはずだと言う。

ガイ大叔父はタビサに対して、自分たち兄弟のなかでコールがどれほど変っていたかを話してくれる。彼らの母親——バーニーのひいおばあさん——は、子どもたちを「立ち木作りのバラか何かみたいに刈りこみ、剪定したのさ。それでとうとうわたしたちの人生はみんな、あちこち曲がることなどない、一本の直線みたいになってしまった」が、コールだけは特別だった。コールは魔法使いであり、彼の母親の欲するような普通の子になることを拒否して戦ったのだ。コールは家族と共に食事をせず、学校にも行かず、母と戦った。しかし、ついに家出をし、自殺したと思われていたのだった。

今どき、魔法使いなど居ないと言う人でも、母親の「剪定や刈りこみ」を拒否して戦い抜く子や、「学校にも行かず、家族と共に食事をしない子」が居ることは認めるであろう。筆者も後者のような子どもたちをよく知っている。そして、時には彼らを「魔法使い」と考えた方が、すべての現象がわかりやすいと思うときさえある。魔法使い、と言って悪いのなら、常人の理解し難い個性をもつとか、母親を脅かす個性の持主とか言うのがいいかもしれない。こんな考え方をすると、どの家族も、一人か二人の「魔法使い」を持っていると言えそうである。

こんなとき、父親はどうしているのだろう。コールと母親との戦いの場合、父親は死んでいた。バーニーの家では、バーニーが恐怖におびえつつも、父親に言ってもあまり意味がないと感じている。クレアが来てからは、父親も少しましになったが、それまでは、仕事に忙しくて父親は子どものことはあまり構ってくれない。そんな父親に「魔法使い」の話などすれば、うるさがられるか、馬鹿にされるか、どちらかである。父親というのは「仕事」つまり日常の世界のことで忙しすぎるのである。ともかく、魔法使いにとって家族というのは縁のないものである。従って、コールは「わたしたちのような者は家族を持てない」と言っている。果たしてそうだろうか。

少女の内界

バーニーにとって耐え難いことは、コールがだんだんと近づいてくる「足音」が彼に聞こえてくることだった。それはだんだん大きくなり、なんとタビサにまで聞こえるようになってきた。二人はとうとう姉のトロイに助けを求める。バーニーとタビサは二人とも「散らかし屋」だが、トロイは大変な片づけ屋である。部屋は見事に整頓されている。トロイは落ち着き払って二人の話を聞いたのみならず、バーニーにもタビサにも聞こえてくる足音を全然聞こえないと言うのである。

その晩、クレアは特別おいしい夕食をつくったのに皆は無言で食べてしまう。クレアはたまらなくなって泣き出し、父親は何かまずいことがあったのかといぶかる。すると、思いがけず平素は無口のトロイが、バーニーがクレアが出産のときに死ぬのではないかと心配しているのに両親は全然それに気づいていない。父親が再婚するまで、母を亡ってバーニーがどれほどつらい経験をしたかを父親はわかっていないという。父親はこれにはギョッとしたが、「今夜はバーニーとわたしが皿洗いをするよ」と宣言し、皿洗いの間にバーニーと語り合う。

父親はこのときになってはじめて、バーニーに母親の死について話すと共に、クレアは健康だから大丈夫と請け合う。そこで、バーニーは秘密を話す気になり、魔法使いのコール大叔父が自分を連れ出しに来つつあると言う。父親は驚きながらも、「おまえはこの家の子、わたしたちの家族だよ、魔法使いの大叔父さんなんぞに——本当にいようがいまいが——連れて行かれてたまるか」と叫ぶ。これこそバーニーの聞きたい言葉だったのだ。バーニーは新しく赤ちゃんが生まれ、部屋が足りないので自分が養子に出されるかもしれぬと恐れていたのだ。

子どもたちは親の知らぬところで、深い恐れや不安を感じている。しかし、そのことを親と話し合うことはめったになく、不安や恐れが拡大して取り返しのつかぬことになることもある。魔法使いコール大叔父の出現は、バーニーを不安に陥れたが、また逆に、バーニー父子の本音の話し合いを誘発し、バーニーの不安を軽くすることにも役立ったのである。こんなところが、魔法使いの一筋縄では捕えられないところである。

ところで、コール大叔父はその次の日、クレアが買物に出ている間に、三人の子どもたちの前に本当に現われた。彼は魔法使いの仲間として、バーニーを連れ出そうとするし、バーニーは嫌だと言う。そこへ帰ってきたクレアもバーニーに加勢し、魔法使いなど信じないと叫んだ。ところが、何とコールは皆の見ている前で、魔法を使ってみせ、有無を言わせずに納得させる。そこへ、父親が「だれかがわたしの耳にバーニーが危ないってささやいた」ということで、急いで帰ってくる。

そのときに、スカラーの祖父母がひいおばあさんを連れてやってきた。そこで、コールとひいおばあさんは激しく対決した。まさに、どちらかが一方を抹殺しようとするほどの勢いだった。争いが頂点に達し、誰も手がつけられそうにないほどになったとき、トロイが思いがけない解決を一挙につけた。

実は、トロイが魔法使いだった！　彼女はそれを今までずっと隠してきたのだ。「あたしはずっと昔から自分が魔法使いだって知ってたし、それを隠さなくちゃいけないことだって昔から知ってたわ」と彼女は言う。しかし、今は隠しておくことができなくなったのだ。彼女の種明かしによると、そもそも、ひいおばあちゃんが魔法使いだった。ひいおばあちゃんは若いときに誤った魔法の使い方をして怖くなったので、それ以後、魔法を放棄したのみならず、魔法使いのわが子コールを憎み、抹殺しようとしたのだ。ひいおばあさんは自分のなかの特別なところを閉め出し、整理整頓し、それを子どもたちすべてに押しつけ、ガイ大叔父が言ったように、子どもたちを「剪定して」育ててきたのだ。

トロイのこの話を知ると、筆者はこの作品の主人公は、バーニーではなくてトロイではないかと思いはじめた。確かに、この本ではバーニーが最初から最後まで中心的役割を演じている。しかし、この物語の本質は、八歳の男の子の内界よりも、十三歳の少女の内界の方により深く関連しているように感じられるのである。

トロイの説明によると、バーニーは「共感の能力」が凄く高いので、コール大叔父がバーニーの心に容易に取りつくことができて、バーニーを魔法使いであると錯覚したのだと言う。とすると、バーニーの経験した相当な恐怖や不安、そこから抜け出すこと、などは、トロイという十三歳の少女の内界で生じていることを、彼の「共感の能力」の高さによって体験したと考えられないだろうか。

少女の内界を描き出すことは、実に困難であることを筆者はつとに指摘してきた。それが文学作品のなかで記述されることは稀であり、少女マンガの世界にそれが示されていると筆者は感じていた。しかし、この本は――『めざめれば魔女』はもう少し年上の女性――思春期の少女の内界を見事に描いていると感じられるのである。この物語のなかに「魔法」ということをどうしても持ちこまざるをえないのもそのためである。この話から「魔法」を抜いてしまうと、少女の内界の描写は不可能になる。考えてみると、女の子が乙女に変容すること以上の「魔法」が、この世にあるだろうか。自分で欲しようが欲しまいが、そんなことを知ろうが知るまいが、そのような「魔法」は、少女の内界において生じている。

バーニーの家の人たち、それにスペアの家族のスカラー家も入れこんでの家族全体の凄い活劇は、実はトロイという少女の内界で生じているドラマの反映なのである。それ故にこそ、トロイはそのすべての意味を知っているのだ。

あまりにも不思議な話を聞かされて、バーニーの父は混乱してしまったと言う。トロイはそれに対して自分は混乱などしていないし、その「証拠を見せましょうか」という。そんなことをすると、「もう決して今までと同じトロイじゃなくなってしまうわ」とクレアは反対するが、トロイは「いずれにしても、もうあたしは今までのトロイではなくなるもの。自由にさせて！」と言って、皆の前で魔法を使ってみせる。

「もう今までと同じ私ではない」と宣言するべき「とき」は、すべての少女に与えられている。ただそれは、トロイの場合のように劇的に行われるとは限らないし、本人さえその「とき」に気づかないことさえある。そして、それは時に耐え難いほどの悲しみや、おさえ難い喜ばしさを伴って経験されるものである。

再び、日常と非日常

トロイの話と、魔法の実演は両家の人たちに強い衝撃を与えた。ひいおばあさんはそれでも、トロイにもう二度と会いたくないと強気なことを言って帰っていった。スカラー家の人が引きあげ——と言っても、コール大叔父は残っていたが——何とも言えぬ「間」が皆の間にできたとき、それを埋めたのは、いちばん常識をそなえている父親だった。

「お茶でもどうだね？」と彼は言った。「それともウイスキーでも飲むか！　物事はまた今までみたいに理屈どおりになるかね？　腹も減ったな。今夜はわたしが料理をしようか？　コール叔父さん、一緒にゆで卵でもどうです？」

常識のある人というのは凄いもので、何だか支離滅裂なことを言っているようで、必要なことはすべて言っている。この沈黙の間を埋めるのに、「お茶でもどうだね」はいちばん適切だろう。しかし、お茶はあまり日常的過ぎると思ったのか、「ウイスキー」をすすめてみる。その後で、彼にとって――そして、おそらく家族にとって――いちばん大切な懸念、つまり、こんな魔法の存在を知った後でも、物事は理屈どおりに行くか、を表明している。このことはいちばん大切なことではあるが、当面の問題は「腹が減った」ことであり、彼はこれに対して、おそらく誰もが動けないだろうから、一家の主として自分が料理を引き受けようと言う。そして最後にもう一つ、大切なこと、われわれ一家はコール叔父さんを嫌っていませんよ、受け入れていますよというメッセージを送っている。

父親のこの言葉はおそらく全員をほっとさせたことだろう。魔法などという途方もないことがあるにしろ、ともかく、全員が家族として、「腹が減ったら食事をする」というようなルールに従いつつ生きてゆくべきことを納得させてくれたのだ。クレアもすぐに反応して、料理は自分が作ろうと言った。

おそらく、コールだけはまだショックから立ち直り難かったのではなかろうか。魔法使いは自分だけと思い、それにスカラー家では魔法使いは男の子だけと信じ、バーニーを跡つぎと思っていたのに、まず、母親が魔法使いだった！　それにバーニーはそうでなかった。そして、トロイという女の子が魔法使いだった。これらのことをいったいどう考えるのか、まだ呆然としているコールを見て、また父親がいいことを言った。

「そっとしておこう」と。そして、コールにとって「魔法以外の何かを学ぶ時がきたのかもしれないよ――魔法使いであるだけじゃなく、もっと人間になることをね。わたし自身が学ばなければならなかったことだ――つまり、より完全な人間になるってことだがね。わたしは運がよかったよ。てつだってくれる人がたくさんいたからね」。

魔法使いにとって、「人間になる」ことは大変なことだ。しかし、それはどうしても学ばねばならない。それでは、魔法使いでない人間は何もしなくてもいいのか、そうではない。父親は「てつだってくれる人がたくさんいた」と言っているが、その手伝いをしたのは、彼の家族たち、クレア、トロイ、タビサ、バーニーたちではなかったろうか。そして彼が最もはっきりと認識しなくてはならないのは、「自分の身内に魔法使いが居る」ということである。「身内」というのはいい言葉である。それは自分という存在の内部という意味ももっている。彼はその認識を欠いていたために、彼の子どもたちの苦しみが全然わからなかったのだ。もう少しで、おそらく、バーニーを発狂に追いこみ、彼を精神病院へ送りこむところだったと言えるだろう。普通の人たちの理解や、手伝いを得られないために、日常の世界から隔離されてしまった「魔法使い」たちが、精神病院に居るとも言えるのではないだろうか。

その後一週間が経って、皆は大分落着いてきた。コールは近所に住むところを探し、トロイの手助けを得ながら、タビサによれば「もっと大叔父さんの度合いを強くして、魔法使いの度合いを弱める方法を学ぶ」し、バーニーの表現によると、「大叔父さんでありながら、魔法使いである方法を学ぶ」ことになった。

トロイは、しかし、悲しくもあった。父親に対してずけずけと言い、魔法使いであることを明らかにしてしまったので、父親がトロイのことをちょっぴり薄気味悪く思っていることが感じとられるからである。と言っても、トロイは魔法使いを止めることはできない。彼女のなかの魔法は「自分を表わしたがっている」のだ。彼女はクレアとバーニーの見ているところで、自分の見つめる空間のなかに太陽を取り巻く惑星の世界を現前せしめ、「もっと速く」とか「もっとゆっくり!」とか言って、自分の思いのままに動かしてみせたりした。

クレアはそれが「危険なゲーム」だと冷淡に言った。トロイは「タビサが小説を書こうとしているのもこれと同じだ」と言ったが、クレアがあくまで冷たい態度を保つので、泣き出してしまい、「これまでのように隠していた方がよかった」と言う。

家族が共に生きる——本当に共に生きることは大変だ。トロイが自分の魔法を隠してきたように、誰かが自分の本来的なものをおさえていることによって家族は平和を保つ。あるいは、スカラー家のように、母親が自分を生きるのを拒否して平和を保ったが、それはコールという犠牲の上に立ってのことであった。これらの平和はほんものではない。

しかし、クレアは皆が言いたいことを言い合って「いっそう家族らしくなった」と言っている。家族が本当に仲良くするためには、各人がその「身内」に魔法使いをかかえていることを自覚しつつ、この日常の生活をひとつひとつ生き抜いてゆくことが必要なのであろう。

八　ル＝グウィン『影との戦い　ゲド戦記Ⅰ』

『ゲド戦記』は筆者にとっては思い出が深い。というのは、児童文学について発言した最初のきっかけとなったのがこの作品で、あまり素晴らしかったので、一九七八年に岩波市民講座で「『ゲド戦記』と自己実現」と題して取りあげ(その記録は拙著『人間の深層にひそむもの』に収録されている)、それを知った今江さん、上野さんたちに上手に導かれて、それ以後、児童文学の世界にはいってくることになったからである。

一度そのようにして論じたものではあるが、三巻をまとめて簡単に述べたので、いつかは一冊ずつを丹念に取りあげてみたいと思っていた。そこで、この機会にそれを果たさせていただくことにした。

魔　法

ゲドの三巻はすべて、魔法使いの話である。この科学の発達したときに魔法の話でもあるまいと思う人も多かろうが、それが読みはじめるとどんどんそのなかに引き入れられて、納得のいく感じで読みすすんでゆけるのだから、この著者の構成力と表現力は相当なものと言わなければならない。とすると、この物語における「魔法」とは、われわれ現代人にとって何を意味するのであろう。そのことについては物語を読みすすんでゆくなかで、明らかにしてゆくとして、まず物語を最初から見てゆくことにしよう。『影との戦い　ゲド戦記I』(清水真砂子訳、岩波書店、以下の引用は同書による)に従って読んでゆく。

この物語はアースシーという多島海の世界のなかで展開される。本の表紙を開くとすぐにアースシーの世界の地図が目にはいってくる。有名な『宝島探険記』など、子どもの頃に読んだ物語の「地図」に、どれほど心を躍らされたか。筆者が子どものときだったら、このアースシーの世界の島の名を全部覚えてしまったかもしれない。地図を頼りにわれわれは「旅」をすることができる。その「旅」はすなわち、内界の旅となっているのである。

物語の主人公ハイタカはかじ屋の息子として生まれるが、母親は彼が一歳にもならないうちに死んでしまった。彼は「かまいつけられずに、雑草のように大きくなった。背が高くて、身のこなしがすばやく、声高で、傲慢で、気短な少年になった」。英雄や創造的な人で母親を早く失っている人は多い。

母親を失うことは、子どもが育ってゆく上で大きい打撃であるが、それに打ち克って成長しようとする努力のなかで、常人にはない能力が開発されるのであろう。ハイタカは「傲慢な」子であるという。少年時代の傲慢さも、創造的な人によくあることだ。それは決して望ましいことではない。しかし、そのような欠点は他人のもたない能力をもつ人によく見られることであり、その欠点のために失敗を犯すことが多いが、それを克服する過程で、その能力が一層磨かれるのである。一度の失敗で潰れるような傲慢さは、いずれにしろたいしたことはないのである。

ハイタカは伯母の魔法をすぐに見よう見まねで学びとる。そのことは思いがけないことに役立って、カルガド国の兵士がハイタカたちの村に侵略してきたときにそれを追い払うための功績をあげる。しかし、そのために精根つきた彼は、まったくの放心状態となり寝食も不能となる。誰も助けるすべもなく困り果てているとき、「若くもなければ、かといってそれほどの年寄りでもなく、長いマントをはおって、帽子はかぶらず、その手には身の丈ほどもあるがっしりとしたカシの木の杖がさりげなく握られて」いる人物が現われて治療してくれる。彼こそ大魔術師の「沈黙のオジオン」であった。

オジオンはハイタカを魔法使いにするために自分の弟子としたい、「魔法使いに生まれながら、その力を闇に閉じこめておくのは、何といっても危険だからの」と言う。オジオンは十三歳の少年ハイタカに成人式を行い、「ゲド」という名を与えた。そして、ゲドは早速、オジオンのところに魔法使いの見習いとしてゆくことになった。

ところで、話のはじまりから出てくる「魔法」ということをどう考えるといいのだろう。ゲドは呪文によって山羊を集めたり、何もないところに霧を出現させたりしている。日常生活では不可能なことを魔法は可能にしてくれる。もちろん、一見不可能に見えることを可能にするものとして、人間は科学・技術というものをもっている。しかし、魔術はそれとは違う。それは科学のように理論的には説明できない。

そんな馬鹿なことと言う前に、不可能を可能にすることを考えてみると、「夢」ということを思いつく。夢のなかで人は空を飛んだり、変身をしたり、死んで生まれ変わったりする。つまり、魔法の話は夢の話と似通っている。夢は人間の内界のドラマである。人間が生きてゆくためには外界も内界も必要である。このように考えてくると、荒唐無稽に思える魔法の話が、人間の内界にかかわる話として感じられてくる。まさに、ゲドの魔法の話は、ゲドの内面的成熟の話なのである。

均衡

ゲドはオジオンに連れられて旅をし、オジオンの家まで行く。その間、ゲドにはこの偉大な魔法使いのどこが偉大で、何が魔法なのかわからなくなる。要するに、彼は何の魔法も全然使わないのである。魔法使いは偉大になればなるほど魔法を使わなくなるのだが、その意味を知るには、ゲドはまだ若すぎたのである。

ゲドはあるとき、領主の娘である少女に会う。少女に対してゲドはカルガドの兵士を打ち負かした魔術の話をしたり、「呼び出しの術」でハヤブサを呼び出したりしてみせる。彼女は「死んだ人の魂も呼び出せるか」と聞き、負けん気の強いゲドはできるという。少女は「姿を変えることは」と挑戦してくる。これもできると言ったもののゲドはできないのである。「あんた、こわいんでしょ」などと言われ、ゲドは口惜しくなり、オジオンの外出中に、そっと『知恵の書』をひっぱり出し盗み読みをする。

夢中で読んでいるうちに、すっかり夕闇が迫り、ゲドは急に恐怖に襲われる。「ふと肩ごしにふり返ると、閉まっているドアのかたわらに、何かがうずくまっていた。闇よりもさらに濃い、どろどろと形の定まらない暗黒の影のかたまりだった。かたまりは彼の方に手をのばし、何ごとか彼にささやきかけてきた。だが、ゲドの知らないことばだった。」

間一髪のところでオジオンが帰ってきて、ゲドを救ってくれた。オジオンはゲドに、領主の妃、つまり例の少女の母が魔女だと言っていたことを忘れたのか、おそらく彼女のたくらみでゲドが恐ろしい影を呼び出すように仕組んだのかもしれぬ、と言う。「光に影がつきもののように、力には危険がつきものだ」とオジオンは言う。

「魔法は楽しみや賞賛めあての遊びではない」のだ。その結果何が起こるかをよくよく考えねばならない。叱られたゲドは抗弁する。何も教えてくれないのにどうしてそんなことがわかるか、いったい何を見せてくれたか、と。オジオンは「そなた、たった今、見たではないか」と答える。

この問答は面白い。いちばん大切なことは師匠が教えてやったりできることではない。弟子は自分の体験を通じて学びとるより他ないのである。オジオンは続けて、「そなた、いつまでもわしのところにおらずともいいんだよ。わしに仕えずともいいんだ。そなたがわしのところへ来たのではない。このわしが、そなたのところへ参ったのだ」と言う。師弟の関係というものは不思議なもので、深くなればなるほど、いろいろな逆転が生じる。師が弟子に学ぶこともある。オジオンはそのあたりのことをよく自覚しているので、この類い稀な弟子をいつまでも自分のところに引きとめようとしないのである。

ゲドはオジオンのすすめに従って、魔法使いのための学院のあるローク島に旅立つ。ローク島の学院で、ゲドは優秀な成績を収め、頭角をあらわしてゆく。だが、学院の先生たちはいろいろの魔法を教えながらも、それを用いるのに慎重でなければならないと強調する。たとえば「手わざの長《おさ》」は、いろいろと目くらましの術を教えた後で、「宇宙には均衡、つまり、つりあいというものがあってな、ものの姿を変えたり、何かを呼び出したりといった魔法使いのしわざは、その宇宙の均衡をゆるがすことにもなるんじゃ。危険なことじゃ。恐ろしいことじゃ。わしらはまず何事もよく知らねばならん。そして、まこと、それが必要となる時まで待たねばならん。あかりをともすことは、闇を生みだすことにもなるんでな」と言う。

また、呼び出しの長は、「ロークの雨がオスキルの旱魃《かんばつ》をひきおこすことになるかもしれぬ。そして、東海域におだやかな天気をもたらせば、それと気づかず、西海域に嵐と破壊を呼ぶことにもなりかねないのだ」と言った。

このような「均衡」論に対して、ゲドは心のなかで思う。「誰も彼もオジオンといっしょで、やれ均衡だ、闇だ、危険だとぬかしやがる。ふん、こんな子どもっぽい目くらましの術なんて卒業して、本物の姿変えや呼び出しの術を身につけてみろ。そうすりゃ、思う存分好きなことができて、宇宙の均衡とやらも、こっちのいいように変えられるんだから。闇だって、こっちのともすあかりで押し返せるというもんだ。」

有能な若者の常として、ゲドは長老たちに強い対抗心を感じる。ゲドは「均衡」の意味を知るまでには、まだまだ相当な体験を必要とするのである。考えてみると、この「均衡」の主題は、『ゲド戦記』の全三巻を通じて流れる最も重要なものということになる。しかし、ここでまず主人公のゲドに「均衡」に対する反発を語らせているところが、意味深いところである。

後で述べるように、ゲドは死人を呼び出そうとして大変な危険に陥るのだが、そのとき、彼は自信満々、「この天地の間にあるものはすべておれのものだ。おれが支配し、統率できるものなんだ。おれは今、世界の中枢に位置しているのだ、とゲドは思った」と語られている。

自分がすべてを「支配し、統率する」という態度と、宇宙の「均衡」を大切にするという態度とは根本的に異なっている。もっともここで、すべてを支配し、統率する主体として、唯一の神の存在を認めるとき、人間は傲慢になることを防ぐことができる。宇宙の「均衡」の場合も同様で、その均衡が自然に行われるのだが、そのすべてを自分が知りコントロールできるなどと考えはじめると、また傲慢が生じてくるのである。科学にしろ均衡にしろ、傲慢は禁物だが、若者で傲慢さがまったくないようではものにならないという逆説もまた真である。ゲドは長老たちに反発する傲慢さをもっていたわけであるが、その後どのようなことになるだろうか。

影

この本のいちばん大切な主題は「影」ということである。既に「形の定まらない暗黒の影」が出現したし、これからの話も結局は「影との戦い」がいちばん大切なことになるのである。とすると、影とはいったい何であろう。

ル＝グウィンはユングの本をよく読んだと語っている（『牧神』一九七七年十月号参照）。この物語の「影」もユングの考えに大いに関連していることは明らかである。「影」については他に詳しく論じた（拙著『影の現象学』講談社学術文庫、本著作集第二巻所収）ので、ここでは本論との関連において少し述べることにしたい。

ユングは「影はその主体が自分自身について認めることを拒否しているが、それでも常に、直接または間接に自分の上に押しつけられてくるすべてのこと――たとえば、性格の劣等な傾向やその他の両立しがたい傾向――を人格化したものである」と述べている。この考えに従うと、この物語に出てくるヒスイは、ゲドの「影」としてぴったりの人物である。ゲドは最初に学院に来たときに、ヒスイに会った。ヒスイはゲドとは生まれが異なり、ハブナー島のイオルグの領主の息子で、ゲドが粗野なのに対して礼儀正しく――と言っても、それはゲドから見ると馬鹿丁寧すぎるが――目立ちたがりで競争心が強く、ゲドはどうしてもヒスイに対する敵対心を捨てることができない。ゲドに言わせると、ヒスイほど傲慢な人間は居ない、ということになろう。

しかし、ゲドこそが、目立ちたがりで競争心が強く、傲慢ではなかろうか。そのことを誰かが指摘すると、ゲドは直ちにそれを拒否し、「ヒスイこそ……」と言うだろう。これこそまさにユングの言う「影」にぴったりの人物である。誰でも「影」があるはずだから、自分の周囲を見回すと、その存在に気づくはずである。

ゲドは少しのことからヒスイと口論になり「魔法を使っての果たし合いはおれたちには厳しく戒められているぞ」と、友人のカラスノエンドウが必死になって止めているのに、ヒスイの挑戦を受けて、死人の霊を呼び出そうとする。そして、ゲドは既に紹介したように、このときは自分が「世界の中枢に居る」ような気になって、やってしまうのだ。

大地を裂いて「気味の悪い、黒い影の固まりのようなものがぬっと這い出てきて」、ゲドにとびかかり、爪でゲドの肉を引き裂いた。やがて影は姿を消し、光と闇との均衡が戻ってきたが、それはそこに魔法使いの最高位者の賢人ネマールが来てくれたからであった。そこで長老たちはゲドを病室に寝かせて必死に看病した。大賢人ネマールはゲドから影を追い払うためにその能力を使い果たし、ついに死んでしまう。

学院ではネマールの次にジェンシャーが大賢人として選ばれた。ゲドは長い療養の末やっと歩けるようになり、ジェンシャーに会う。彼はゲドに対して、ゲドが自分の力をこえる魔法を使い均衡を破ったこと、動機となったのは高慢と憎しみの心だった」。そしてゲドの呼び出したものが「名まえのないもの」であり、「そなたとそのものとは、もはや、離れられはせぬ。それは、そなたの投げる、そなた自身の無知と傲慢の影なのだ。影に名まえがあったかな?」と語りかける。ゲドは深く恥じる。しかしジェンシャーの励ましもあって、何とか修行を続け、何とか自分の犯した過ちを償おうと決心する。

ここに出てきた「影」はユングの言う「影」とどう関係するのか。ヒスイとこの影との関係はどうなっているのだろう。

ユングは影を分けて、個人的影と普遍的影とし、前者について自己批判の力である程度見とおすことができるが、後者の場合は極めて困難であると言っている。彼の言う「見とおし」は単なる知的理解を指していない。体験を通じて自分のものとして知ることを意味している。普遍的影の一部として「殺人」ということがある。「殺人」を自分のこととして体験的に知ることは、ほとんど不可能に近い。実際に殺人をした人にしても、我知らずにやってしまったりして、それを自分の真の「体験」とすることは困難であろう。

ユングは経験的にものを言う人だから、彼の言葉から「概念」を抽出することは難しい。彼の弟子たちが、影の概念を明確にしようとしてユングの言葉を引用しながら議論しているのを聞いていたユングは、業を煮やし、「そんなのはまったくナンセンスだ！　影とはただ無意識の全体なのだ」と言ったという。

筆者はこのエピソードが好きである。ユングは弟子たちが知的な論議にまきこまれ、何といっても大切な「体験」に根ざして知ろうとする態度を失いそうになったのに怒りを覚えたのであろう。後に紹介するが、最後にゲドが「影」と対立するとき、その姿が父親やヒスイやその他のゲドがそれまで会ってきたいろいろな人に見えるところがある。つまり影は「無意識の全体」と言いたいほどの無限の存在なのだ。しかし、それを知るために、われわれはその一部が姿を明確にして顕現したものと会うことになるのだ。先にヒスイはゲドの影だと言ったが、厳密に言うと、影の一部の顕現なのである。そして、それは、ある意味では影のすべてでもあるのだ。つまり、それは部分が集まって全体を構成するなどという考えが通用しない世界なのである。

ヒスイを影と思い対決するときは、それを影のすべてと思ってぶつかってゆかねばならないし、たといヒスイに打ち克ったとしても「影」の問題が解決することなどないのである。影は形を変え、次元を変えてまた出現してくるのだ。

ところで、ゲドがジェンシャーに言われて修行を続けることを決心し、暫くしたとき友人のカラスノエンドウが訪ねてきた。彼は今や正式の魔法使いとなり故郷に帰るところだった。彼はゲドを励まし、最後に自分の真《まこと》の名は「エスタリオルだ」と告げる。ゲドも感激して自分の名「ゲド」を教える。本名を告げることは自分の生命を差し出すのにも等しい。「カラスノエンドウは自分さえ信じられなくなっているゲドに、真の友人だけが与え得るゆるぎない信頼のしるしを贈り物としてさし出してくれたのだ。」

竜

ゲドはその後修行を重ね、正式の魔法使いとなるが、その前に、既に出てきた「真の名」ということについて説明しておかねばならない。魔法使いは事物や動物の「真の名」を教えられて覚える。それによって彼らはそれらの事物や動物を支配できるのである。従って自分の真の名を告げるのは、よほどの信頼を示すことになる。オジオン、ヒスイ、カラスノエンドウなどもすべて字《あざな》であり、ゲドもハイタカと呼ばれているわけである。

その「真の名」というのは何なのだろう。たとえば、誰でも何かわけもなくイライラするときがある。そのわけがわからぬ限り、なかなかそのイライラは収まらない。よく考えているうちに、昼休みに同僚と雑談したときからイライラがはじまったことに気づき、なおも考えていると、その同僚が自分の友人で株で大もうけした人が居た、と言ったことがきっかけらしいとわかってくる。自分はお金など人生ではあまり大切でないと割切っているのに……と不思議に思っているうちに、自分の父親は「世の中はすべて金《かね》や」と口ぐせのように言い、それに強い反発を感じていたことを思い出してくる。

このあたりまでくると、父が死んでから長く経つのに未だ父の言葉にこだわっていることや、お金のことは割、切っているなどと大きいことを言っていても、やはり気にしているのだな、ということに気づいてくる。このようなことを考えているうちにイライラも収まり、仕事に集中できるようになる。つまり、感情の「イライラ」として捉えていたことの「真の名」がわかってきたので、自分の感情を「支配」できてきた、というわけである。

　実のところを言うと、それは「真の名」かどうかわからないのだが、真の名に近いあたりを知っても、相当に効果があるということであろう。われわれは自分でも後で考えるとわけのわからんことをやってしまったりするが、自分の「真の名」を知っていると、自分で自分をコントロールできるのであろう、と、こんなことを考えてみると、魔法使いの話も大分了解しやすくなる。

　ゲドは正式の魔法使いとなり、ロー・トーニングという小さい島に迎えられてゆく。そこで島人のために役立つことをしてやるのである。魔法使いが、「赴任して」ゆくところは、もっと他にいいところもあったろうが、ゲドは例の事件以来、「名声とか見てくれのよさには嫌悪さえ抱くようになっていた」のである。

　ゲドはロー・トーニングの島でペチバリという人のよい船大工と友人になる。そのペチバリの息子が病気になった。ゲドは魔法によって助けようとするが、薬草の長が言っていた大事な心得、「傷をいやし、病気を治すこと。ただし、黄泉の国に向かわんとするものには決して手をふれぬこと」を思い出し、救いのため差し出しかけた手をひっこめる。魔法使いでも、できないことははっきりとあり、その限度を守らねばならぬのだ。

　しかし、ペチバリの妻の嘆きをみると、何としてもこの夫婦のためにしてやろうと、ゲドはその子を抱きかかえてしまう。ゲドはそのため死人の国にはいりこみすぎた。はっと気づいて帰ろうとしたが、なかなか帰れない。ふと見ると生の世界には「影」が居る。ゲドはそのまま黄泉の国へ行ってしまうか、魔物のような「影」の居る生の世界に帰ってくるか、一瞬の決断を迫られるが、必死になって、生の世界へ戻ろうとする。

ペチバリの子は死に、ゲドも死んだようになっていた。しかし、ゲドがそれまでずっと可愛がって連れていたオタクという動物が、ゲドの頬をそっとなめて、ゲドを目覚めさせてくれた。動物の本能的な知恵は、魔法と似通ったものをもっているのだ。

ゲドは回復した。しかし、彼の「影」はずっとゲドを狙っているようだった。しかも、その頃、ロー・トーニングの近くの島のペンダーに竜が現われ害をなしているのである。一匹の竜が八匹も子どもを産んで、九匹で暴れているという。ゲドは影を恐れ、竜を恐れしているよりもと考え、決心して竜退治にいくことにする。

ゲドは竜の子は呪文によって退治したが、親の竜は簡単には退治できなかった。竜はゲドに対して、彼の恐れている「影」の名を教えてやろうなどと甘言をもって、ゲドを惑わそうとするが、ゲドは竜の歴史を研究した結果から引出した推測により、その竜が「イエボー」であるとして、呼びかけたところ、うまく真実を言い当てていて、竜のイエボーはたじろいでしまう。

そこで、ゲドはイエボーに対して、その名にかけて「二度と多島海《アーキペラゴ》には行かぬ」と誓わせる。かくて、ゲドは竜を遠ざけることに成功したのだが、彼がここで竜を退治してしまわなかったことに注目しなくてはならない。西洋の多くの物語では、英雄は常に竜を退治してきたのだったが。

竜のもつ深い意味は『ゲド戦記』の第三巻に至ってもっと明確になる。ここでは、それは人間にとって時には、あるいは、一部は(ゲドがしたように)退治する必要があるが、すべてを退治することはすべきでないし、また、することもできないものだ、と言っておこう。それは人間に害をもたらす。しかし、第三巻では有益な竜も登場するのだ。つまり、一筋縄では捉えられない存在なのである。

竜は人間にとって「均衡」をはかるべき、極めて困難な相手なのである。西洋の物語において、竜退治の話が多かったときは、均衡よりも、「支配、統率」の価値が重く見られていたことを示すものであろう。

リアライゼーション

あまり聞きなれない英語をここに書いたのは、この言葉にぴったりの日本語がなかなか見つからないからである。リアライズ(realize)という英語は、「実現する」という意味と「理解する、悟る」という意味とがある。これまでユングの考えに従って「影」のことを述べてきたが、ユングは「影をリアライズすることが、人間にとっての責務である」ということを主張する。つまり、影のことを真に「知る」ためには何らかの「実行」が必要なのである。それは頭だけで知ることはできない。といって、既に述べたように、人を殺さないと「殺人」のことがわからない、などという単純なことではない。この物語は、まさにゲドによるゲドの影のリアライゼーションが語られているのである。

物語はここからも続くが、そのひとつひとつをゲドの「影のリアライゼーション」と思って読むと、その意味がよくわかる。ゲドは竜退治の後で、魔法使いの学院のあるローク島に行こうとするが、風が強くて船が進まない。ローク島は魔法使いの島だから怪しい者が近寄らないようにそれを防ぐための風が吹いている。ゲドは自分の近くに「影」がつきまとっているために、風が自分を妨げているのだと気づく。彼は今は母校に受け入れられない存在となっているのだ。

ゲドは旅の間に見知らぬ男から、影と戦うためには特別な剣が必要で、それはオスキル島にあるテレノン宮殿にあるから手に入れるようにと助言される。真偽のほどはわからぬがともかくそれに従おうと旅を続けるが、その間にゲドはガレー船の漕手になって、他の奴隷たちと一緒にオールを動かすことになったりする。このような苦労のひとつひとつが彼にとって、影のリアライゼーションにつながっている。

船で知り合ったスカイアーという男に案内されテレノン宮殿に向かうとき、スカイアーは突如として怪物に変身する。しかも彼はゲドの真の名を知っていて「ゲド」と呼びかけたので、ゲドは魔法を使えなくなる。必死に逃げたゲドはテレノン宮殿のなかに、うまくかくまわれる。

ほっとしたのも束の間で、このテレノン宮殿の妃は、ゲドが子どもの頃に出会った少女であり、魔女であることがわかる。彼女がその邪な意図のためにゲドの力を使おうとするのを察知して、ゲドはハヤブサに姿を変え、必死の努力でそこから脱出し、オジオンのところへと向かう。

影の問題にかかわっているとき、現れてくる女性も影を背負っていることが多い。それは影の苦悩からの救いであるかのように見えながら、より一層恐ろしい破滅の道へと導くものになる。異性との関係をつくりあげてゆくためには、その前に影の問題に対する相当な自覚をもたなければならないのである。

オジオンのところにやってきたハヤブサは、独力ではもう元の姿に戻れなかった。オジオンの魔法によってやっとゲドの姿になったが、これが変身の術の恐ろしい点であった。一定以上の時間、姿を変えていると元に戻れなくなるのである。このことも、われわれが日常に体験することである。何かの目的を達成するために、暫くの間は心ならずもやってみようと思って、何かをしているうちにそこから抜け出すことができなくなることは多い。「本当なら、俺はこんなことをしているのではないが」と言いつつ、そのことを続けてしている人は多いのではなかろうか。姿変えには慎重でなければならない。

オジオンのところで癒やされたゲドに対して、彼はいくら逃げても安全なところがあるはずがなく、「向きなおる」より他に方法がない、と忠告する。「そなたを追ってきたものを、今度はそなたが追跡するのじゃ。そなたを追ってきた狩人はそなたが狩らねばならん」とオジオンは言った。

ゲドは影を追うためのあてどのない旅に出る。「追う」と言っても、どこに行けばよいのか明確にはわからないのだ。しかし、影のリアライゼーションの旅というものは、このようなものではなかろうか。大切なのは、それと正面から会おうとする根本的態度である。いつどこで、そいつと出会うのかは誰もわからないのである。

「それにしても、ゲドの今度の船旅は何とも妙なものだった。彼自身よく承知していたように、自分が狩る者でありながら、何を狩るのか、それがアースシーのどこに行けば見つかるのか、皆目わかってはいなかったのだから。」

旅の途中、ゲドはカラスノエンドウに出会う。そこはカラスノエンドウの生まれた島であった。彼は妹のノコギリソウを紹介してくれるが、彼女は心やさしい、つつましい女性であった。ゲドの影に対する対決の姿勢が——逃げてばかり居ずに——しっかりとしてくると女性像もネガティブからポジティブへと変化してくるのである。

「魔法使い同士が偶然に出会うなんてことはないさ」とカラスノエンドウは言い、ゲドの危険な旅に彼が同行してくれることになる。そして不思議なことに、ゲドの「影」は姿を変え、ゲドと同じような姿となり近くをうろついていることがわかった。ゲドはこれについて、自分の気構えの変化が「相手に姿形を与えたんだと思う」。つまり、影に対する対決の姿勢を明確にすることによって、相手の姿も明確になってくるのである。

長い苦しい航海の末、ゲドはついに「影」に会った。それは最初、父の面影のように見え、続いて、ヒスイ、ペチバリ、スカイアーのように見えた。「影」は既に述べたように、これらのすべてでもあるのだ。両者は向かい合って立止った。一瞬に、ゲドも「影」も同じ名を語った。

「ゲド！」

しかも、そのふたつの声はひとつだった。

ゲドは杖をとりおとして、両手をさしのべ、自分に向かってのびてきた己の影を、その黒い分身をしかと抱きしめた。光と闇とは出会い、とけあって、ひとつになった。

ここに勝ち負けはなかったのだ。ゲドは「自分の死の影に自分の名を付し、己を全きものとしたのである。すべてをひっくるめて、自分自身の本当の姿を知る者は自分以外のどんな力にも利用されたり支配されたりすることはない」。これがゲドの影のリアライゼーションであったのだ。

九　ル＝グウィン『こわれた腕環　ゲド戦記Ⅱ』

中年期の課題

ゲドの三部作は、一応、Ⅰが青年期、Ⅱが中年期、Ⅲが老年期の課題について述べていると考えられる。一応とわざわざ断わったのは、名作というものはいろいろな読みとりが可能であるし、人間の生涯の課題も人によって実に異なるし、また重複するものであるから、それほど割切ったことは言えないのだが、まずまずそのように考えるところが一般的という意味である。

ゲドは一巻において、その活躍ぶりが語られ、二巻に語られているところによると、竜王という位をさえ得たようである。つまり、青年期より壮年期にかけて、彼は大魔法使いとしての地位を確実にすることができたのである。このように社会的地位や名誉がある程度固まってきたときに、中年の課題がやってくる。それは、それまでのように、自分にとっても周囲の人にとっても評価しやすい課題解決とは異なるものである。失敗すれば命がかかわることもあるし、あるいは、それまでに獲得した地位を一挙に失うことになる場合もある。

中年の課題はなかなか言語化して伝えにくかったり、本人にとってみれば必要欠くべからざることであるのに、他人にはごくつまらないことや、余計なことに見えたりする。簡単に言語化し得ないために、中年の課題はファンタジーとして語ると、いちばんぴったりするようにも思われる。ル＝グウィンによるファンタジーがそれを見事に描き出しているように思われる。

この話は、ゲドを主人公としても、テナーを主人公としても読める。テナーはその課題解決のためにゲドを必要としたし、ゲドはテナーを必要とした。このことは、外的に存在する男・女のことと考えてもいいし、男(女)の心のなかに存在する女(男)のことと考えてもいい。両者の間の理解と信頼が解決のための重要な要因となっている。男性がこの物語を中年の課題として読むときは、テナーのことを「わがこと」として読めなくてはならないし、女性にとってゲドのことが「わがこと」と感じられないと駄目である。

男女が完全に相手を理解することなど不可能であろうが、できる限りの努力は払わねばならない。それがあまりにも苦しいことであるので、テナーがゲドに対して憎しみを感じたり、殺意をもったりするほどになるのもうなずけるのである。別にそんな馬鹿げたことをせずとも、今までどおりでうまくいっているではないか、と思いたくなるのではなかろうか。

名なき者

物語に沿ってみてゆくと、まず少女のテナーが登場する。運命が彼女をとらえさえしなかったら、彼女は普通の田舎娘として育ったはずだ。しかし、彼女は、古くから「名なき者」を祭る玉座の神殿に仕える「永遠に生まれ変わる巫女」として選ばれてしまったのである。

カルガド帝国のどこよりも古い歴史を持つ神聖な土地、アチュアンの墓所は、巫女たちによって祭られているが、そのなかの唯一絶対の大巫女が死ぬと、その同じ日の夜に生まれた女の子を探し、その子の成長ぶりを確かめ、五歳になると、死んだ巫女の生まれ変りとして認めて連れてこられ、一年間の教育の後に神殿において、「永遠に生まれ変わる巫女」となる儀式が行われる。

この手のこんだ儀式のなかでいちばん大切なところは、白覆面の男のふりかざす一メートル半もあろうかと思われる刀によって、少女の首が斬り落とされるような儀式的行為が行われ、その後で「われら、この娘ごの命とその死までの年月を名なき者たちにゆだねんとする者なり」という言葉に続いて、巫女たちが「娘ごは喰らわれぬ！　娘ごは喰らわれぬ！」と唱和するところである。つまり、少女テナーはここで死んで、「名なき者」に仕えることになる。彼女はその後、喰らわれし者を意味する「アルハ」という名で呼ばれることになる。

「少女は大きくなるにつれて、いつかそれと気づかず、母親の記憶をなくしていった。彼女は今いるこの墓所の人間だった。」それでも時に「人の胸に抱かれていた記憶がよみがえって」くることがあり、そんなときは、彼女の付き人の男性、マナンのところにゆき、彼女がここに連れてこられたいきさつを聞いたりした。黒衣に包まれた巫女として、アチュアンの墓所にいる大人たちが、ほとんど感情を失っているかのように思えるなかで、マナンだけは彼女に人間的な暖かさで接してくれた。マナンが彼女の人間としての息をながらえるのを助けてくれたのである。

アチュアンの墓所には玉座の神殿、大王の神殿、兄弟神の神殿があり、アルハ（テナー）は玉座の神殿の大巫女であった。大王の神殿の方は、カルガド帝国の大王が祭られており、そこの第一巫女はコシルという名である。玉座の神殿の裏手には石垣で囲まれた墓地があり、五、六メートルもあろうかと思える何本かの黒い石の柱が立っていた。これがアチュアンの墓で、「石柱は人類の初め、アースシーが創造された時以来のものと言われていた」。そして「男であればたとえどんなに身分の高い者でも、この聖地の奥まった所に足を踏み入れることは許されなかった」。

いつか、少女のアルハは同年輩の巫女見習の少女ペンセと石垣に腰をおろして、「海が見たいな」などと話しているところを見つけられた。「コシルはぼってりと太って無表情な、動作も緩慢な巫女だったが、今も眉ひとつ動かさず、声色ひとつ変えずに、ふたりの少女をつかまえて」、ペンセにはむごい鞭打ちの刑を与えるのだった。

アルハには罰は与えられなかったが、「あなたさまはアルハさま。なんにも残ってはおられないのです。すべて食べつくされてしまったんですから」と言われる。彼女は「無」であった。まったくたまらない気持に襲われている彼女を、マナンは「おお、よしよし、いい子だ、いい子だ」と抱いてくれた。マナンだけが人間として彼女に接してくれたのである。

アルハは十四歳になって大巫女の位に正式についた。十五歳のときコシルが彼女を墓地の下にある地下の迷宮に案内してくれた。地下の世界の広範囲にわたり、錯綜して存在する大迷宮こそ、彼女の「世界」であった。入口からすぐ玉座の神殿の下にある玄室にはコシルもはいってゆけた。しかし、それより深い大迷宮はアルハ以外は誰も行けなかった。迷宮の構造については古くからの言い伝えがあり、アルハはそれを全部暗記していた。しかし、最初はコシルの案内によって玄室に行った。そこは灯をともすことが禁じられており、まったくの手さぐりで進まねばならなかった。

カルガド帝国の大王より送られてきた罪人が瀕死の状態で地下牢につながれていた。大巫女のアルハは彼らを

「名なき者」に供える犠牲として、食べ物も水も与えずに餓死させ、その死体は玄室に埋めることを命じる。アルハは最初の迷宮の探訪で疲れ、暫く健康を害する。その間に何度も夢を見て、おいしいおかゆを煮て、例の罪人に食べさせようとしたり、水を与えようとしたりするのだが、それができる前に目覚めてしまう。アルハとしての彼女は、名なき者に対する犠牲を当然としているのだが、少女の心の方は、人を殺すのに忍び難いものを感じているのだ。

その後、アルハは時にマナンを連れて、大迷宮の探索をした。玄室の外に出て大迷宮を歩くときは灯をともした。このようにして迷宮は彼女にとって自分の家のように思われるほどになった。そうなるにつれ、大巫女の生命の永遠性を信じるコシルたちが、「これはあなたさまがお亡くなりになる前にご覧になったものです」などと言うと何とも言えぬ奇妙な気持になるのだった。

このような物語をいったいどのように考えるとよいだろう。テナーという少女が「名なき者」に喰われてしまうとはどういうことであろう。名前とはその人固有のものである。その固有のものが消えてしまうのだ。と言うと、そんなことは現代もよく起こっているのではなかろうか。個人としての在り方は薄くなって、学生とか会社員とか、あるいは課長とか教授とか、そんな名に「喰われてしまう」ことはないだろうか。せっかくの個性を棄てて、皆と同じにしようとする。あるいは、させられてしまう。そんなことは常に起こっているのではないだろうか。

女性であれば、自分は「主婦」とか「母」とかの一般的な名によって、個としての存在が喰われてしまったと言うのではなかろうか。しかし、このような考えを超えて、地下の大迷宮のイメージが示すように、すべてのものをひきこんでしまい、無に帰してしまうような闇の力が自分のなかに存在していることを意識する女性もあるのではなかろうか。

大迷宮のなかには後にも述べるように宝が隠されている。それは奥深くに宝を秘めているものではあっても、実に恐ろしく、人の命を奪う力をもっている。女性の奥深くに存在する神秘的な力が、この世にもたらされるためには、男性との協力を必要とする。しかし、その男性はマナンのような男性ではなく、まったく異なる世界からやってくるべきであった。かくて、ゲドが登場してくるのである。

地下のあかり

コシルは大王の神殿の第一の巫女であった。しかし、彼女自身は「名なき者たちや神々を内心では少しもあがめてはいなかった」。これは驚きでもあり、よくあることだとも言える。宗教というものはその組織の中央に近づくほど、そのからくりが見えてくるものだ。それでは彼女はなぜ巫女の仕事を続けているのか。「彼女にとって大事なのは権力だった。カルガド帝国の王は今、権力を握っていた。」つまり、彼女にとってはこの世の権力がいちばん大切であり、神などは存在していないのである。彼女は「主なき玉座への崇拝など、できることならなくしてしまいたいし、大巫女など思い切って廃止してしまいたい」と思っていた。

「名なき者」に喰われてしまったアルハの生き方と、コシルとは対照的である。コシルは自分の権力志向に合わせて生きようとする。彼女は自分の欲望に従って生きようとしている。しかし、それに焦ってしまうと、「名なき者」の存在を無視することになる。真に自分の個性を磨こうとするためには、「名なき者」の存在を自覚し、それとどのように接してゆくかを決定しなくてはならない。アルハのように喰われてしまっていては没個性になるし、コシルのようだと、個性というよりはエゴイズムになってしまう。
アルハはマナンを連れて迷宮のなかを探索し、言い伝えどおり、壁画の間や大宝庫などがあることを確認した。ある日、アルハが玄室内に出かけてゆくと、真暗闇のはずの洞窟内にかすかな光が見えた。「何ということか、闇が支配し、一条の光もさしこんだことのない墓の奥で、このように淡い光に出くわすとは！」驚いたアルハの目にとびこんできたのは、「生まれ変わり、ひきついで、百の生命《いのち》を生きてきたアルハが生まれて初めて目にするものだった」。太古の闇が追い払われ、玄室の「まさにダイアモンドの宮殿であり、アメジストと水晶からなる家」である様相が明らかになったのである。
そこには一人の男(ゲド)が、光の出る魔法の杖をかざして立っていた。タブーは破られた。男性の侵入、そして光。彼は何をしに来たのか。何かを盗みに来たのか。

盗む。闇の世界を荒らして何かを盗むだと？　アルハの脳裏にゆっくりとひとつのことばが浮かび上がった。冒瀆。目の前にいるのは男だ。男はこの聖なる墓所には一歩も足を踏み入れてはならないはず。だのに、彼は洞窟に、この墓所の心臓部にいる。侵入したのだ。しかも、あかりが禁じられ、この世の始まりからあかりを知らなかった場所にあかりをともしている。なぜ、名なき者たちはこの男を殺さないのだ？

「消えろ、消えろ、消えてしまえ！」とアルハは声を限りに叫んだ。男は驚いて玄室を出て大迷宮の方に逃げこんだ。玄室と迷宮との間には頑丈な鉄の扉があり、アルハはそれをしめてしまった。ゲドは迷宮のなかに完全に閉じこめられたのである。

洞窟に侵入した男性と光。これはアルハの成長のためにはどうしても必要なことである。しかし、それはタブーを犯したという意味において、命を賭ける危険性をそなえている。ひょっとして、闇は闇のままの方がいいのかもしれない。そこでは、アルハは生き変わり死に変わりして永遠の命を生きることになる。そこには個というものが存在しない。明確な個の意識は、人間が死の体験という犠牲の上に獲得したものなのである。

女性のテナーは、テナーであることをやめ、アルハとなることによって、名を失うと共に永遠の命のなかに生きることになった。しかし、後にゲドが指摘するようにテナーは死んでいなかった。アルハの覆いの下でひそかに生きながらえていたのである。ゲドの侵入をテナーは喜び、アルハは怒った。彼女は途方もない葛藤と戦わねばならない。愛憎の二面に引き裂かれるような体験をせずに、女性の成長はあり得ないのではなかろうか。

ゲドは、かつて彼が手に入れた「こわれた腕環」の半分を求めて、はるばるアチュアンの墓所までやってきた。その半分がこの迷宮のなかの宝庫にあることは言い伝えによって知っていたのである。これまでも、ゲドのような魔法使いが迷宮へ侵入して目的を果たせずに死んでいる。彼はその危険を十分に承知しつつやってきたのだ。

ゲドは多くの武勲をたて、竜王とさえ言われるようになった。しかし、彼は自分が深いところで欠けた存在であり、欠けた部分を補って何かを完成させなくてはならない、という衝迫を感じていた。そのため、彼は今まで光を見たことのない闇に侵入して光をともすという、タブー破りを試み、そこで一人の女性と会うことになった。

女はゲドを迷宮に閉じこめ、殺そうとした。地下の大迷宮は女性の神秘を表すのにふさわしい。大宝庫をもっているが、多くの者はその宝を手に入れる前に死んでしまうのだ。男性にとって大切なことは、このような闇の世界を、「女のものであって自分のものではない」と思うのではなく、自分のなかにあるものとして知り、手さぐりで調べてゆくことである。ただ、そのような奥深い世界に至るには、内なる女性の手を借りねばできないのであるが。

男性がビジネスや学問や、いろいろ社会のなかで活躍し、「われこそは」と思っているときでも、その活躍は「名なき者」によって支えられているというよりは、半分くらい「喰らわれて」いるのである。その証拠に、社会で活躍している人に、その人の「本当の名」を聞いてみるとよい。「――大臣」とか「――部長」、「――教授」などというのは、もちろんすべて仮の名である。そんなのはすぐに無くなる。

男性の老人と話をすると、「昔、自分は――であった」と仮の名前による活躍ぶりを話す人がほとんどである。自分が自分の「本当の名」でつき合った人々のことを懐しむ人はほとんどいない。おそらく子どもの頃はそれがあったかもしれない。しかし、長い間に仮の名が強くなりすぎて、本当の名前による人生など消えてしまっているのだ。アルハは男性の心のなかに存在する女性でもある。この物語は、男性にも女性にも同等に重要なものなのである。

光と闇

ゲドに会ったアルハは愛憎の苦しみのなかに投げこまれる。それは光と闇との戦いでもある。

アルハは玄室と迷宮の境の鉄の扉をしめ、ゲドを閉じこめてしまった。迷宮はところどころ上から覗けるところがあり、アルハはそれをよく知っているので、そっと覗いてみた。魔法使いの男は扉がしめられているのを知ると、呪文をとなえて魔法の力でそれを開けようとした。雷鳴のような音が響いたが、扉がびくともせず、彼はあきらめたようである。パンを食べ少しの水を飲んで、休息のために眠ったようだ。しかし、水はほとんど残されていないらしい。

アルハはコシルに、男が迷宮に侵入したことを告げた。コシルは目玉がとび出すほどに驚いたが、男が閉じこめられていると知り、安心して、数日間もほっておくと男は死ぬだろうから、付き人にその死体を運ばせよう、と言った。それに対して、アルハは突然に、「わたしは生きたままで探しだしたい」と言い、驚くコシルに対して、「死の苦しみを長びかせるために」そうするのだと説明する。玄室をあかりによって汚した罪人には、もっと苦しい罪を与えたいというのである。人間というものは、しばしば非常に強いことを主張するとき、その反対の意図をそこに——半意識的に——潜在させているものである。

アルハはコシルに相談したことをとても悔いた。本当はすべて自分で考えるべきであった。確かにそのとおりだ。しかし、人間は深く考える前に、まずエゴイズム的発想に頼るのではなかろうか。そして、それを実行しようとして、いや待て待てと考え直すのだ。アルハは男が「どうせ死ななければならないのなら、太陽の光のもとで、すみやかに死なせてやりたい。何百年来初めて、勇敢にも墓をあばこうとやってきたこの盗人は、やいばにかけて殺すのがむしろふさわしいのではないか」と思った。男を殺す考えは変らないにしろ、彼女の心は既に少し彼に対して好意的になってきていた。

その晩、アルハはほとんど一睡もしなかった。儀式やなんかで時間をとられ、三日目に他の覗き穴からやっとゲドを見つけ、彼が大分弱っているのを認めると、壁画の間に行く道をアルハは早口に教えた。彼女自身いったいなぜそんなことをするのかわからなかった。彼女の心のなかは大いにゆらいでいたのだ。

アルハは何度も心のゆれを経験したあげく、とうとうマナンを連れてゲドのところに行った。ゲドは疲れ果てて倒れていた。締め殺そうかというマナンを制し、壁画の間までマナンにゲドをかつい で行かせ、アルハは自分のマントを敷いてその上に寝させた。「大巫女の着物が汚される」とマナンは騒ぐが、「新しいのを織らせればいい」とアルハは平然としている。

少し水を飲ませた後、魔法の杖を取りあげ、ゲドが銀の鎖で首からかけていた金属の破片のようなもの(腕環の片われ)も取りあげてしまう。

アルハは翌日は一人でゆき、男と話し合った。彼はハイタカと名のり、彼女の名を訊いた。彼女はアルハと告げ「ほんとうの名はない」と言う。彼らの会話は、彼女の敵意と好意とのゆれに従って、ゆれ動くものとなった。最後のところで彼女は立腹し、「おまえなど闇の主に肉と霊を食べられてしまえ」と捨て科白を残して立去ってしまう。

しかし、アルハは三日後にまた彼のところへ水と食物を持っていった。ゲドはアルハの知らない世界のことをいろいろと話をしてくれ、彼女もそれにひきこまれた。しかし、ゲドが竜の話などをしだすと急に腹が立ってきた。男があまりにも多くのことを知り、あまりに多くのことをしてきていることが、彼女にとってはたまらなく感じられるのだ。「アルハが知っているのは暗闇だけ。」「おまえはたしかに何でも知ってる。このアルハはひとつのことしか知らない。だけど、それは、まぎれもない、たったひとつの真実なんだ!」と彼女は叫ぶ。

彼女の言っていることは、まんざら無茶苦茶ではない。確かに彼女の知っている「闇」、それは凄いものだ。多くを知り、多くを行なったゲドにとって、それは未知であり価値あるものだ。しかし、それは彼女の言うように「たったひとつの真実」ではない。光と闇と両者によってこそ真実は存在することになるのだ。

アルハはゲドを試そうとして、魔法の力を見せよという。ゲドは目くらましの術によって彼女に美しい服を着せてやった。しかし、こんなやりとりを、どうもコシルが覗き穴から見ていたらしいのだ。アルハはぞっとした。

コシルが何をやり出すかわからない。彼女はマナンに命令して、ゲドを連れ大宝庫のあるところまで移動した。それでもアルハはゲドをまったく信頼できず、そこに閉じこめることを宣言し、それでも水と食べ物は持ってくると言った。アルハが立去ろうとするとき彼はアルハをじっと見つめ、「気をつけてな、テナー」と言った。彼は彼女の本当の名を知っていたのだ。

ゲドに名を呼ばれたため、テナーは自分を取り戻した。彼女はすべてを喰いつくされてはいなかったのだ。彼女のなかで新しい生命が動きはじめた。しかし、それを妨害するものがあった。まず、コシルはアルハの動きの怪しいのを察知し、彼女を何とか排除し、すべてを大王の権力下におき、自分はその第一の巫女として君臨しようと考えていた。コシルは「名なき者」の力などはもはや存在しないと考えていた。

一方、マナンは「名なき者」の力に頼ってコシルを倒し、アルハを助けたいと願っていたが、そのためには、名なき者の怒りを鎮めるために、侵入者のゲドを殺さねばならぬと考えていた。マナンはコシルと異なり一所懸命にアルハのことを考えてくれていた。しかし、それはアルハのなかに芽生えてきたテナーを殺すことになってしまうのだ。マナンの愛は新しいものを拒むのだ。

アルハ(テナー)はゲドのところに行った。彼女は彼に「テナー」と呼びかけられると泣いてしまった。彼女は今まで信じていた「名なき者」が信じられなくなった。コシルはそんなものは亡びたとさえ言っている。彼女自身がアルハなのかテナーなのかもわからなくなって混乱してしまっていた。それに対してゲドはやさしく説明してやった。闇の力は存在する。「彼ら〔名なき者〕の存在は否定されるべきでもなければ、忘れ去られるべきでもない。だが、また、崇拝されるべきものでもないよ」と彼は言う。それの支配下に屈するよりは、ここを脱け出して自由になるべきだ。

ゲドは「こわれた腕環」についても説明した。それは古い歴史の移り変りのなかで、半分ずつに分けられ、そのひとつをゲドが自分の影を追っているときに、ふとしたことで手に入れ、他のひとつがここのアチュアンの墓所の迷宮内に隠されていたのだ。

ゲドはこれらのことを説明し、テナーと共にここから逃げ出してゆこうと語った。しかし、彼女はまだ心を決めかねていた。自分が闇の者に仕えるのをやめたら殺されてしまうと言うのだ。それに対してゲドは、「あんたは死なないよ。アルハが死ぬんだ」と言う。

「でも……」と渋る彼女に対して、「テナー、いいかい、生まれ変わるためには、人は死ななきゃならないんだ。しかし、それは、はたで見るほど、むずかしいことではない」とゲドは言い切るのだ。

確かに、人は生まれ変るためには死ななきゃならない。しかし、それはゲドの言うほど「むずかしいことではない」と言えるだろうか。

筆者は、心理療法家として、多くの人の象徴的な「死と再生」の過程につき合ってきた。しかし、それはやはり容易なことではなかった。人間の死に対する抵抗は実に強いものだ。では、なぜゲドはあんなことを言ったのだろう。おそらく、事態は急を要し、何としてもテナーに決心を迫りたかったためであろう。それに、彼は既に自分たちの信頼感についての確信があったからではなかろうか。

テナーは名なき者を恐れるあまり、自分たちはもう逃げ出せないだろう、と言う。これに対してゲドは自分たちの間には信頼がある、と言う。

「おたがい、ひとりでは弱いけれど、信頼があれば、わたしたちは大丈夫だ。闇の精霊たちより強くなる。」

ゲドはテナーが侵入者の自分に対して親切にしてくれたことを感謝し、自分もはじめてテナーを見た瞬間から信じるようになっていたと言う。「あんたはその後もずっとわたしを信じて、何かと手を尽くしてきてくれた。それなのに、わたしは何のお返しもしていない。だが、今はすべてのものをあんたにあげよう。わたしの本名はゲドだ。そして、この名はもう、あんたのものだ。」そう言って、ゲドは銀の環の半分ずつを合わせてみた。それはピタリと合い、テナーは「いっしょに行きます」と断言した。

二人が脱出しようとしたとき、マナンがゲドに突きかかろうとしたが、足を踏みはずして洞窟内の底なしの淵に落ちていった。二人が脱出に成功したとき、名なき者の怒りは最高に達したのか、地震と共に迷宮は崩れ、そのなかに居たコシルは圧死してしまった。アルハが死にテナーとなるとき、コシルもマナンも死んだのである。

港へ出て、ゲドの船に乗って、ゲドの居たハブナーまで二人で共に行こうということになったが、途中でテナーはマナンのことを思い出して立止まる。「マナンはわたしを愛して、いつだって、親切にしてくれたわ。精一杯、わたしを守ってくれたわ。なのに、わたしはマナンを殺してしまった。」だから、ずっとここに居たいとテナーは言う。ゲドもこれには心打たれ、自分もそれなら一緒に居ようとさえ言うが、テナーは「いいえ、だめ。ここにいられないことはわかってるの。わたし、ただ、だだをこねているだけ」と言う。

テナーの抵抗は単なるだだこねに終らなかった。いよいよゲドの船で出発というとき、彼女は短刀を握りしめてゲドの前に立った。ゲドは素知らぬ顔で出発を叫び、テナーもそれに従った。テナーの怒りは不思議に消え去り、とうとう自由になったと感じた。「だが、彼女はあの山中で覚えたような喜びを、今はどうしても感じることができないでいた。テナーは両腕に顔をうずめて泣きだした。その頰が塩辛くぬれた。彼女は悪の奴隷となっていたずらに費やした歳月を悔やんで泣き、自由ゆえの苦しみに泣いた。」

自由になることは苦しいことだ。死と再生と言うのは簡単だが、再生し得てもそれに伴う苦しみと悲しみは大きい。

長い間ノイローゼに苦しんだ人は、その症状が消え失せたとき、何とも言えぬ悲しみとも不安とも言えぬ感情に襲われる。本人のこの感情に誰も気づかず、周囲の人たちが単純に喜びすぎていたため、症状のなくなった人が自殺した例さえある。

ゲドはテナーと共にハブナーに帰り、テナーを暫く彼の師のオジオンにあずけることにした。しかし、このように信頼し合った二人は一緒に住むのでもなければ、結婚するのでもなかった。ゲドはテナーが彼を必要とする間は共に居るだろう。しかし、彼は「わたしを呼ぶ声の命じるままに動く」のだと言う。必要なときは墓のなかから出てでも来るだろう。しかし、「いつまでも、あんたとだけいるわけにはいかないんだ」。

ゲドがテナーと結婚しないのを不思議に思うかもしれない。西洋の昔話ではあれほども多く、結婚によるハッピー・エンドが見られるというのに。

男女の結合ということは、西洋において極めて高い象徴性をもってきた。ル＝グウィンも男女の結合の象徴的意義を決して否定していない。そのことは、こわれた腕環の「結合」によっても象徴されているし、ゲドはテナーに対して自分の本当の名を明らかにし、「すべてのものをあんたにあげよう」とさえ言っている。そして、二人の間の「信頼」によってこそ仕事が成就すると言っているのだ。それでは二人はなぜ結婚しないのか。

おそらく、欧米では男女の結合の象徴性の真の意味が薄らぎ、結婚という事実が素晴らしいと思い込みすぎたのではなかろうか。従って、結婚をハッピー・エンドと思うようになった。しかし、考えてみると、結婚そのことはそれほど難しいことではない。難しいのは男女の真の結合なのである。そのことを忘れて、結婚によって「完結した」などと思うので、その後にあまりにもゴタゴタが生じてくるし、離婚しなくてはならぬことになる。

そしてまた、結婚関係に伴って生じがちな占有的な愛が——マナンの愛のように——相手の成長を妨害することもよくわかってきた。もちろん、結婚は素晴らしい。それをハッピー・エンドなどと思わずに、意味深いが苦しい成長の過程のはじまりとしてみるのなら、そのとおりである。しかし、作者としてはアメリカ社会のこれまでの結婚イメージはあまりに手垢によごれていると感じ、それを避けたのであろう。

十　ル＝グウィン『さいはての島へ　ゲド戦記Ⅲ』

老と若

ゲドの三部作において、第一巻では、自我と影、第二巻では、男と女、という対が重要な視座を提供していた。この第三巻では、生と死、という対が重要になってくる。既に論じたことであるが、この三部作におけるテーマのひとつとして「均衡」ということがあり、その故にこそ、多くの対が注目されるのであるが、やはり、生と死ということはそれらのなかの最大のものと言っていいであろう。死ということが途方もない重みをもっているのである。

生と死について語る前に、本書の最初から現われてくる、老と若という対について考えてみることにしよう。老は変化を好まないのに対して、若は変化を好む。若が変化を求めてひたすら直進しようとするとき、老は全体としての不変性の方に注目しようとする。

個人としての父と息子という二人の人間を考えると、フロイトによるエディプス・コンプレックスの考えのように、両者の対立という様相が優先してくる。息子は何らかの意味で父をこえてゆかねばならない。特に、そこに男女の軸がからんでくると、父と息子の対立はもっと明白になり、エディプスの悲劇が生じる。

個人的なレベルの父・息子ではなく、人間の心に内在する老・若の組を考えると、それは一人の人間の心のなかに存在しているものであることがわかる。つまり、人間誰しも、その年齢に関係なく、老の部分と若の部分とをもっているのである。従って、人間は変化するし、変化しない。変ると言えば本当によく変るが、生まれてから死ぬまで何も変っていない、と言いたいところもある。このような意味での老と若は、どちらか一方がどちらかに勝ってしまうということはない。時によってどちらかが優勢であるが、全体としてはよくバランスされ、協調的にはたらくものである。

この物語においては、大賢人ゲドのところに訪ねてきた若者アレン——彼は僅か十七歳である——が、彼の国の好ましくない状況を報告するところから話がはじまる。アレンは、ゲドの住む、ローク島より遠く離れたエンラッドを治める王の息子である。アレンが血を引いているモレド家は、アースシーの世界でも最も古いと言われている。アレンによると、アースシーの世界の辺境に行くほど、災害が多く起こり、その上、魔法が通じなくなっている、というのである。魔法が通じないということは、この世界の均衡が根底的なところで破られていることを意味する。

アレンは大賢人ゲドと話し合っているうちにこの人に仕えようという決心が生じてくる。ゲドは王となるべきアレンに対して、「そなたが従うべきは父上であって、このわしではないぞ」と言うが、アレンの気持は変らない。彼は「大賢人に対し、恋にも似た思い」を抱いてしまっていた。その夜、アレンは眠る前にあれこれと考え、もう魔法などなくなったのではと思ったりする。「もしかしたら、魔法は本当にこの世から消えていきつつあるのではないか。だが、それでも、わたしはあの方のおそばにいたい。たとえ、あの方が力と術を失ってしまっても。たとえ、あの方のお姿を見ることはかなわなくても。たとえ、二度と再びことばをかけてくださることはないとしても……」とアレンは考える。

ここに示されたアレンのゲドに対する感情は、「恋にも似た」と言っていいだろう。なぜそんなにもアレンはゲドに惹きつけられたのか。それはアレン自身だってわからないだろう。「魔法がなくとも」、「ことばをかけてくださることはないにしても」、傍に居たいというのだから、理由も何もあったものではない。アレンはそこに「道」があることを、そして、その道を歩むべき先達を得たことを直覚している。一生のうちに一度もこのような体験をしなかった人は不幸な人である。

ゲドはロークの長たちに集まってもらい、ともかくアースシーの世界全体に大変な危機が迫っていること、それに対する処置を講じるため彼が旅に出たいと思っていることを告げ、その際にアレンを連れて行きたいがと提案する。これに対して、様式の長は「いかなる人間も単なる偶然でロークの岸辺におりたつものではない。今度の知らせを持ってきたモレドの血をひく若者も決して例外ではない」と言う。かくして、ゲドとアレンは旅に出ることになる。

老と若としてのゲドとアレンの組合せは興味深い。彼らは血でつながっていないし、アレンはゲドの後継者ではない。互いに相手を認め合い、共通の目的に向かって行動しようとしている。しかし同僚ではない。アレンはゲドに従って行くと思っている。しかし、後には、ゲドが「自分は供を連れてきた、とそう思いこんでおった。だがな、アレン、ついてきたのは、わしのほうだった。わしがそなたについてきたのだよ」と言う。

第一巻で、ゲドは若く、そこには老賢者としてオジオンが登場する。オジオン—ゲドの対と、ゲド—アレンの対とはうまく対応している。言うなれば、ゲドは老であり若でもあるのだ。第三巻は話の終りであり、はじまりでもある。このようなパラドックスを内包しているのが老・若の対なのである。

旅

ゲドとアレンは旅に出る。しかし、これは文字どおり、あてどのない旅である。第一巻のゲドの旅も、相手がどこに居るのかわからなかった。しかし、少なくとも相手の存在は確かであった。今回の旅は、そもそも誰が相手かわからないのである。わかっていることは、何かおかしいということと、このままにしておいてはならないということである。

このような「旅」は心理療法の過程とそっくりである。わかっていることは、相談に来られた人が何らかの悩みをもっており、何とかしなくてはならない、ということである。素人の方は、そんなときにそれは母親が悪いとか、本人の性格が悪いとか、「原因」を見出して何とかそれに対策を打とうとする。それに対して、われわれ心理療法家は、簡単に相手や方向などを定めず、その人と二人で旅――内界への旅――に出る。その際、いったいどちらが案内人なのかわからなくなってきたりするのも、ゲドとアレンの場合と同様である。

ゲドの船「はてみ丸」に乗って二人は出帆する。旅の間にアレンはゲドが一度も魔法を使わないことに気づく。大魔法使いともなれば魔法をなかなか使わないものなのだ。しかし、絶対に使わないというのでもない。

二人が最初に立寄ったホート・タウンで、彼らはかつて魔法使いだったが、今は魔法が使えなくなってしまって堕落し切っている、ウサギという人物に会う。ウサギにだまされて二人は彼の部屋で強盗に襲われる。アレンは何とかゲドを助けようと、金貨のはいった袋を持って外に逃げ盗賊たちを外におびき出す。必死に逃げたものの最後は捕まってしまい、海賊の舟に閉じこめられ、奴隷として売られることになる。このとき、ゲドが救いに来てくれる。このときはゲドは魔法を存分に使った。大凪のなかをはてみ丸は魔法の風を受けて走り海賊に追いついたのだし、ゲドの魔法でアレンをつないでいた鎖などすぐに壊されてしまったのだ。

魔法をいつ使うか、いつ使わないか、それは随分と難しい問題であろう。おそらく、きまったルールはなく、個々の場合に応じ、個々の魔法使いによって判断されるのであろう。原則として言えることは、「魔法は使わない方が望ましい」ということぐらいであろう。ゲドは「人間にとっては、何かをすることのほうが何もしないでいることより、ずっと容易なんだ」と強調している。魔法は使わないにこしたことはない。しかし、大賢人ゲドにしても、アレンを救うためにはそれを使わざるを得なかったのだ。

二人はホート・タウンを後にして、次はローバネリーに向かう。ローバネリーは絹の産地で有名であるが、最近はその絹が何となく昔と違ってきていて、何か物足りないと思わせるのである。そのことを知ろうとして、ローバネリーに向かうのである。途中の海上での老と若の会話は面白い。

アレンはいろいろと夢を見るので、魔法使いは夢を重視するのかとゲドに訊いてみる。「夢にも真実があるのかと思って……」と言うアレンに対して、「そりゃ、あるだろうな」とゲドはあっさり答える。アレンは問いを続ける。

「夢はこれから先のことを本当に予言するのでしょうか。」

ちょうどそのとき、ゲドが昼食のための魚を釣りあげたので、この問いのことはすっかり忘れ去られてしまう。アレンはまたゲドに問いかける。「ローバネリーでは何を探すのですか?」

「わしらの探しておるものを」とゲドは答える。

これでは答になっていない。ゲドはなぜ、せっかくのアレンの問いに答を忘れたり、はぐらかすようなことを言うのか。ゲドが答を知らないのか、アレンの問い方が悪いのか、自分で考えろということか。実のところ、このような「あてどのない旅」においては、若者が直接的な問いを発して、老人に答えてもらおうとする姿勢そのものが問題なのである。

アレンはよい「答」を自分で見つけ出した。彼はまたゲドに話しかける。エンラッドに伝わる話であるがと断り、「ひとりの若者の話で、なんでも、その若者の先生というのは石だったのだそうです」、「……で、若者は何を学んだのだね？」とゲドが訊く。「ものはたずねないことを」とアレンは答える。

アレンは自分の姿勢について気づくと共に、ユーモアをまじえてそれを表現している。そこが素晴らしい。このような旅は文字どおり「命がけ」のことであり、真剣さに欠けるときは命を失う危険さえある。と言っても、そこに「ゆとり」がないと駄目なのである。ユーモアはゆとりから生まれる。真剣でかつリラックスすること、これはすべての偉大な仕事を行う上で共通していることと言っていいだろう。

とは言っても、旅がもっと危険なものとなったとき、アレンはゲドに対して、「こんな打ちとけない、他人《ひと》を不安にかりたてずにはおかないような男に心身をゆだねてしまった自分の愚かさを」、思い知らされるように感じ、「この男ときたら、他人を衝動にかりたて、行動に走らせておいて、いざこちらが動きだせば、あとはほったらかしで、こちらの命がどうなろうと、救おうともしない」と思うのである。ここに述べた感情と、先にアレンがゲドに最初に会った日に感じた感情と、まったく相反する感情のなかでゆれ動くところに、この「旅」の意味もある。人間はすべてを「体験」してはじめて、その意味がわかってくるものだ。

アレンのゲドに対する感情は、分析を受けている人が分析家に対して感じるものと同じであると言っていい。内界の旅は、まったく大変である。ゲドとアレンの旅は、この先もっと深くなり、次元の異なる世界へと進んでゆくのである。

異次元の世界

ローバネリーは有名な絹の産地であった。しかし、ここ数年の間、ローバネリーの絹製品は何かおかしいのである。それは何が欠けているとか、色が変化しているとか具体的に指摘できない。ただ、「どこか変」なのである。

この描写は現代人のもつ不安の本質をよく表わしている。確かに、あると言えば、住居も食料もその他多くのものがありすぎるほどにある。しかし、何かが足りない、欠けていると感じる。言うなれば、この世界に目に見えない深い亀裂が生じているのだ。いつ落ち込むかわからない、という不安が生じてくる。しかし、いったいその不安がどこから来るのか、誰に責任があるのか、さっぱりわからないのである。

アレンはローバネリーの人たちも物も何だか変だと言う。「みんな、いろんなちがいがわからないようなんです。ゆうべ、村長に『泥絵の具の青と本当の空色との区別ができない。』と言っている者がいましたが、まったく男の言うとおりです」と言う。そして「彼らの頭の中では、色も区別も境界も、何ひとつはっきりしてはいないみたいなんです。彼らにとっては何もかも同じで、すべては灰色に見えるらしい」と言っている。

教師も親もすべての大人が、子どもたちを試験の点数だけで評価していたら、それは「すべてを灰色」に見ていることにならないだろうか。子どもの心のなかでどんなことが起こっているかを不問にし、○と×の数だけを数えるのだったら、そのような教師は、「泥絵の具の青と本当の空色との区別ができない」のではなかろうか。

現代社会における「一様化」、「同調性」の力は、人々を灰色にする。すべてのことは、普通に、とどこおりなく進んでいる。しかし、ふと気がついた人は目に見えない亀裂の存在に愕然とさせられるのである。

ゲドは途中で出会った狂人のソプリを道案内として連れてゆくと言う。これにはアレンも驚くが、「不思議な道には不思議な道案内がいるものよなあ」とゲドは答える。アレンは、つとめて冷静に、「これは……これはどう考えたって、理性に反することです！」と抗弁する。「そうだ。いっさいの理性に反することだ。わしらがこれから行くところは、理性の導くところではないからな。さあ、どうする？ 行くか、それとも、やめるか？」とゲドは迫ってくる。アレンはくやしく思いながらも、「どこまでもお仕えする」という約束は守ると言う。内界への旅は、理性にのみ頼っていてはできるものではない。時には理性に反したこともする必要がある。

ソプリに導かれて、オブホルという島に上陸しようとしたとき、一行は思いがけず島民から投槍の攻撃を受け、ゲドは傷つき、ソプリは海に飛びこんだ。アレンは必死にオールを漕いで脱出した。ソプリは溺死してしまい傷ついたゲドは舟を走らせるまじないをかける力もない。アレンは疲れ果ててオールを漕ぐのをやめてしまう。絶望的な航海というよりは漂流が続いた。

アレンは横たわっているゲドを見た。「今、目の前にあるのは、もはや何の権力も持たない男の姿だった。」魔法の力も若さもない男。「この男はソプリを助けもしなければ、自分のところに飛んできた槍を払いのけもしなかった。この男は仲間を危険にひきずりこんでおきながら、救うということはいっさいしないのだ。そして今、ソプリはすでに死んでなく、この男も死にかかっている。自分もいずれ死ぬだろう。この男の失敗のために、いたずらに、無益に……」

アレンの絶望感は本当によくわかる。しかし、異次元への旅には、このことの体験がつきまとう。はっきりと死を覚悟したときに、不思議なことが起こるのである。

彼らは、「いかだ族」によって助けられた。

いかだ族は、外海でいかだを住居として暮らしているのである。背は低く目玉が大きく、やせて針金のような体をしている。彼らは親切で、ゲドの看病もしてくれるし、アレンと一緒に泳いだり、彼らのお祭りに二人を招いてくれたりする。ゲドは彼らについて、「無垢には悪に立ち向かう力はないが、しかし、善を守り、それを支える力はある」と言っている。無垢ないかだ族の支えによって、ゲドの傷もだんだんと癒えてゆく。

これが内界の旅の面白さである。もう命を失うという危険の後で、まったく思いがけない好運が訪れたりする。いかだ族のようなのが、ひょっこり顔を出すところが何とも言えず面白い。すべてを自分の力でやり切る、というのではなく、時に他人の力に頼ってこそ旅が続けられるのである。

ところで、アレンはいかだ族に助けられた後で、ゲドに会ったときに、自分の「裏切り」を告白している。オブホルでゲドが傷ついたとき、アレンはゲドを助けることよりも、ただ自分の死が怖くて、死の恐怖から逃れようと思うだけで何もできなかった。供として仕えるなどと言っていたが、いざというときは何の支えにもならず、自分のことだけを考えていた、と言うのである。

これに対して、ゲドは「レバンネン」とアレンの「真《まこと》の名」で呼び、「よいか、この世には恐怖の届かぬところはないし、完全な、終わりというものもない。ことばを聞くには静寂がいる。星を見るには闇がいる」と言い、アレンは両手でゲドの手を固く握りしめる。

二人の人間の関係を深めるために、「裏切り」が生じることがあるようだ。アレンのゲドに対する感情は、最初に会った日に燃えあがった感情そのままに、ひたすらゲドに同一化してゆこうとするものであった。このようなひたむきの関係は、思いがけない裏切りを生むことが多い。おそらく、二人の人間がひたむきに一体化を願うとき、それを「強める」方向にのみ進むと、破壊性が生じてくる。「自然」はそれを避けるために、「裏切り」を用意するのではなかろうか。そのとき、両者の関係は切断されることが多い。あるいは、これまでの感情の裏がえしである「憎しみ」のみが両者の「関係」として残ることもある。しかし、それぞれがその関係を強める方向から深める方向に目を転じたときに、その関係は続けられる。

「深める」とはどういうことか。それは単純に相手を責めたり、憎んだりするのではなく、「裏切り」を生ぜしめざるを得なかった「関係」を、つまり、自分をも相手をも含めた全体を世界のなかに位置づけることを試みようとすることである。「誰が正しいか」とか「どちらが悪いか」という問いにではなく、その「意味は何か」という問いに答えようとするのである。ゲドとアレンは来るべき大きい仕事を前にして、彼らの関係を深めることが必要だったのである。

竜

いかだ族の祭りにゲドもアレンも招待され、楽しんでいるときに、一匹の竜が飛来する。皆は驚くが、太古の言葉で竜と話し合えるゲドは、実は、竜が自分を呼びにやってきたことを知る。竜が人間に助けを求めるなど信じられないことだが、西国にいる「ひとりの竜王」が強大な圧力をもち、竜を破滅させようとしている。とてもかなわないので何とか助けて欲しいと竜が言ったのである。そこで、ゲドは早速アレンを連れ、はてみ丸に乗って西方に向かって出発した。

『ゲド戦記』の一巻、三巻に現われてくる「竜」とはいったい何物なのだろう。この巻のはじめのあたりで、アレンに竜のことを訊かれたとき、ゲドは次のように言っている。「竜というのは、夢というようなものよ。わしら人間は夢を見る。魔法を使う。善を為し、悪を為す。竜は夢など見ない。竜自身が夢なんだ。竜は魔法も使わない。竜そのもの、その存在自体が魔法だからな。竜はまた、ことを為さない。彼らは在るだけだ。」

「竜自身が夢なんだ」とはどういうことであろう。このことについて思い浮かぶことは、西洋の精神史において、最初は神のお告げなどとして夢が大切にされていたが、啓蒙時代を経て、夢を荒唐無稽として軽視するようになることと、西洋において竜を退治する英雄の物語を重視することとが、どこかで符合している、という事実である。東洋では竜はむしろ尊ばれている。その東洋においては、自然科学が発達しなかった。夢を大切にし過ぎていると、科学など発達しない。さりとて、竜を「退治」してしまうときは、世界の全体のバランスが壊れてくるのではないだろうか。近代の世界の病理の根源に、竜退治がある、とル＝グウィンは考えているようである。従って、『ゲド戦記』においては、竜は退治されることがない。さりとて、東洋のようにひたすらに崇拝されるのでもない。

第一巻においては、竜はむしろその破壊的な様相の方を強く出していた。ところが、第三巻になると、それは相当に違ってきている。ゲドと共に最強の敵に対して、立ち向かってゆくようなところが見える。これは、ゲドの年齢とも関係が深いとも言える。若いときには、竜は敵対的にはたらくし、年老いてくると竜は協力的になる。と言っても、ゲドのように竜の意義をよく知っている者にとってのことで、若いときからの竜との敵対関係を年老いても、そのまま維持している人もいるし、竜の破壊性によって命を奪われる人もある。

ゲドとアレンは航海を続けているうちに、竜たちが多くいるところに到達する。そこで彼らは恐ろしいものを見た。竜が共喰いをした跡である。竜は本来は共喰いをしない。これは人間と同様である。なのにどうしてこんなことが起こったのか、とゲドは慨嘆する。余程のことが生じたに違いない。

すべてのこのような混乱は、永遠の命を願うある男――クモと呼ばれている――が、生と死との境の扉を開けてしまい、死んでもこの世に立ち戻ってこられるようにしたからだ、ということがだんだんに明らかになってくる。彼は死んでもその扉によって、この世に帰ってくるので、永遠に生き続けることができるのである。

一方、ローク島の長たちは、ゲドが出発してから音信がなく、彼らの魔法をもってしてもその行方がわからないので困り果てている。長たちの力も弱くなってきた。ローク島では、魔法に対する疑いさえ生じてくる。「この魔法には、いったい何ができるんだろう？　人を死から救ったことがあるんだろうか？　いや、せめて、長生きさせることができるんだろうか」と人々は語り合う。

魔法は人間も自然もすべてを含めた存在の全体的な均衡の上に成り立っている。ところが、人間の自我《エゴ》は、自分を中心として自分が自然を支配することを考える。そして、その支配のための最強の武器としての自然科学をもっている。先端的な科学を使って、人間は「せめて、長生きさせる」方法を相当に開発してきた、と言えないだろうか。魔法によっては不可能な「延命」を、現代人はあらゆる科学的手段を用いて行なっている。しかし、果たしてそれは幸福なことだろうか。意味あることだろうか。ひとりの人の延命のために、人間は「共喰い」をはじめてはいないだろうか。

竜は夢だ、とゲドは言った。人間にとっての「夢」のひとつは、永遠の生命ではないだろうか。人間が「永遠の生命」とまではいかないにしても、少しでも長い延命を願う夢を具現しようとして、あまりにも熱中しはじめたとき、夢が夢の共喰いをはじめたのだ。つまり、その他の多くの夢を破壊しはじめたのである。延命装置は、

「永遠の別れ」や「いつか再会する願い」などの多くの夢をぶち壊し、死んでゆく人を他の人から遠ざけてしまうのである。

生と死

自分が死ぬ存在であることを「知っている」のは、おそらく人間だけであろう。従って、人間は「死」をどのように受けとめるかという課題を背負っている。そのとき、できれば死を避け、永遠の生命を願いたいという気持が生じてきたとしても、ゲドも言うように、それは何ら非難すべきことではないだろう。ただ、もしそれが本当に達成されたとしたら、世界の全体の均衡が破れてしまうのだ。アースシーの世界全体に生じている、目に見えぬ亀裂は、そこから由来している。

ゲドとアレンは竜の導きもあって、世界の果てにまで達し、彼らの目当ての人物に会ったと思ったが、それは単なる幻であった。次に、その男が現われ、ゲドに向かって鋼の枝を突きつけてきたときは、竜がそれに立ち向かい、竜は死んでしまう。敵はすぐに黄泉の国に逃れたので、ゲドとアレンも思い切って、その後を追う。

ゲドとアレンは黄泉の国で再び、例の男、クモに会う。ゲドはアレンに助けられながら最後の力をふりしぼって、生と死を分ける岩の扉に向かって、「癒されよ、一《いっ》になれ！」と叫ぶ。クモによって開け放たれていた扉は閉じられ、クモは死の世界へと帰っていった。

ゲドとアレンは必死の苦しみに耐えて、やっとこちらの世界に帰ってきた。そこに一匹の竜が現われ、アレンは驚くが、実はその竜は二人をローク島に送り帰すためにやってきたのである。二人が竜の背に乗って出発するとき、アレンは、ゲドが魔法使いの象徴である杖を持っていないのに気づいてあわてる。しかし、ゲドは「レバンネン、杖にかまうな。わしは死の川のあの源で、魔法はすべて使い果たした。だから、もう、魔法使いではないんだ」と言う。彼は、今やただの一人の老人になったのである。

竜は「おれは若き王をその王国へ、そして、年老いた男をその故郷に連れてきた」と言った。竜がここまで協力的になるためには、ゲドとアレンという老若の二人の関係が深められ、ゲド自身は魔法の力をなくしてしまうことが必要であった。だからこそ、竜は二人を背中に乗せて空を翔けてくれたのであろう。ローク島に着いたとき、ゲドはアレンの前にひざまずいて白髪頭を深々と垂れた。そして、若者の頬に接吻して、「わが連れなりし王よ、ハブナーの玉座につかれたあかつきには、永く、平和に世を治められますように！」と言った。

その後のゲドについては、異なる言い伝えがあるが、いずれにしろ、彼は人々の前から姿を消してしまったようである。彼の使命は全うされ、この俗世界に留まる必要はなくなったのであろう。

一巻より三巻に至るゲドの生涯を見ると、一巻では、影の統合ということが達成され、二巻では壊れた腕環の統合がなされ、テナーという女性を連れ出してきた。第三巻のなかで、ゲドが故郷に帰ったときは、師のオジオンやテナーに会いたい、というところがあるので、テナーはおそらくオジオンのところに住んでいるのだろうと思われる。一、二巻の仕事に対して、ゲドは三巻の仕事によって、何を獲得したかと言えば、何も獲得していないことに気づくのである。生と死の均衡が回復したということは、言わば、もとのまま、ということである。何も得ず、もとのままであることのために、ゲドは命がけの努力を払ったのである。もっとも、その間に、アレンの成長ということがあったのだが。

第三巻のゲドの仕事は、人生後半の課題を端的に示している。それは前半の仕事と比較にならぬほどのエネルギーを必要とし、危険性も高い。しかし、それによって何かを得るのではない。ゲドもアレンとの会話のなかで「わしにはわかるのだ。本当に力といえるもので、持つに値するものは、たったひとつしかないことが。それは、何かを獲得する力ではなくて、受け入れる力だ」と言っている。ただ、このことを本当にわかるためには、獲得への努力も相当になさねばならないのである。

善と悪、光と闇。この世にはいろいろな対立があり、その対立の間の均衡によってこそ世界が成り立っていることは、『ゲド戦記』の全巻を通じて強調されているところである。生と死についても同様のことが主張される。ところで、他の対立と異なり、死だけは人間が生きている間に「体験」できないことである。従って、この両者の「均衡」について本当に知ることは、ほとんど不可能と言っていいだろう。もちろん、この三巻に語られるように、ゲドもアレンも極めて死に近い体験をしている。そのことは、生と死との均衡の秘密について知る上において必要なことであろう。しかし、やはりそれは死そのものではない。

このことは、他の巻に比して、この巻の記述がやや堅くなり、生き生きとした描写が少なくなっていることと無縁ではないだろう。竜の言葉はいつも不明確で、何を言っているのかわかりにくい、とゲドがアレンに説明しているところがあるが、生と死との均衡について語ろうとすると、竜の言葉のようになってくるのであろう。この物語は「物語」として完結したので、ゲドが生と死との均衡について、体験的にわかったように述べられている。そのゲドにしても、すぐに人々の前から姿を隠してしまったのだから、人間は生きている限り、生と死との均衡についてては、明確にものが言えない、と考えておく方が賢明のように思えるのである。ゲドが常にアレンと共に行動し、ゲドが去った後にアレンが残ったことを考えても、終りと始めは直結しているのであり、いくら「完結」したと思っても、それは新しいはじまりの宣言ということになるのであろう。

解　　題

■子どもの本を読む

これは季刊誌『飛ぶ教室』の創刊号を記念して、一九八一年十二月に、ケストナーの『飛ぶ教室』を取りあげたのを皮切りに、同誌十二号に至るまで「子どもの本を読む」と題して連載したものである。まとめて書物として出版するときに、それに「なぜ子どもの本か」をつけ加え、私がどのような立場で子どもの本を論じるかを明らかにした。

好きな本が多くて、むしろどれを取りあげるかに苦労したが、主人公の年齢があまり偏らないように、男女が半分ずつくらいになるように少し配慮した。児童文学についての講演などで、ここに取りあげた本を素材として語り、そのときの聴衆の反応を参考にしつつ書いたので書きやすかった。ともかく、読者がここに取りあげたものの原著をひとつでも読んでいただきたいと願っている。心理学関係の著作では最近まで用いなかった「たましい」という語を、ここでは自由に使えるのが嬉しかった。

■ファンタジーを読む

雑誌『飛ぶ教室』の二十三号より三十八号までの間に、少し抜けたときもあるが、「子どもの本を読む――『ファンタジー』編」として十四回にわたって連載したものをまとめたものである。

本巻の序説にも書いているとおり、日本人の作品をひとつも取りあげられなかったのを残念に思っているが、仕方のないことである。取りあげた作品はいずれも傑作で、私の考えている「たましい」ということについて語るのにふさわしいものであった。いずれも児童文学愛好者には以前からよく知られているものだが、マーヒー『足音がやってくる』だけは、出版されてすぐ取りあげたものである。ル゠グウィンの『ゲド戦記』は、かつて岩波の市民講座で語り思い出深いものである。そのときの記録は「『ゲド戦記』と自己表現」として、一九七八年九月の『図書』に掲載された。しかし、一度もう少し詳細に検討してみたいと思っていたので、三巻をそれぞれ別個に取りあげて論じたものである。

なお、これら二冊の本をすべてまとめるのは紙数の都合で難しかったので、絶版になって手に入らないものなど、六篇を割愛した。

初出一覧

I

子どもの本を読む　『飛ぶ教室』第一―十二号、一九八一年十二月―一九八四年十一月、光村図書。『子どもの本を読む』一九八五年六月、光村図書刊、新版一九九〇年六月楡出版刊に所収。

II

ファンタジーを読む　『飛ぶ教室』第二十三―三十八号、一九八七年八月―一九九一年五月、光村図書。『ファンタジーを読む』一九九一年八月、楡出版刊に所収。

■岩波オンデマンドブックス■

河合隼雄著作集 4
児童文学の世界

1994年6月10日 第1刷発行
1998年3月5日 第2刷発行
2015年11月10日 オンデマンド版発行

著 者 河合隼雄《かわいはやお》

発行者 岡本 厚

発行所 株式会社 岩波書店
〒101-8002 東京都千代田区一ツ橋2-5-5
電話案内 03-5210-4000
http://www.iwanami.co.jp/

印刷/製本・法令印刷

ISBN 978-4-00-730313-5 Printed in Japan